세계사,
내일을
탐貪하다

나는 왜 이런 세상에 살고 있을까?

세계사, 내일을 탐貪하다

김대근 지음

봄풀

우린 어디에서
어떤 모습으로 살고 있을까?

인간이 다른 동물들과 구별되는 특징 중 하나는 역사가 있다는 사실입니다. 좀 더 정확히 표현하면 인간은 역사를 인식하며 살아가는 존재라는 것입니다. 인간은 시간을 과거, 현재, 미래로 나누어 인식하는데, 때로는 현재보다 과거를, 어떤 경우엔 미래를 더 중요하게 생각하기도 하죠. 반면에 다른 동물들은 오직 현재의 시간에서만 살아갈 뿐입니다. 먹고 자고 놀고, 또다시 먹고 자고 노는 본능적인 일상으로부터 크게 벗어나지 않습니다. 시간의 흐름이 없는 그들에겐 과거의 기억도, 미래의 계획도 존재하지 않습니다.

인간은 또한 자신이 누구인지를 묻는 지구상 유일한 생명체입니다. 주어진 대로만 살아가지 않고 어떻게 살아갈지를 구상하며 계획한 것을 실현하려는 의지를 가진 존재이기도 하죠. 이를 위해 자신이 살고 있는 사회가 어떤 구조로 이루어져 있는지를 파악하고, 그 사회가 속한 더 넓은 세계에 대해 이해하고자 노력합니다. 그리고 그로부터 얻은 지식에 의거해 하고 싶은 일의 성취 가능성을 따지고 해야 할 일들의 목록을 검토하며 삶을 꾸려나갑니다.

인간이 역사에 대해 관심을 갖게 되는 이유는 이처럼 자신이 어디에서 어떤 모습으로 살아가고 있는지를 파악하는 데 있습니다. 자국의 역사를 배우는 이유도, 자국의 역사를 세계사 속에서 살펴보는 이유도 여기에 있습니다. 오늘날의 삶의 형태를 이루게 한 근원을 추적하기 위해 과거를 살았던 인류의 삶을 객관적으로 기록하고 평가하며 탐구하는 학문이 바로 '역사'이기 때문이죠. 그리고 그 결과를 바탕으로 현재의 자기와 자신을 둘러싼 세상에 대해 얻어진 이해가 바로 '역사의식'입니다.

이 책에서는 오늘날 이 땅에 살아가는 우리가 왜 이렇게 살게 되었고, 어떻게 여기까지 올 수 있었는지를 세계사의 맥락 속에서 살펴보고자 합니다. 한국사는 단지 한국의 역사로서만 이해할 수 없고, 대한민국의 현실을 대한민국 사회 안에서만 진단하기에는 역부족일 수밖에 없습니다. 세계사와 세계라는 시간의 좌표(x)와 공간의 좌표(y) 속에서 한(韓)민족이 꾸려온 삶의 역사적 지형과 대한민국 사회의 면면들을 하나둘씩 설명해 보고자 합니다.

건국 66년, 대한민국은 참으로 숨 가쁜 역사를 살아왔습니다. 눈코 뜰 새 없이 달려왔던 대한민국은 이제 속도만이 아닌 방향이 필요한 시점입니다. 다가올 백 년의 미래를 위해 잠시 쉬어가 보는 마음으로 우리가 어디로 가고 있는지를 진단해 보면 어떨까요? 올바른 역사의식을 가져야만 더 나은 미래를 대비할 수 있기 때문이죠. 이를 통해 21세기를 살아가는 대한민국 국민으로서 그리고 지구에서 함께 살아가는 인류의 일원으로서 우리가 무엇을 해야 할지를 모색해 보는 것이 이 책의 최종 목적지입니다.

이와 함께 인류가 만들어온 문명의 역사에도 주목해 보았습니다. 문명은 한마디로 규정짓기 매우 어려울 뿐만 아니라 때때로 문화와 혼동하여 사용하기도 하는데, 일반적으로 도구를 제작하고 가치를 창출하여 이를 활용하는 행위로부터 빚어진 물질적·정신적 산물이라 규정할 수 있습니다. 인간의, 인간에 의한, 인간을 위한 모든 것들을 문명이라 볼 수 있죠. 이 책에서는 문명의 요소들이 다양한 인간과 사회 속에서 여러 가지 형태로 드러나는 것을 문화로 이해하여 문명을 문화를 포함하는 개념으로 보았습니다.

이러한 문명의 개념을 기초로 인류의 역사가 전개되는 과정을 훑으면서 현대사회와의 연결고리를 찾아보는 한편, 하나의 중요한 역사적 사실이 다른 역사적 사건과 어떤 영향을 주고받았는지를 입체적으로 파악해 보려 하였습니다. 역사의 사실적 나열이 아니라 왜 그 역사가 중요한지, 거기서 찾아볼 수 있는 인간의 특징과 문명의 특색을 발견해 내는 데 초점을 맞추었습니다. 이를 바탕으로 역사적 맥락을 짚어보고 역사에 대한 감각을 갖는 일이 이 책이 가진 또 하나의 과제입니다.

　방대한 세계사를 다룬다는 것이 무모한 도전이 될 수 있다는 생각
도 했습니다. 또한 세계사를 아는 것만큼이나 세계사 속에서 찾을 수
있는 우리의 문제와 그 안에서 발견하는 교훈에 집중하다 보니 해석
과 평가에 치우친 점도 있습니다. 함께 생각해 보고 의논해 볼 하나
의 제안으로 이해해 주시길 바랍니다.

　끝으로 책이 나오기까지 조언을 아끼지 않고 검수를 도와주신 분
들께 고마움을 표합니다. 이제 인류의 오랜 시간 속으로 출발해 보겠
습니다.

김대근

역사에 대한 이해와 세상을 바라보는 시야를 제공하다

역사를 공부하다 보면 과거의 세계가 종종 우리 앞에 그 모습을 드러낸다는 사실을 알게 됩니다. 영국의 역사학자 카(E. H. Carr)는 "역사란 역사가와 사실들 사이의 상호작용의 부단한 과정이며 현재와 과거와의 끊임없는 대화"라고 말했습니다. 이 말은 현재를 사는 우리가 역사를 배우면서 과거 세계와 만나고, 그 만남으로부터 올바른 역사를 이해할 수 있다는 의미입니다. 역사 공부는 과거 세계와 현재의 인간이 대화를 나눌 수 있는 만남의 광장인 것입니다. 이 만남에서 우리는 이전에 알지 못했던 많은 것들을 발견할 수 있습니다.

그런 의미에서 이 책은 과거의 사람들과 그들이 만들어 놓은 문명을 잘 이해할 수 있게 해줍니다. 과거와 현재, 동양과 서양이라는 시공간을 넘나들면서 과거를 현재로 이어주고 현재를 과거와 맞닿게 해줍니다.

저자는 크게 두 가지를 이야기하고 있습니다. 하나는 장대한 세계사의 흐름 속에서 대한민국과 한국인이 오늘날 어떻게 이러한 모습으로 살게 되었는지를 보여줍니다. 다른 하나는 점진적이고 미약하지만 인간의 권리가 점차 확대되어 왔고, 이를 정치·경제·사회적으로 확대하여 다음 세대에 물려줘야 한다는 점을 역설하고 있습니다.

스위스의 역사가이자 미술사가인 부르크하르트(Jacob Burckhardt)의 말을 빌린다면, 역사란 "한 시대가 다른 시대 속에서 주목할 만한 가치가 있다고 생각한 일들에 관한 기록"입니다. 과거는 '현재라는 프리즘'을 통해 비쳐질 때에 비로소 '환하게' 이해될 수 있습니다. 또 현재도 과거의 올바른 이해를 통해서만 그 존재 가치를 충분히 가질 수 있습니다. 인간이 과거의 삶을 이해할 수 있게 하여 이를 버팀목 삼아 현재의 삶이 지닌 가치를 증진하는 것이 역사의 기능이라고 할 수 있습니다.

우린 지금 어디에 서 있을까요? 한 인간으로서 어떤 삶을 살고 있을까요? 과거에 펼쳐진 역사적인 경험이 우리의 지혜를 일깨우고 용기를 북돋워 주듯 역사를 공부하는 일은 과거의 사실을 바르게 이해하는 데서 출발하여 현재를 사는 우리의 성장을 약속하는 것입니다. 역사의 가치는 인간이 무엇을 해왔는가, 그리하여 인간이란 무엇인가를 우리에게 가르쳐주는 데에 있다고 할 수 있습니다. 이 말은 자기의 개인적인 특수성을 아는 일이 아니라 인류 구성원으로서의 가능성과 자기의 본질을 안다는 의미입니다.

25년간을 한결같이 독서운동에 매진해 온 제가 이 책을 추천하는 이유가 바로 여기에 있습니다. 이 책은 자라나는 청소년들뿐만 아니라 미래를 준비하는 청년들에게 역사적 이해와 함께 세상을 바라보는 시야를 제공해 주기 때문입니다.

'책'은 인류의 자산이고 그것은 한 인간에게 남을 영원한 유산입니다. 언제나 책 읽기 좋은 계절입니다. 이 책이 많은 독자에게 읽히고 공감을 얻기를 바랍니다.

한우리 열린교육 회장 박철원

차례

01

도시,

원시와 문명을
가르다

인간의 문명을 최초로 꽃피웠던 곳은 인더스, 중국, 이집트, 메소포타미아의 4대 문명으로, 이 네 곳의 문명을 인류 역사의 출발점으로 삼는 데에는 그만한 이유가 있습니다. 당시 다른 지역에서는 찾아볼 수 없는 고도의 문명을 이룩했다는 점, 그 문명들의 유물과 유적이 남아 있어 체계적 역사 연구가 가능했다는 점, 그리고 그 유산들이 현대의 인간이 지니고 있는 문명의 기본적 형태와 유사하다는 점입니다. 즉, 현재 인류가 사는 모습이 어떻게 발전해 왔는지를 추적할 수 있는 원형(原型)으로서 중요한 의의를 갖고 있다는 뜻이죠.

주의해서 살펴보아야 할 점은 4대 문명을 역사적 기점으로 한 그 이전과 이후의 삶의 모습입니다. 4대 문명이 현재 인류의 원형이었다면 그 이전은 '문명'이라 칭하기에는 부족한 원시 형태의 삶이었을 테니까요. 물론 구석기와 신석기를 포함한 원시의 역사를 가볍게 여기거나 그 사료적 가치를 폄하하는 것은 아닙니다. 모든 고대의 시간은 현생의 인류가 있게 하는 근원이기 때문이죠.

다만, 인류가 태어나 원시 상태에서 벗어나기까지 수십만 년의 시간이 흐른 어느 지점에서부터 인류는 그 이전과는 확연히 다른 모습을 갖추게 되었습니다. 이 '확연히 다른 모습'은 무엇이고 어떻게 이러한 모습을 갖출 수 있었는지에 집중해 보고자 합니다. 암기가 아닌 이해로부터 말이죠.

인더스 문명
종교는 어떻게 탄생했을까?

문명화된 사회를 떠올리면 먼저 수많은 사람과 복잡한 도시가 떠오릅니다. 실제 '문명(文明)'이라는 단어인 '시빌리제이션(civilization)'은 라틴어의 '키비스(civis, 시민)'와 '키빌리타스(civilitas, 도시)'에서 유래되었는데, 말뜻에서 알 수 있듯 '도시'라는 장소와 밀접한 관련이 있습니다.

왜 문명이란 말이 도시와 어울리게 되었을까요? 오늘날의 도시들을 한번 떠올려보세요. 다양한 사람, 다양한 제도와 문물 그리고 여러 가지 도구들이 한데 모여 있다는 사실을 알 수 있습니다. 도시가 발달하기 이전의 사람들은 규모가 훨씬 작은 촌락을 형성하고 살았습니다. 몇 백 명이 채 안 되거나 몇 십 명으로 이루어진 작은 공동체였던 것이죠.

그러다가 농업과 상업의 발달로 어느 한 촌락으로 사람들이 모이기도 하고, 전쟁을 통해 어느 한 촌락이 다른 촌락들을 병합하기도 하면서 점차 큰 규모의 도시가 형성되었습니다. 이렇게 만들어진 대도시의 풍부한 노동력은 농업의 생산력을 증대시키는 원동력이 되었을 뿐만 아니라 물자의 교류와 기술의 발달로 상업 및 공업분야의 성장에도 큰 도움이 되었습니다.

이후 사회구조는 더욱 복잡해지고 체계화되었으며, 더 많은 제도와 문물이 발달하면서 도시는 문명이 탄생하기에 안성맞춤인 터전이 될 수 있었습니다. 이런 이유에서 '문명'이라는 말을 '도시'와 연관 지은 것은 훌륭한 선택이었다고 생각합니다.

4대 문명 중에서도 '문명'이란 개념이 가장 잘 어울리는 곳은 인도의 북서쪽에 위치한 인더스 문명입니다. 인더스 문명은 인더스강 상류에 위치한 하라파 및 하류에 위치한 모헨조다로의 2대 도시와 그 주변 일대를 가리킵니다. 통상 '하라파 문화'라고도 부르는 이 두 지역에서는 높은 성채와 공중목욕탕, 하수로, 가로등과 같은 놀랄 만한 시설들이 발견되었습니다. 로마 시대에서나 구경했을 법한 이러한 시설들이 기원전 3천 년경의 유적에서 발견되었으니 인더스 문명의 발견은 큰 충격이 아닐 수 없었죠. 더욱이 다른 문명들과는 달리 전쟁을 대비한 시설이 없었다는 점, 그리고 궁전이나 호화로운 묘지가 없었다는 점이 이목을 끌었습니다.

다양한 공공시설이 들어섰다는 사실로 미루어볼 때 당시 인구가 꽤 많았음을 추측할 수 있습니다. 공공시설은 정치시설이자 문화시설로서 한 공간에 많은 사람들을 수용해야 할 필요성을 느끼고 이를 건설할 수 있는 경제력이 뒷받침되어야 가능한 건물입니다. 물론 여러 사람들이 모여 회의를 하거나 함께 축제를 벌이고 여가를 즐겼던 공간은 원시공동체에서도 확인할 수 있지만, 이처럼 구체적이고 발전된 형태를 갖추고 있지는 않았습니다. 다양한 공공시설의 등장은 그만큼 도시가 매우 부유했을 뿐만 아니라 생활수준이 높았고, 공동체로서의 인간 사회가 조직적으로 잘 정비되었으며, 이를 잘 운용하기 위한 노력과 질서가 잡혀 있었다는 증거입니다.

대중목욕탕을 통해 당시 사람들의 위생관념과 사회생활이 어떠했을지 추측해 볼 수 있고, 이를 건설하기 위해 필요한 건축기술이 어떠했는지를 알 수 있습니다. 가로등을 통해서는 백성들의 편의를 위해 들인 노력과 그 가로등을 아름답게 보이기 위한 조경에 대한 미적 기준도 읽을 수 있습니다. 도시를 다스렸던 사람들의 문화적 감각이 매우 돋보이는 대목이기도 하죠.

인류의 문명은 단지 생존을 위해 먹거리를 구하는 일로부터 벗어나 즐길 거리나 누릴 거리에 관심을 보이면서 서서히 발전하기 시작했습니다. 무언가가 생겨나고 이용한다는 것은 인간이 할 수 있는 일들이 늘어난다는 의미이고, 인간이 할 수 있는 일이 늘어난다는 것은 그만큼 인간의 사고가 확장된다는 의미이며, 결국 인간의 문명이 발전하고 있다는 뜻입니다.

그런데 어느 날 이 세련된 고대문명이 갑자기 사라지고 말았습니다. 기후 변화나 전쟁 등의 가설이 제기되고 있지만 확실한 결론을 내리진 못하고 있죠. 인더스강 유역에서 청동기를 바탕으로 번영한 고대문명들은 기원전 3천 년 중엽부터 약 천 년 동안에 걸쳐 번영했습니다.

기원전 1500년 경 인도 문명은 아리아인들에 의한 베다시대로 접어듭니다. 삶의 터전 역시 인더스강 유역에서 갠지스강 유역으로 확대되었습니다. 이 시기에 관련된 자료가 《베다》라는 문헌에 기록되어 있기 때문에 '베다시대'라고 부르는데, 신의 말씀으로 여겨지는 《베다》는 지금도 인도인에게 살아 있는 종교적 가르침이 되고 있습니다. 베다시대에는 다수의 군소 국가들이 출현하였고 왕에 의한 통치가 시작되었습니다. 이후 《브라마나》와 《우파니샤드》라는 종교·철학적 문헌이 출현하고 카스트제도가 확립되면서 인도 문명의 고유한 정체성이 확립되기에 이르렀죠. 그렇지만 카스트제도는 아직까지 인도의 암덩어리가 되고 있습니다. 1억 명에 달하는 불가촉천민이 존재하는 등 여전히 남아 있는 신분제도는 인도의 사회·문화적 발전을 저해하고 있습니다.

인더스 문명에 바탕을 둔 인도는 종교의 국가로 통합니다. 종교가 삶이고 삶이 곧 종교라 말할 수 있을 정도로 종교는 인도인에게 본질적 요소입니다. 어쩌면 그들에겐 문명이라는 말 자체가 무의할 수도 있습니다. 신으로부터, 그리고 신에 의해 주어지고 신의 뜻에 따르는 삶에서 인간의 가치와 시간과 개념은 크게 중요하지 않을 수 있죠. 그들의 역사가 세세히 기록되지 않은 이유도 인간의 역사가 신의 의지에 비하면 보잘것없어 보였기 때문일 것입니다.

지금도 힌두교의 성지인 갠지스강의 바라나시에는 연중 수만 명의 순례자들이 방문하고 있습니다. '모든 것의 어머니'라는 뜻을 가진 갠지스강은 그 자체로 신의 현현(顯現)이므로 성스러운 곳에 몸을 담그면 정화될 수 있다고 여기는 것이죠. 하지만 실제로 갠지스강은 심각하게 오염되어 있어 정치적 문제로까지 거론됩니다. 그럼에도 신자들은 눈에 보이는 더러움보다 눈에 보이지 않는 신을 만나기 위해 강물을 마시기도 합니다. 인간의 믿음이란 불가능한 것을 가능하게도 만드는가 봅니다.

인류에게 종교의 출현은 매우 중요한 의의를 지닙니다. 인간이 개개의 사실과 사물로서 세상을 바라보기만 하던 (개개의 사물을 단순히 인지하는) 시기에서 세상을 하나로 이해하는 (원리와 체계에 기대어 인식하는) 시기로 나아갔음을 의미하기 때문이죠. 이는 하나의 나무가 있고, 바위가 있고, 사람이 있고, 하늘이 있고, 바다가 있다는 인지의 단계에서 나무가 무엇이고, 사람이 무엇이며, 하늘과 바다가 무엇인지에 대해 인식하는 좀 더 추상적이고 높은 차원의 사고 전개과정을 보여줍니다. 나아가 나무가 왜 푸르고, 바위가 왜 생겨났고, 사람은 무엇이고, 하늘엔 누가 살고, 바다는 왜 끝이 없는지 그 근원을 이해하려는 물음으로 이어집니다.

인간은 세상의 존재들이 어떻게 탄생했고 그 탄생의 원인이 무엇인지를 알고자 하는 물음으로부터 인생을 이해하고자 했습니다. 어느 날은 비바람이 몰아치고, 어느 날은 날씨가 말짱합니다. 인생도 비슷해서 어느 때는 행복한 날만 지속되는 듯하다가도 한동안은 절망에 빠지기도 합니다. 때로는 내가 원하는 대로 인생이 흘러가는 것 같다가도 때로는 내가 정말로 원하지 않는 사고를 당하는 경우도 있습니다. 도대체 왜 이런 일들이 벌어질까요? 알 수 없는 일이지요. 그리고 인간의 힘으로는 어쩔 수 없는 사건들이 왜 발생할까요? 궁금해집니다. 그리고 두렵기도 합니다.

이러한 탐구와 의문의 과정 속에서 어디엔가 세상을 다스리고 지배하는 절대자로서의 신이 있다고 믿었고, 그 신에게 경배드리며 자기에게 닥치는 행복과 불행에 대해 기도하기 시작했습니다. 자연의 변화나 현상들을 통해 신의 의도를 헤아리고 앞으로 맞을 알 수 없는 미래도 예측했고요. 그러면서 희생물을 바치고 의례를 행하는 절차도 하나둘씩 늘어나고 그에 따른 교리도 갖추어져 갔습니다. 신과 인간을 이어주는 매개자도 나타나게 되었고요. 이것이 바로 종교입니다.

오늘날처럼 철학과 과학이 발달하지 못했던 초기 인류에게 종교는 세상과 인생을 이해하는 도구이자 잣대였습니다. 오늘날보다도 지식이 부족하고 과학기술이 저급했던 기원전의 사람들에게는 더욱 그러했을 테죠. 문명의 탐구에 종교가 중요한 요소로 다루어지는 이유가 바로 거기에 있습니다.

황하 문명
신화는 정말 오래된 이야기에 불과할까?

4대 문명은 모두 청동기를 사용했다는 공통점이 있습니다. 청동기는 농사나 무기의 재료로도 활용되었지만 무엇보다 종교 의식에 사용되었던 의기(儀器)로 제작되거나, 족장이나 왕과 같은 지배자의 권위를 상징하는 칼이나 술잔 등 사치품을 만드는 데 이용되었습니다. 이를 통해 당시에 계급의 분화가 나타났음을 확실히 알 수 있습니다. 다시 말해 청동기는 인간사회가 계급사회로 분화되고 있음을 나타내는 유물인 것이죠.

청동기시대에 접어들어 인류는 과거 구석기시대와 신석기시대에 비해 상당한 진보를 보였습니다. 종자와 도구의 개량으로 농업기술이 훨씬 발달함으로써 더 많은 식량을 생산할 수 있었고, 덕분에 인구도 꾸준히 증가했습니다. 생산력의 증대로 잉여생산물이 남아돌자 사유재산에 대한 개념도 생겨났습니다. 이는 아주 중대한 변화였죠. 이전까지는 사냥과 취사 또는 육아와 같은 살림살이를 공동으로 해왔기 때문에 '너'의 소유와 '나'의 소유가 구분되어 있지 않았습니다. 그러다가 사유재산이 생겨나고 살림살이에 빈부의 격차가 발생하면서 이를 기준으로 계급이 분류되는 사회구조가 나타난 것입니다.

사회계급의 분화와 함께 공동체는 더욱 커져 중소 국가가 등장하고, 이들 중소 국가 간의 전쟁을 통해 규모가 큰 국가가 등장하기 시작했습니다. 국가의 출현은 역사 발전을 가늠하는 핵심적 사건이었습니다. 규모가 커진 사회를 다스리기 위한 법령과 정치이념이 필요했고, 이를 뒷받침하기 위한 수많은 제도와 관료들이 등장했기 때문이죠. 계급의 분화로 인간 사회는 더 불평등해졌지만 전보다 훨씬 더 문명화된 사회로 나아가고 있었던 것도 사실입니다.

한(韓)민족의 역사 또한 청동기시대에 기대고 있습니다. 신화로 따지면 반만년, 즉 기원전 2333년경 한민족의 역사가 시작되었습니다. 한번쯤은 들어봤을 법한 곰과 호랑이, 쑥과 마늘, 인간으로의 탈바꿈, 하늘의 신인 환웅과의 혼인, 그리고 단군의 탄생으로 이어지는 일련의 서사를 통해 한민족의 탄생을 추적해 볼 수 있습니다. 우선은 곰과 호랑이를 숭배하는 부족이 살았고 농사를 지었다는 증거를 확인할 수 있죠. 환웅이 바람, 구름, 비를 다스리는 신하들을 데리고 왔다는 점에서 천문과 종교에 대한 인식도 찾아볼 수 있고요. 또한 환웅과 웅녀의 결합으로 단군이 태어나고 고조선이 건국되었다는 이야기에서 국가가 탄생했다는 사실도 짐작해 볼 수 있습니다.

신화이기에 사실이냐 아니냐 하는 논란이 그치지 않을 뿐만 아니라 그 상징과 의미의 해석에 있어서도 이견이 있습니다만, 신화는 신화로서 바라볼 필요도 있습니다. 그 진위 여부나 해석의 차이 또는

종교적 문제 등을 떠나 신화에 담긴 의미와 상징으로 당시의 사람들이 가진 세계관을 이해할 수 있다는 점에서 중요한 가치를 지니고 있기 때문이죠. 그리스로마신화가 오늘날까지 세계의 많은 사람들에게 그 가치를 인정받으며 끊임없는 재해석의 과정을 통해 새로운 생명력을 얻고 있는 것을 보면 알 수 있습니다.

비록 신화는 신화일 뿐이라 하더라도 고조선의 건국은 한민족의 역사가 세계사에 첫발을 내디딘 역사적 지점이라고 할 수 있습니다. 고조선은 한반도가 아닌 연해주와 만주 지역이 그 활동무대였지만, 오늘날과 다르지 않은 점은 중국과의 국제적 관계가 중요했다는 것입니다. 물론 당시의 세계가 오늘날만큼 긴밀하게 연결되어 있는 것은 아니었지만 그 영향력이 결코 약하지는 않았습니다. 그 속에서 한민족은 중국에 동화되거나 흡수되지 않은 채 오랜 기간 독특한 정체성을 가진 문명을 유지시켜 온 것이죠.

고대 아시아는 중국을 중심으로 한 동아시아가 하나의 '세계'였고, 이들의 역사가 '세계사'였습니다. 그만큼 중국의 역사는 오래되었고 주변국에 끼친 영향도 막대합니다. 하(夏)·상(商)·주(周)로 대표되는 중국의 고대문명은 황하(黃河) 지역을 중심으로 발달했기 때문에 황하 문명이라 부릅니다. 중국의 황하 유역에서 발굴된 유물에서도 청동기시대의 특징들이 잘 드러납니다.

상 왕조와 주 왕조의 청동기문화는 대부분 왕이나 귀족들이 사용한 물건이기 때문에 예술적 측면에서도 꽤 높은 평가를 받습니다. 청동기를 제작했던 거푸집 또한 큰 관심거리입니다. 황토로 제작된 거푸집은 1000℃가 넘는 높은 열에도 녹지 않았다고 하니, 흙이 부리는 마술이 정말 신기하지 않을 수 없습니다. 벌겋게 달궈진 도자기를 굽는 장면을 떠올려보면 이를 잘 이해할 수 있을 것입니다. 자신들에게 주어진 자연환경을 활용한 고대 중국인의 지혜를 그대로 간직하고 있는 유물이죠.

많은 논란이 있지만 중국인들은 기원전 21세기를 기점으로 하는 하 왕조를 그 시조로 보고 있습니다. 그러나 단적으로 말해 하 왕조는 아직 역사로 인정하기는 어렵습니다. 이를 뒷받침할 만한 유물과 유적이 없기 때문이죠. 그럼에도 문헌과 신화를 통해 전해 내려오는 하 왕조의 역사는 중국인들에게는 매우 중요한 의의를 지닙니다.

하 왕조는 황하를 다스린 우(禹)왕으로부터 시작되는데, 우왕의 뒤를 이어 왕으로 등극한 요(堯)왕과 순(舜)왕에 이르러 태평성대를 이룩했습니다. 요왕과 순왕은 자신의 자식에게 왕위를 물려주지 않고 신하들 중 뛰어난 인물을 골라 왕위를 계승시켰습니다. 이런 이유로 공자는 항상 요·순의 정치를 추앙했죠. 오늘날에도 많은 기업가들이 자식들에게 기업을 승계하는 것을 보면 능력 위주의 왕위 승계가 얼마나 힘든 일인가를 짐작할 수 있습니다. 수천 년 전에 이런 일이 이루어졌다니, 이만하면 두 왕의 인격을 칭찬하지 않을 수가 없습니다.

하지만 하 왕조의 국세(國勢)가 걸(傑)왕에 이르러 기울기 시작하자 여러 제후국들은 제후 중 한 사람인 탕(湯)왕을 지지했고, 세력을 키운 탕왕은 기원전 1600년경 하 왕조를 멸망시키고 상 왕조를 세우게 됩니다. 상 왕조는 은(殷) 왕조라 부르기도 하는데, 20대 왕인 반경(盤庚) 때에 이르러 은으로 수도를 옮겼기 때문이죠. 상 왕조 역시 하 왕조와 마찬가지로 문헌으로만 전해 내려오는 이야기였지만, 20세기 초 허난성 안양(安陽)에 위치한 은허(殷墟) 발굴을 통해 역사로 인정되었습니다. 은허의 발굴은 그 이전 왕조인 하 왕조 또한 사실로 밝혀질 것이라는 큰 기대감을 안겨주기도 했습니다.

한편, 이 은허 발굴지에서는 색다른 유적이 발굴되었습니다. 바로 고대 중국인이 사용했던 갑골문자(甲骨文字)입니다. 문자는 의사소통의 기능을 하는 데 반해 갑골문자는 점을 치는 데 이용했습니다. 대개 거북이 등껍질이나 소의 등뼈에 새겨진 이 문자들은 국가의 중대사를 결정하거나 길흉화복을 점치는 일에 사용되었는데, 불에 구워 갈라진 틈을 보고 그에 따른 의미를 부여하는 방식으로 점을 보았습니다. 해독된 갑골문자는 비록 절반 정도뿐이지만 이것만으로도 은 왕조 시대의 생활상을 대충이나마 짐작해 볼 수 있다고 합니다. 또한 갑골문자는 상 왕조가 종교와 정치가 아직 분리되지 않은 제정일치(祭政一致)의 사회였음을 알려주는 증거이기도 하죠.

종교와 정치적 기능이 분리되어 있지 않은 '제정일치'의 사회란 권력자가 종교와 정치를 모두 관장하는, 정치와 종교가 밀접하게 연관

되어 있는 사회를 말합니다. 국가를 경영해야 했던 왕이나 권력자들은 종교적 권위에 기대어 자신의 정치적 지배를 정당화했고, 신탁(神託, 신의 말씀)을 통해 국가의 중요한 운명이나 급변하는 정치적 상황에 대비했습니다. 반면, 왕이 신과 동일시되었던 만큼 국가를 잘 다스리지 못하면 백성들의 원성을 사거나 경쟁상대인 정치가들의 견제를 받을 수밖에 없었죠. 청동기시대에는 이처럼 종교가 매우 중요한 정치적 역할을 도맡았습니다.

오랜 세월 융성을 거듭하던 상 왕조는 패악무도한 주(紂)왕에 이르러(기원전 천 년경) 무(武)왕에 의해 멸망합니다. 하 왕조의 걸왕과 상 왕조의 주왕은 폭군의 표본으로 묘사되죠.

상 왕조를 멸망시킨 주(周) 왕조의 건립에는 매우 유명한 사람의 공헌이 있었습니다. 바로 낚시꾼들의 자랑이자 이상(理想)인 강태공으로, 무왕이 왕이 되기 전 인재를 구하려 천하를 주유하던 중에 만난 사람이었습니다. 강태공은 낚싯바늘도 없이 뭘 낚느냐는 무왕의 물음에 세월을 낚는다는 말로 대신했다죠. 그 대답을 기이하게 여긴 무왕은 몇 마디 더 대화를 나눠본 후 그가 범상치 않은 인물임을 알아차렸고, 신하로 등용된 강태공은 무왕을 도와 대업을 이루어냈습니다. 위대한 인물은 위대한 인물을 알아본다는 말을 실감할 수 있는 일화입니다.

주 왕조를 건립한 무왕은 공을 세운 신하들에게 토지를 하사하고 그들이 직접 그곳을 통치토록 했습니다. 바로 주 왕조의 유명한 정치제도인 봉건제도였죠. 유럽의 봉건제도와 유사해서 붙여진 이름이지만 내용에 있어서는 매우 달랐습니다. 유럽에서는 왕이 영지를 나눠주고 신하에게 '충성'을 서약받는 '계약' 관계였던 반면, 중국에서는 왕과 신하 사이의 '주종' 관계에서 그동안 쌓은 공에 대한 일종의 보상으로 영지를 하사했습니다. 그들의 공로를 치하하는 한편, 지방에 대한 정치적 통제권을 행사하려는 의도였죠. 광대한 영토를 다스리기에 안성맞춤인 제도였습니다.

그러나 세월이 지나 황실을 중심으로 한 중앙정부의 힘이 약해지고 변방의 봉토를 다스리던 제후들의 힘이 막강해지는 일이 빈번해지면서 주 왕조의 정치적 정통성은 흐릿해질 수밖에 없었습니다. 쉽게 생각하면 처음엔 사촌이었던 친척들이 자식을 낳고 낳으면서 100년, 200년이 지나면 남이 되는 것과 똑같은 이치입니다. 그렇게 인간적 거리가 멀어지자 황제로서의 권위는 추락하고 지방 제후들에 대한 통제도 불가능하게 되었죠. 결국 유(幽)왕에 이르러 주 왕조는 힘을 잃었고, 뒤이어 왕위에 오른 의구태자는 제후들에게 밀려 낙양으로 도읍을 옮겨야만 했습니다.

이 시기를 기준으로 주 왕조를 서주(西周)시대와 동주(東周)시대로 구분하는데, 이와 함께 중국의 고대 역사도 막을 내리게 됩니다.

이집트 문명

인간은 자연을 어떻게 활용해 왔을까?

|

4대 문명은 모두 큰 강 옆에 위치해 있는데, 강을 끼고 발달한 문명에는 공통적인 특징을 찾아볼 수 있습니다. 바로 강의 범람입니다. 중국에서는 '치수(治水, 물을 다스리다)'라는 말로부터 '정치(政治)'라는 개념이 유래될 만큼 강의 범람이 큰 걱정거리였습니다. 물을 잘 다스리면 농사가 잘 되고 백성들의 삶 역시 윤택해지니 왕의 권위도 자연스레 설 수 있었을 것입니다. 하지만 범람으로 큰 피해라도 입게 되면 왕에 대한 백성의 신뢰는 땅으로 떨어졌습니다.

나일강의 축복을 받아 태어난 이집트 역시 마찬가지였습니다. 이집트의 대부분 지역은 사막으로 뒤덮여 있고, 사람이 살 수 있는 곳은 나일강 주변의 땅에 한정되어 있습니다. 국토의 10퍼센트도 안 되는 땅에 전체 인구의 96퍼센트 정도가 모여 살고 있죠. 인공위성 사진으로 보면 그 좁은 곳만이 빛으로 가득 차 있습니다. 그렇지만 그 10퍼센트도 안 되는 지역은 이집트인 전부를 먹여 살릴 수 있을 만큼 비옥했습니다. 이집트는 해마다 일어나는 나일강의 범람으로 기름진 토양을 가질 수 있었고, 이 때문에 일찍부터 발달한 농경을 통해 풍요로운 생활을 누릴 수 있었습니다. 이집트인들은 나일강을 지혜롭게 이용하며 그들만의 문명을 발전시켜 왔던 것이죠.

하지만 강의 범람을 예측하기란 매우 어려운 일이었습니다. 이집트인들은 이를 해결하기 위해 끊임없는 노력을 기울였고, 그 과정에서 천문학과 기하학을 고도로 발전시킬 수 있었습니다. 강의 범람을 예측하기 위해 자연현상을 관측하다 보니 자연스레 천문학이 발달하게 되었고, 범람으로 사라진 논과 밭의 경계를 측정하다 보니 기하학이 발전하게 되었죠. 특히 나일강의 수위 측정을 위한 '나일로미터(Nilometer)'라는 독특한 건축물을 통해 나일강의 수위가 낮으면 가뭄에 대비했고, 수위가 높으면 범람에 대비했다고 합니다. 강의 범람이라는 자연적 재해에 적극적으로 대처함으로써 기술과 과학이 발달하고 문명의 수준이 한층 높아지게 되었던 것입니다.

이집트의 왕이자 '두 땅의 주인' 또는 '모든 사원의 수장'이란 뜻을 담고 있는 '파라오'는 태양신의 아들로서 절대 권력을 지니고 있었습니다. 그럼에도 이집트가 종교에만 의지하지 않고 수학이나 천문학과 같은 학문들을 발전시켰다는 것은 그만큼 왕으로서의 책무가 중요했다는 점을 확인할 수 있는 대목입니다. 그냥 인간도 아닌 신의 아들이라 여기는 왕의 능력이 하찮아 보인다면 백성들도 왕의 통치력에 의문을 품을 수밖에 없겠죠?

일반적으로 피라미드는 노예를 동원해 건설했다고 알려져 있습니다만, 일본 국영방송인 NHK의 다큐멘터리를 보면 피라미드의 건설은 노예가 아니라 일반 평민들에 의해 이루어졌다고 합니다. 홍수가 나는 3개월 동안 나일강이 범람하여 거주지역과 농경지역을 모두 뒤덮는 기간이 되면 이집트인들은 어떤 일도 할 수 없었다고 하죠. 때문에 그동안에 피라미드 짓는 일을 시켰다는 것입니다. 농사를 지을 수 없는 동안 백성들이 일을 해서 먹고 살 수 있도록 한 배려였던 것이죠. 커다란 궁전에서 자기만을 생각하며 떵떵거리고 살았을 것만 같은 이집트 왕의 모습과는 다른 면을 볼 수 있는 예입니다.

신과 동격이었던 파라오는 죽어서도 그 몸이 썩지 않도록 시신을 미라로 처리하여 보존했습니다. 이 미라와 함께 죽은 사람을 보호하고 내세로 안내하는 〈사자의 서〉라는 파피루스를 함께 묻었습니다. 이러한 이집트의 풍습에서 내세(來世)사상을 찾아볼 수 있습니다. 파라오의 시신은 피라미드를 쌓아 보관하였고, 그 옆에는 왕의 상징인 스핑크스가 지키고 있습니다.

이집트 유물과 유적의 발굴에는 책과 영화의 소재로 자주 활용될 만큼 많은 사연들이 얽혀 있습니다. 특히 투탕카멘의 무덤 발굴과 관련된 사람들이 사고와 질병으로 하나둘씩 죽어갔는데, 그 원인이 확실히 밝혀지지 않자 사람들은 무덤 입구에 써 있던 "죽은 자의 안녕을 방해하는 자에게 저주가 있으리라."라는 말을 빌어 고대 미라의 저주라고 믿기도 합니다. 어쩌면 편히 잠들어 있는 자신들을 깨운 것에 대한 파라오의 노여움 때문일지도 모르고, 다른 나라 사람들에 의해 자기 무덤이 파헤쳐진 데에 대한 복수일지도 모르며, 아니면 그저 오랜 무덤 속에 있던 온갖 바이러스의 감염으로 인한 질병이 원인일지도 모릅니다. 하지만 그것이 무엇이든 숱한 전설을 품은 오랜 역사는 오늘날 사람들에게 즐거운 영감을 던져주고 있습니다.

미라가 잠든 시간만큼이나 고대 이집트 문명의 역사는 길었습니다. 기원전 4천 년경부터 형성되어 온 이집트 문명은 나일 강 상류 삼각주 지역의 하(下)이집트와 하류 계곡 지역의 상(上)이집트로 나누어 발전해 왔습니다. 그러다 기원전 3100년경에 상이집트의 왕 메네스(Menes)에 의해 하이집트가 통일되면서 제1왕조가 수립되기에 이릅니다. 통일 당시 하이집트 삼각주에 위치한 '멤피스(Memphis, 지금의 카이로)'에 수도를 건설하면서 '멤피스라는 대도시가 있는 지역'이라는 뜻을 가진 '이집트'라는 말이 유래했습니다. 이로부터 약 3천 년에 걸쳐 고왕국-중왕국-신왕국의 세 시기를 거치는 동안 서른한 번의 왕조가 바뀌면서 이집트의 기나긴 역사가 전개되었죠.

이집트는 사막, 바다, 거대한 폭포로 이루어진 매우 폐쇄적인 지리적 위치로 인해 외부의 침입 없이 고유문화를 간직할 수 있었습니다. 그런 만큼 다른 문명에 비해 정치·문화적 색채가 단조롭다는 평가를 받지만, 많은 유적과 유물에 남아 있는 고대 역사의 풍요로움은 그러한 평가를 상쇄하고도 남습니다. 오히려 그러한 역사적 매력으로 인해 제국주의 시대에 힘이 없던 이집트는 많은 유물들을 빼앗긴 아픈 역사를 간직하고 있습니다.

그러면 빼앗긴 유물들은 어디에 있을까요? 대부분은 영국의 대영박물관과 프랑스의 루브르박물관에 전시되어 있습니다. 하지만 힘을 앞세워 유물을 약탈해 간 두 나라는 부끄러워하기는커녕 결코 반환

할 생각을 하지 않고 있습니다. 과거 제국주의 시대의 식민지였던 국가들이 국력이 커지자 유물 반환 요구가 잦아지기 시작했고, 20세기 후반에 이르러 국제적으로 상당한 마찰을 빚게 되었습니다. 빼앗긴 측은 본래의 장소에 유물들을 놓아두는 것이 가장 이상적이라며 유물 반환을 요구하고, 빼앗아 간 측은 유물들을 잘 관리해 왔다는 식으로 공을 내세우며 유물에 대한 소유권을 주장하고 있습니다.

대한민국 역시 19세기 말 조선시대부터 서양의 이양선이 출몰하면서, 또 일제강점기를 거치면서 많은 유물들이 국외로 유출되었습니다. 그렇게 유출된 문화재가 얼마나 되는지, 또 어디에 있는지 파

악조차 어려운 것이 현실입니다. 한 가지 예로, 프랑스를 상대로 외규장각 의궤의 반환을 끝없이 요청한 대한민국은 요청을 시작한 지약 20년 만인 2011년에 그 일부를 되돌려 받을 수 있었습니다. 다만, 의궤의 반환은 '5년 갱신의 영구임대 방식'이었습니다. 다시 말해, 소유권은 여전히 프랑스에 있다는 것이죠. 이는 유물 반환 문제에 있어 앞으로 갈 길이 얼마나 먼지를 나타내는 방증이기도 합니다.

국제법상 불법으로 가져간 유물들에 대해서는 반환요청이 가능하지만, 그것 역시 1970년대 이후의 사건들에만 한정하고 있어 반환이 쉽지 않은 게 사실입니다. 이전의 유물들에 대해서는 아예 반환을 포기하라는 뜻과 마찬가지죠. 이 사이에는 경제적 관계와 외교적 힘겨루기 등이 얽히고설켜 판단을 내리기가 어렵습니다. 과연 어떤 주장에 손을 들어주어야 할까요? 그리고 해결의 실마리는 어디에 있을까요?

메소포타미아 문명
문자와 법은 인간의 문명 발전에
어떠한 역할을 했을까?

|

이집트에서 살짝 동쪽으로 시선을 돌리면 메소포타미아 문명이 펼쳐져 있습니다. 메소포타미아는 '두 강 사이의 땅'이란 뜻으로 티

그리스강과 유프라테스강에 둘러싸인 비옥한 반달 모양의 평원을 가리키죠. 이곳 역시 다른 문명들과 마찬가지로 큰 강을 끼고 있습니다. 이 지역은 현재의 이라크 영토와 거의 일치하는데, '이라크'란 아랍어로 '강가의 땅'이나 '저지대'를 일컫기 때문에 메소포타미아의 뜻과도 같습니다. 메소포타미아 문명은 좁게는 바빌로니아 · 아시리아 문명을 가리키지만, 넓게는 서남아시아 전체의 고대문명을 지칭하는 의미로도 사용됩니다. 이 비옥한 땅에서 여러 문명들이 일어나고 사라지기를 반복해 온 것이죠.

이 지역 일대를 가리켜 유럽인들은 흔히 '동방'이라고 번역되는 '오리엔트(Orient)'라고 불렀습니다. 확대하면 터키, 이란, 이라크 등 남동부 유럽과 중동 지역을 포함하는 것으로, 엄밀하게는 현재의 동아시아 지역은 해당되지 않습니다. 이곳은 오래 전부터 동서교역의 중간 기착지였기 때문에 역사적으로도 매우 중요한 지역입니다. 이곳에 살던 사람들의 관습과 문화가 서남아시아인들과 유럽인들에게 전해졌으며, 멀리는 비단길과 초원길을 통해 중앙아시아를 거쳐 중국, 한국, 그리고 일본과도 잦은 교류가 있어 왔죠.

메소포타미아는 이집트와는 달리 개방적인 지리적 요건으로 다양한 문명이 공존했습니다. 이는 이곳이 사람들이 살기에 매우 풍요로웠다는 사실을 반증하는 증거이기도 하죠. 수많은 민족들이 이 땅을 차지하기 위해 다투었기 때문에 이집트와 달리 이 지역의 정치 · 문화적 색채는 매우 복잡합니다.

기원전 3천 년경, 쐐기문자와 60진법을 사용했던 수메르인들이 도시국가를 세우면서 문명이 흥기(興期)했고, 뒤를 이어 셈족의 국가인 아카드 왕국, 구티인 그리고 도시국가인 우르(Ur)가 차례대로 메소포타미아 지역을 지배했습니다. 또 셈족에 속하는 또 다른 부족인 아시리아(Assyria)인들도 티그리스강 상류로 이동해 왔는데, 그들은 훗날 대제국을 건설했죠. 그들이 아수르(Assur) 지역을 중심으로 도시국가를 건설했기 때문에 그 이름을 따 아시리아인 또는 아수르인이라 부릅니다.

그중에서도 기원전 1700년경 유프라테스강 중류 지역을 영토로 삼았던 바빌로니아 제국에 주목해 볼 필요가 있습니다. 제국의 건설자인 함무라비 왕은 오늘날 함무라비 법전으로 알려진 법률을 제정하여 선포했습니다. 함무라비 법전은 고대 세계에도 체계적인 법률이 존재했다는 사실을 밝혀주는 중요한 유물로, 법의 출현은 인간 사회가 개인이 가진 육체적 힘에 의존하지 않고 사회적 합의에 따른 질서를 지키겠다는 좀 더 발전된 사고를 보여줍니다. 또한 공동체 내에서 사유재산이나 사회적 가치 등 물질적으로나 정신적으로 지켜야 할 것들이 많아졌다는 사실을 나타내기도 하죠. 고대 바빌로니아의 함무라비 법전이 인간 문명의 발전에 있어 중요한 지표가 되는 것은 바로 이러한 이유 때문입니다.

그렇게 번영을 구가하던 바빌로니아는 노예의 반란과 이민족 침입 등의 내우외환을 겪다 기원전 1600년경 히타이트인의 침입으로 멸망했습니다. 히타이트는 초기에는 작은 도시국가들의 집합체에 불과했으나 고대 바빌로니아 시대 후기에 이르러 강성한 국가로 성장했습니다. 당시 최전성기를 누린 히타이트인들이 사용했던 철기는 청동기를 넘어선 새로운 도구의 재료였습니다. 그들은 강력한 무기를 바탕으로 한 막강한 군사력으로 그 일대를 호령할 수 있었죠. 역사에서는 칼이 펜보다 강할 때가 더 많았던 것 같습니다.

기원전 3천 년경에는 현재의 레바논과 시리아 등 지중해 동쪽 해안지대인 페니키아 지역으로 이동해 왔던, 셈족의 한 부류인 페니키아인들이 있었습니다. 뛰어난 상공업과 항해술을 이용해 기원전 천 년 전후로 전성기를 누렸던 페니키아인의 문명에서 빼놓을 수 없는 것이 바로 '알파벳'입니다. 알파벳이 유럽-인도어의 기본이 되어 오늘날 영어라는 만국 공용어로 등극한 사실은 여러분들도 잘 알고 있을 것입니다. 상업이 주된 생업이었던 그들에게는 상거래에 있어서 계약 시 문서작성이 중요했을 테고, 이러한 배경이 문자를 발전시킨 원동력이 되었을 것입니다.

인간의 언어(정보력)는 문명의 형성에 있어 많은 음식(경제력)과 강한 무기(군사력)만큼이나 핵심적인 역할을 해왔습니다. 언어는 인간을 인간답게 만드는 요소이자 문화를 전승하고 지식을 축적하는 도구로서 인간의 의식이 성장했다는 증표이기도 합니다. 말과 문자라는 기호를 통해 타인과 소통하고 공유할 수 있다는 것은 많은 정보를 다수의 사람들에게 전달할 수 있는 능력과 가능성을 의미합니다. 이를 통해 인간은 세대를 거듭하며 더 많은 지식을 축적하여 문명을 발전시킬 수 있었죠.

특히 문자는 말하는 능력보다 훨씬 더 복잡한 체계이고 더 고차원적인 사고(思考)활동입니다. 문자를 사용하게 된 민족은 말이 가진 시공간적 한계를 넘어 더 많은 사람과 더 넓은 지역에서 문화와 지식을 전파하고, 이를 후세에게도 고스란히 물려줄 수 있었기 때문에 그렇지 않은 민족보다 더욱 질긴 생명력을 유지할 가능성이 높았습니다. 페니키아 문명뿐만 아니라 4대 문명에 해당하는 민족들은 모두 고유 문자를 갖고 있었을 만큼 문자는 문명을 이루는 데 있어 필수적이고 본질적이기까지 한 요소입니다.

지구상에는 다양한 동물들이 있고 그들 나름의 소통방식을 갖추고 있지만 인간만큼의 언어(말과 문자)구사능력을 가진 동물은 없습니다. '언어구사능력'이 가지는 힘은 영화 〈혹성탈출〉(2011)에서 잘 보여주고 있습니다. 이 영화의 명장면 중 하나인, 주인공 시저가 '노(no)'라고 외치는 장면은 유인원인 그가 처음으로 인간의 언어를 입 밖으로 내뱉는 순간을 담고 있습니다. 실험실의 유인원이었던 시저는 초기에는 감정을 느끼고 간단한 추론을 하는 정도에 그쳤지만, 이를 언어로 표현하는 순간 사고활동이 활화산처럼 폭발하게 된 것이죠. 그만큼 언어가 가지는 상징성은 매우 중요합니다.

다음으로 구약성서를 기반으로 하는 유대인의 역사를 살펴보겠습니다. 셈족의 한 부류인 가나안인은 기원전 2천 년경에 팔레스타인에 정착하면서 이스라엘 유다 왕국을 건설하였습니다. 그리고 한참이 흐른 뒤 유대인(Jews)이라 불리는 또 다른 셈족의 하나인 히브리인(Hebrews)들이 팔레스타인으로 이동해 왔습니다. 가나안인과 히브리인들은 오랜 세월을 거치면서 하나의 민족과 국가를 이루어 오늘날의 이스라엘 민족이 되었는데, 이들은 구약성서를 중심으로 하나님을 숭배하고 자신들이 하나님에 의해 선택받은 민족이라고 굳게 믿고 있습니다. 이를 '선민의식'이라고 부르죠.

문제는 유대인의 선민의식이 오늘날 주변국과의 마찰과 갈등을 일으키는 주요 원인으로 작용한다는 데 있습니다. 본래 팔레스타인 지역에서 터를 잡았던 유대인들은 기원전 6백 년경 바빌로니아에 점령당하면서 이후 나라 없이 떠돌기 시작했습니다. 그리고 그들은 《성경》에 적힌 대로 항상 젖과 꿀이 흐르는 팔레스타인 땅을 그리워하며 그곳에 유대민족 국가의 건설을 목표로 끊임없는 노력을 기울였죠. 유대인의 이러한 민족운동을 다윗이 세웠다는 성의 이름 '시온(Zion)'을 본 따 '시오니즘(Zionism)'이라 부릅니다. 그들의 오랜 노력은 마침내 1948년 이스라엘을 건국하기에까지 이르렀는데, 그 과정에서 2천 년 동안이나 그곳에서 살아온 팔레스타인 사람들을 무력으로 몰아내 국제적 분쟁을 초래했습니다.

이후에도 이스라엘은 주변의 이슬람 국가들과 수차례의 전쟁을

치르면서 지속적으로 영토를 확장해 왔습니다. 그것도 모자라 최근
들어 이스라엘은 팔레스타인과의 국경 지역에 높이가 50미터나 되
는 거대한 담벼락을 쌓고 있습니다. 자신들의 영역에 방어막을 쌓고

있는 것이죠. 노벨상을 수십 개나 수상하며 인류 지성의 성장에 큰 기여를 했던 유대인들의 짓이라고는 믿기지 않습니다. 그들에게 몹쓸 짓을 저질렀던 나치와 다를 게 뭐가 있을까요? 이 시각에도 언제 전쟁이 터질지 모르는 팔레스타인 지역에서는 폭력투쟁과 무력시위가 수시로 일어나고 있어 안타까움만을 자아낼 뿐입니다. 팔레스타인 사람들은 그 담벼락이 유대인의 감옥이 되기를 기도하고 있을지도 모릅니다.

유대인들은 어떻게 오랜 기간 동안의 유랑생활과 박해를 견디고 국가를 건설할 수 있었을까요? 여기엔 《탈무드》라는 그들만의 지혜가 축적된 책과 함께 이를 설파하는 스승인 랍비가 있어 가능했습니다. 《탈무드》로 아이들을 가르치며 정체성을 유지하는 한편, 전 세계에 흩어진 랍비가 유대인 공동체의 중심이 되어 일종의 정보망 역할을 하며 자신들만의 네트워크를 구축했던 것이죠. 특히 상업으로 거대한 부를 축적해 왔던 유대인들은 부를 이용해 유럽과 미국을 포함한 전 세계의 금융 분야에서 막강한 영향력을 행사해 왔습니다. 유대인들이 팔레스타인에 국가를 건설한다고 했을 때 미국과 영국이 모른 체 눈을 감아준 데에는 바로 이러한 사실이 숨어 있으며, 그것이 오늘날까지도 이스라엘을 두둔하는 이유입니다.

메소포타미아 지역은 이처럼 국제적으로나 역사적으로나 중요한 곳이지만 낯설게만 느껴지는 것도 사실입니다. 이는 외교적으로 미국에 너무 의존해 있거나 국제사회에 대한 미국의 시각을 좇으면서 비롯된 일입니다. 하지만 중동은 석유가 생산되는 곳이자 이슬람 사회의 근거지로서 전략적으로도 매우 중요한 지역입니다. 1970~1980년대에 걸쳐 일어난 중동의 건설 붐과 최근의 한류 바람으로 인해 좀 더 가까워지긴 했지만 더 적극적인 관심이 필요합니다. 이제는 국제관계를 바라보는 우리만의 시각을 갖추어야 할 때가 된 것이죠.

그리스,

서양의
정신적 뿌리

누구나 한번쯤은 그리스로마신화를 읽어봤을 것입니다. 거기에는 신들의 왕 제우스, 바다의 신 포세이돈, 질투의 여신 헤라, 전쟁의 여신 아테나, 미의 여신 아프로디테 등 수많은 올림포스의 신들이 등장합니다. 그리고 그들은 몇 천 년이 흐른 지금에도 영화와 미술, 문학 속에서 끊임없이 주인공 노릇을 하고 있습니다. 그만큼 그리스로마신화에 담긴 의미와 상징들은 시대를 뛰어넘어 많은 사람들에게 깊은 영감과 즐거움을 선사하고 있죠.

그리스 이전부터 구전되어 왔던 신들의 이야기들은 그리스를 거쳐 로마에 이르는 시간 동안 만들어지고 다듬어져 오늘날까지 전해지고 있습니다.

'유럽'이라는 말의 탄생도 신화에서 비롯되었습니다. 올림포스의 주신(主神) 제우스가 무료함을 달래고자 세계 여러 곳을 돌아보던 어느 날, 페니키아 지역에서 페니키아 왕의 딸인 에우로페를 보고 그녀의 아름다움에 단번에 반하고 말았습니다. 어떻게 유혹할까 고심하던 제우스는 흰 소로 변해 그녀를 등에 태우고 자기가 태어난 크레타 섬으로 데려갔습니다. 그렇게 제우스와 에우로페는 세 아들을 낳게 되었고, 그중 첫째인 미노스가 크레타의 왕이 되었다는 이야기가 전해지고 있습니다. 당시 그녀가 소를 타고 지나간 곳을 그녀의 이름 '에우로페(Europe)'에서 본 따 부른 데에서 '유럽'이라는 말이 탄생된 것이죠.

에게 문명
역사란 어떻게 만들어지는 것일까?

|

그리스로마신화가 만들어진 배경에는 에게 문명이 자리 잡고 있는데, 에게 문명이란 기원전 3천 년~기원전 천 년경 에게해를 중심으로 발전한 문명으로, 크레타섬을 중심으로 키클라데스 제도(諸島), 펠로폰네소스 반도 그리고 그리스 본토가 이에 해당합니다. 수많은 섬들이 있는 에게해에서 가장 큰 '크레타섬'을 중심으로 시작되었기

때문에 '해양문명'이라 부를 만큼 바다와 관련된 문화요소들을 흔하게 찾아볼 수 있습니다.

에게 문명은 크레타 문명과 미케네 문명으로 나누는데, 기원전 2천 년경에 형성되기 시작한 크레타 문명은 일반적으로 기원전 1700년경을 기점으로 초기왕궁시대와 후기왕궁시대로 구분합니다. 이렇게 왕궁을 기준으로 구분하는 이유는 바로 크레타 문명의 가장 큰 특징이 왕궁 건축에 있었기 때문이죠. 크레타 문명은 크노소스와 파이스토로스의 두 지역에서 부흥했는데, 후기왕궁시대를 이끌었던 크노소스의 미노스 왕에 이르러 번영기를 구가하였습니다. 그러나 지진과 해일 등 자연재해와 이민족의 침입으로 기원전 1700년경을 기점으로 많은 왕궁이 파괴되어 버렸죠. 그리고 1400년경 마지막 왕궁이 파괴되면서 크레타 문명도 영원히 잠들고 말았습니다.

그 후 약 3500년이 지난 서기 1900년 영국의 고고학자인 아서 에번스(Arthur John Evans)에 의해 크노소스 왕궁이 발굴되었는데, 그는 그것이 그리스신화에 등장하는 '미노스의 왕궁'이라고 확신했습니다. 본격적으로 왕궁이 발굴되자 감탄할 만한 유적과 유물이 등장했습니다. 궁전 안에 수도 설비는 물론이고 하수도 시설까지 완벽하게 구비되어 있었죠. 방과 복도의 벽은 벽면에 회칠을 한 후 그 젖은 벽면에 물감을 바르는 프레스코 기법의 그림으로 화려하게 꾸며져 있어 고대에 지어진 건축물이라고는 믿기지 않을 정도였습니다. 해양

문명을 반영하듯 고래나 파도의 형상 같은 바다와 관련된 문양이나 무늬들이 궁전 내부를 장식하고 있었습니다. 그 오래된 옛날, 대체 누가 이처럼 훌륭한 건축물을 설계했을까요?

뛰어난 건축술과 예술성을 갖춘 미노스 왕궁은 미궁(美宮, 아름다운 궁전)으로 유명하지만 미궁(迷宮, 라비린토스)으로도 널리 알려져 있습니다. '미궁(迷宮) 속으로 빠지다'라는 말은 바로 미노스 왕궁과 연관이 있는 말입니다.

어느 날, 미노스 왕이 아들인 안드레게오스를 아테네에서 열리는 운동경기에 내보냈습니다. 꼭 승리를 안고 돌아오라는 당부도 잊지 않았죠. 아버지의 기대대로 안드레게오스는 그리스 사람들을 물리치고 월계관을 독차지했습니다. 그러자 이에 화가 난 아테네 왕 아이게우스가 그를 죽였고, 이에 분노한 미노스 왕은 함대를 보내 아테네를 굴복시킨 후 9년마다 일곱 청년과 일곱 처녀를 바치라고 요구하였습니다. 그리고는 이들을 한번 들어가면 절대 빠져나올 수 없는 라비린토스에 가두고 그곳에 살고 있는 미노타우로스의 먹이가 되게 내버려두었습니다.

미노타우로스는 왕비 파시파이가 황소와 사랑에 빠져 낳은 아이였습니다. 제물로 쓰라고 보낸 흰 황소를 미노스 왕이 죽이지 않고 살려두자 포세이돈은 그 벌로 머리는 소에 몸은 사람인 미노타우로스가 태어나게 했고, 이에 미노스 왕은 다이달로스에게 라비린토스를 짓게 한 뒤 미노타우로스를 그곳에 가둔 것입니다. 그렇게 세 번째 제물이 바쳐질 때 아테네의 영웅 테세우스가 자진해서 제물이 되어 미노스와 파시파이 사이에서 난 딸 아리아드네의 도움을 받아 미노타우로스를 죽였습니다. 그런 후 들어갈 때 입구부터 풀어놓았던 실을 따라 나옴으로써 미궁은 풀리게 되었죠.

크레타 문명의 멸망 원인이 미궁 속에 빠진 후 뒤를 이어 미케네 문명이 등장했습니다. 기원전 1600년경에 건립된 미케네는 통일국가가 아닌 여러 도시국가로 이루어져 있었죠. 귀에 익숙한 스파르타, 파로스, 아테네와 테베 등이 주요 도시였는데, 그중에서도 미케네가 가장 번성했습니다. 미케네 문명이 쇠퇴하던 기원전 1200년경, 그리스인의 마지막 주자인 도리아인이 그리스 중부와 펠레폰네소스 반도를 침입했습니다. 하지만 안타깝게도 그들의 문명이 매우 낙후되어 있었기 때문에 그 후 그리스 본토의 문명은 몇 백 년 동안 암흑기를 맞이할 수밖에 없었습니다. 이 시기의 모습들은 호메로스의 서사시에 등장하기 때문에 '호메로스 시대'라고 부르기도 하죠.

아마 호메로스의 서사시 〈일리아드〉의 배경이 되는 트로이전쟁에 대해 모르는 분은 없을 것입니다. 유적이 발굴되기 전까지 트로이는 단지 신화 속 얘기로만 전해지고 있다가 1870년 슐리만(Heinrich Schliemann) 박사의 끈질긴 탐사에 이은 발굴로 트로이전쟁이 역사적 사실로 드러나게 되었죠. 그리고 몇 년 뒤엔 미케네 고분을 발굴하기도 했습니다. 이 발굴로 그동안 알지 못했던 고대문명에 대한 새로운 정보들을 얻을 수 있었습니다. 슐리만 박사의 노력이 없었다면 트로이는 아직도 지하에 묻혀 발굴을 기다리고 있었을지 모릅니다.

역사란 그 역사가 사실이라는 점을 밝혀줄 수 있는 근거가 필요합니다. 그 근거를 사료(史料)라고 하는데, 옛 문헌이나 유물 및 유적이 이에 해당합니다. 특히 사료에 기록된 내용보다 직접 확인할 수 있는 유물과 유적은 더욱 확실한 역사적 근거가 될 수 있죠. 신화가 한순간에 역사로 탈바꿈하게 될 수 있는 이유도 유물과 유적이 있기 때문이죠. 우리가 허구라 알고 있는 이야기가 언젠가는 사실이 될 수 있고, 진실이라 믿었던 역사가 거짓으로 판명날 수도 있습니다.

이런 점 때문에 역사 서술에 신중을 기해야 합니다. 역사란 사료를 바탕으로 현재까지 밝혀진 사실과 사실 간의 연관성을 밝히고, 그 안에 담긴 이야기들을 재조명하여 인과관계 속에서 재구성하는 일입니다. 고대의 역사로 갈수록 사료가 부족하기 때문에 역사 연구자의 주관적인 생각이 끼어들 여지가 클 수밖에 없죠. 게다가 국가 주도로 역사를 왜곡하는 일도 발생합니다. 일본의 역사 왜곡이나 중국의 동북공정이 대표적인 예라고 볼 수 있습니다.

따라서 역사란 단지 사료를 발굴하거나 과거만을 좇는 학문이 아닙니다. 현 시대, 우리 사회의 모습이 담긴 사상이자 가치이기도 합니다. 올바른 역사의식을 가져야 하는 당위성이 바로 여기에 있습니다.

그리스 문명
그리스는 왜 유럽인들에게
정신적 고향이 되었을까?

|

그리스인들은 스스로 '헬라스 사람(Hellenes, 전설적인 영웅 헬렌의 자손이라는 뜻)'이라 부르며 자신들을 이민족들과 뚜렷이 구분했습니다. 또한 폴리스(Polis)라고 부르는 도시 단위의 자치적인 국가를 경영하였습니다. 도시국가의 연합으로 구성된 정치체제는 거대한 제국 또는 왕국이 형성되었던 여타의 나라들과는 다른 그리스만의 독특한 특징이었습니다.

기원전 1000년을 전후로 한 암흑기의 어두운 터널을 지나 뚜렷한 발전을 보이기 시작한 기원전 6세기부터 기원전 4세기까지의 시기를 '그리스 고전기'라 부르는데, 이때를 고대 그리스의 대표적인 시대로 평가합니다. 고전기에 이르러 전성기를 맞은 그리스인들은 주변 여러 나라들과의 전쟁에서 승리하여 식민지를 확장하면서 에게해의 실질적인 지배자가 될 수 있었습니다.

이렇게 대내외적으로 발전을 거듭해 오던 그리스인에게도 시련이 닥쳐왔습니다. 수많은 식민지 개척과 해양국가로서의 면모를 갖춘 그리스가 강대국으로 부상하자 이를 견제하는 세력이 등장한 것이죠. 바로 페르시아였습니다. 당시 메소포타미아 지방을 지배하고 있던 페르시아는 아시아, 아프리카, 유럽을 아우르는 제국을 건설하며 최전성기를 누리고 있었습니다.

페르시아의 수도였던 '페르세폴리스'의 궁전 유적지를 둘러보면 제국의 거대한 힘을 느낄 수 있습니다. 황금으로 도배된 궁전의 기둥과 벽면 그리고 그 벽면에 새겨진 그림엔 수많은 나라가 조공을 바치는 모습이 아로새겨져 있으니까요. 페르시아어로 '스탄(stan)'은 '땅'이라는 의미인데, 지금도 아프가니스탄, 우즈베키스탄, 투르크메니스탄 등의 국가들 이름이 '스탄'으로 끝나는 것은 우연이 아니라 과거 페르시아의 영토에 해당하기 때문입니다.

그 거대하고 강력한 고대 제국의 그리스 침공이 바로 '그리스-페르시아 전쟁'입니다. 기원전 492년, 페르시아의 황제 다리우스는 해군을 이끌고 그리스 원정을 나섰습니다. 하지만 폭풍우를 만나 거의 모든 군사들이 전멸함으로써 실패하고 말았죠. 그 후 2년 뒤인 기원전 490년에 페르시아는 다시 한 번 제국의 군사를 끌어모아 2차 침공을 단행했습니다. 당시 1만 명 정도로 추산되는 아테네의 군사들은 자신들보다 몇 배 혹은 몇 십 배나 되는 페르시아 군대를 맞아 마라톤 평원에서 싸워 물리쳤습니다. 다윗과 골리앗의 싸움에 비유될 만한 사건이었죠.

이 마라톤 평원에서의 전쟁이 바로 오늘날 올림픽의 꽃이라 부르는 마라톤 종목의 효시입니다. 그리스의 승리를 알리기 위해 한 병사가 약 40킬로미터를 쉬지 않고 달려갔다는 이야기를 들어보았을 것입니다. 하지만 페르시아 사람들에게만큼은 치욕스런 역사를 되새기게 하는 불쾌한 운동으로 기억됩니다. 페르시아인의 후손인 이란은 오늘날에도 여전히 마라톤 종목에 출전하지 않습니다. 만약 페르시아가 전쟁에서 그리스를 이겼다면 오늘날 많은 이들의 사랑을 받는 마라톤이란 운동종목을 볼 수 없었을지도 모릅니다.

올림픽 또한 그리스로부터 출발했습니다. 각각의 독립성이 매우 강해 통일된 국가의 형성이 어려웠던 폴리스들은 서로 정치적·군사적 동맹을 맺어 협력했죠. 이와 함께 그리스인의 대동단결을 위해 올림픽을 개최했습니다. 올림피아의 제우스 신전에서 기원전 776년부터 4년마다 모든 폴리스가 참여하는 체전을 열고 그 기간 동안은 서로 전쟁을 금지했습니다. 바로 지구인의 축제인 '올림픽'의 시초였죠.

근대 올림픽은 프랑스 출신 쿠베르탱 남작의 제창으로 1896년부터 실시되었는데, 그 기념비적인 장소가 바로 그리스 아테네입니다. 쿠베르탱은 1894년 국제올림픽위원회(IOC)를 창설하고 올림픽을 4년마다 정기적으로 개최하는 데 성공했습니다. 20세기 초에 이르러서는 경기별로 각각의 국제경기연맹(IF)이 조직되고 국제적으로 통용되는 경기규칙과 규정도 정해졌습니다. 최근 들어 올림픽의 상업성으로 인해 그 정신이 많이 훼손되었다는 비판도 일고 있지만, 그 역사를 볼 때 올림픽이 가지는 평화의 상징성은 여전히 큰 의미를 가집니다.

1988년에 올림픽을 개최했던 대한민국은 이를 계기로 국제사회의 일원으로서 좀 더 개방되고 선진화된 사회로 나아갈 수 있었습니다.
그럼에도 서울올림픽의 준비과정을 되돌아보면 공식 주제가의 제목
처럼 '손에 손 잡고' 벽을 넘기에는 부족했던 부분이 많았습니다. 올

림픽을 치르기 위한 경기장 건설과 도로 확충을 위해 막무가내식 공사를 진행하다 보니 그곳에 살던 많은 국민들이 보금자리로부터 쫓겨나는 일을 겪었던 것이죠. 그들이 이주해 살고 있는 구룡마을은 지금도 개발방식을 놓고 갈등을 빚고 있습니다.

냉전시대인 1980년과 1984년 올림픽을 보이콧하던 대다수의 국가들이 참여하여 동서(서유럽과 동유럽이라는 냉전 구도)의 화합을 이끌었다는 의의를 지니는 올림픽이었던 만큼 국민들의 화합에도 신경을 썼다면 어땠을까요? 무의미하고 쓸데없는 일이라는 가정일 수 있지만, 역사를 되돌려보는 작업에서 더 많은 것들을 배울 수도 있습니다.

그런데 그리스가 승리의 기쁨에 젖을 틈도 없이 480년 페르시아의 침공이 또 다시 이어졌습니다. 이번엔 페르시아의 황제 다리우스의 뒤를 이은 크세르크세스였습니다. 거대한 제국으로서의 체면과 자존심을 구긴 페르시아로서는 그리스를 반드시 점령하고 싶었을 것입니다. 그렇게 두 나라의 군대는 그리스의 테르모필라이라는 곳에서 맞닥뜨리게 되었죠. 그곳에서 스파르타의 레오니다스가 이끄는 300명의 스파르타 전사와 그리스 각지에서 모인 수천의 병사들은 수십만 명의 페르시아 군대에 당당히 맞섰습니다. 이것이 바로 〈300〉이라는 영화의 배경이 된 테르모필라이 전투입니다.

강력한 군사훈련으로 무장된 스파르타인은 배수진을 친 채 다국적 연합군의 페르시아에게 강력히 저항하였지만 그들을 막기에는 역부족이었죠. 스파르타를 무너뜨린 페르시아는 그 여세를 몰아 아테네를 향해 진격했으나 승리의 여신은 그리스 편이었습니다. 그해 가을, 그리스는 '살라미스 해전'에서 페르시아의 해군을 격퇴하고 드디어 그리스의 독립을 인정하는 조약을 맺게 되었는데, 이는 해양문명이 기반이었기 때문에 이룩할 수 있었던 승리였습니다. 이후 페르시아의 국력이 쇠퇴하면서 자연스레 그리스는 지중해를 장악할 수 있었습니다.

페르시아와의 전쟁을 승리로 이끈 그리스는 전대미문의 번영을 누리면서 수준 높은 문명을 이룩했습니다. 특히 아네테의 발전이 돋보였는데요. 철학, 연극, 예술 분야의 발전은 일일이 열거하기 어려울 정도였죠.

우선 건축을 살펴보면 척박한 자연환경을 극복하는 좋은 실례를 보여주었습니다. 돌멩이만 잔뜩 쌓여 있는 땅에서 아테네인들은 그 돌들을 쌓아 올려 장엄한 신전들을 건축하고 아름다운 조각상들을 만들어낸 것이죠. 파르테논 신전의 경우에는 황금비율이라 부르는 1:1.6의 비율을 그대로 살린 건축물로 유명한데, 정교한 조각과 아름다운 비례 그리고 신전으로서의 장중함 등은 아테네의 자존심마저 느끼게 합니다. 또한 야외 광장인 아고라를 만들어 시민들이 모여 정치를 논하거나 연극을 상연하는 등 다양한 활동을 펼쳤다고 합니다.

연극은 그리스인들만이 누릴 수 있는 문화적 특권이었죠. 특이한 점은 희극이 아닌 비극의 발전이 두드러졌다는 것으로 아이스킬로스, 에우리피데스, 소포클레스와 같은 극작가들이 큰 역할을 담당했습니다. 누구나가 행복하고 즐겁기를 바라는 삶을 생각해 볼 때 '비극'의 형식을 빌려 쓸쓸하고 슬프고 고통스럽고 역설적인 인생을 표현했다는 점은 매우 흥미로운 일이 아닐 수 없습니다. 이는 나태해지고 우쭐해지기 쉬운 때에 비극을 보며 그리스의 영광이 한순간에 사라질 수도 있음을 돌아보게 해주었기 때문이죠.

연극을 포함하여 그리스에서 발달한 문학과 철학은 유럽의 사상을 형성하는 밑거름이었습니다. 자연에 대해 탐구했던 자연철학자들, 그리스인들의 정치·사상적 스승이었던 소피스트들, 세계 4대 성인의 반열에까지 오른 소크라테스, 그리고 소크라테스를 더욱 돋보이게 하면서도 스승을 뛰어넘은 제자 플라톤까지 뛰어난 현인들이 줄줄이 출현했습니다. 무엇보다도 정치에 직접 참여할 수 있었고 참여해야 했던 아테네 시민들에게 소피스트들은 매우 중요했습니다. 언변이 뛰어났던 이들은 궤변론자들로 알려지기도 했지만 실제로는 학문의 탐구자이자 지식의 전달자이며 정치의 교사이기도 했으니까요.

게다가 아테네 시민이라면 누구나 공직자가 되어 실질적으로 정치에 참여할 수 있는 길이 열려 있던 아테네의 민주정은 고대 사회에서 찾아보기 힘들었던 형태의 정치체제였기 때문에 주목을 받습니다. 의회를 통해 정치적 사안을 논의하고 결정하는 정치 합의체는 다수의 의견을 수렴한다는 점에서 훌륭한 제도였죠. 다만, 시민에 해당하는 사람은 여자나 노예나 외국인이 아닌 아테네 남자뿐이었다는 점과 폴리스라는 규모가 작은 도시국가였다는 점에서 분명 한계는 있었습니다.

그럼에도 아테네의 민주정을 정면으로 반박한 사람이 있었는데, 그가 바로 고대 그리스 철학을 체계화시킨 장본인인 플라톤이었습니다. 신에 대한 모독과 청년들을 현혹한 죄로 사형을 선고받은 소크라테스가 독배를 마시고 죽는 사건을 목격했던 플라톤은 아테네와 아테네의 민주정치에 강한 회의를 표하며, 이를 우둔한 다수가 다스리는 '중우정치(衆愚政治)'라고 비판했습니다. 이에 《소크라테스의 변명》을 통해 소크라테스의 죽음을 정당하게 변론했고, 《국가》라는 책을 집필해 철학자가 국가를 다스려야 한다는 '철인(哲人)정치'를 주장했죠.

플라톤은 어릴 때부터 온갖 경험을 두루 거치며 경쟁을 통해 뽑힌 가장 지혜롭고 정의로운 사람이 지도자가 되어야 중우정치의 위험이 사라지고 그 사회에 정의가 바로 설 수 있다고 보았습니다. 하지만 그것은 독재를 정당화하고 인간의 불평등을 심화시킨다는 비판을 받기도 했습니다. 무엇이 옳을까요? 대중에 의한 정치일까요, 훌륭한 한 사람에 의한 정치일까요? 아니면 무척이나 뛰어난 다수의 대중들에 의한 정치체제가 가장 이상적일까요? 현대 민주주의 정치체제에서도 귀 기울여볼 만한 부분입니다.

황금기를 누리던 그리스인들에게도 몰락의 순간은 어김없이 다가

왔습니다. 문제는 내부에 있었습니다. 그리스-페르시아 전쟁으로 얻은 이익을 모든 그리스의 폴리스들이 공평하게 나누어 갖지 못하자 여기저기서 불만이 터져 나온 것입니다. 전쟁 중 아테네는 에게해의 여러 섬 및 소아시아의 도시국가들과 '델로스동맹'이라 부르는 동맹을 맺었는데, 각 도시국가들이 아테네에 동맹금을 납부하고 이것으로 해군을 조직하여 페르시아에 맞섰던 것이죠. 그런데 전쟁이 끝나자 아테네는 이 동맹금을 다른 폴리스들의 침탈에 이용했습니다. 이에 불만을 품은 폴리스들과 펠로폰네소스 동맹을 맺은 스파르타는 그리스의 맹주 자리를 놓고 아테네를 주축으로 하는 델로스동맹과 한판 승부를 겨루었습니다.

기원전 431년에서 기원전 404년까지 지속된 두 동맹의 전쟁은 그리스의 터전이었던 펠로폰네소스 반도의 이름을 따 '펠로폰네소스전쟁'이라고 부르는데, 승리는 펠로폰네소스 동맹이 가져갔습니다. 그결과 아테네의 국력은 크게 상실되었고 그리스의 맹주 자리 역시 스파르타로 옮겨가게 되었죠. 그러나 승리의 기쁨에 도취된 스파르타가 아테네와 마찬가지로 허세를 부리자 펠로폰네소스 동맹국들은 등을 돌렸고, 델로스동맹의 폴리스들이 스파르타의 독주에 끊임없이 반발하면서 그리스는 또 한 차례 내분을 겪어야 했습니다. 이렇게 잉태된 그리스 폴리스들 간의 갈등과 반목은 그리스 전체의 국력을 소모시키는 결과로 이어졌으며, 결국 문명의 쇠퇴라는 위기로 귀결되고 말았습니다.

비록 작은 도시국가들의 연합체에 불과했지만 그리스가 즐긴 문화의 향연은 오늘날에도 아무나 즐길 수 없을 만큼 화려하고 다채로웠습니다. 그들의 유산은 알렉산드로스 제국과 로마 제국을 거치면서 유럽 전역으로 전파되었을 뿐만 아니라 오늘날까지도 그 영향력이 이어져 오고 있습니다. 이것이 그리스가 서양인들의 정신적 고향이라 일컬어지는 이유입니다.

헬레니즘 문명

알렉산더 대왕이 남긴 유산은 무엇일까?

그리스 세계가 쇠퇴하는 시기에 그리스 북부 지역에는 마케도니아(Macedonia, '키가 큰 사람'이라는 뜻)가 서서히 기지개를 켜고 있었습니다. 필리프 2세 때 강력한 국가로 성장한 마케도니아는 기원전 349년 혼란에 빠진 그리스를 침공하였습니다. 그리스의 도시국가들은 반(反) 마케도니아 동맹을 맺고 저항했으나 기원전 338년 카에로니아 전투에서 패하고 말았죠.

필리프 2세의 뒤를 이어 스무 살에 왕위에 오른 알렉산드로스는 그리스에 이어 페르시아군을 가볍게 물리치고 난 뒤 페니키아의 여러 도시들을 함락하고 곧장 이집트를 침략했습니다. 페르시아의 지배에서 벗어나기를 원했던 이집트는 알렉산드로스를 기꺼이 반겨주었죠. 쉼 없이 동방원정을 거듭한 마케도니아의 알렉산드로스는 마침내 유럽, 아시아, 아프리카 세 대륙을 아우르는 대제국을 건설했습니다. 야망에 찬 알렉산드로스 대왕은 내친김에 인도까지 진출했지만 인도인의 심한 저항과 무더위에 지쳐 원정을 포기하고 수도 바빌론으로 돌아왔습니다. 기나긴 전쟁 후의 휴식이었죠.

그렇지만 여기까지였습니다. 기원전 323년, 알렉산드로스 사망 이후 알렉산드로스 제국은 톨레미-이집트(프톨레마이오스) 왕국, 셀류시드(셀레우코스) 왕국, 마케도니아 왕국으로 분열되었습니다.

알렉산드로스 대왕이 남긴 유산은 굉장합니다. 무엇보다 그리스 문명이 그리스 본토를 넘어 세계로 확대되었다는 데에서 그 의의를 찾아볼 수 있습니다. 지리적으로 따지면 에게해를 중심으로 하는 그리스 지역과 옛 페르시아 제국의 영토에까지 이르렀죠. 이 광대한 영토를 기반으로 그리스 문명과 오리엔트 문명이 융합되면서 이전과는 다른 독특하고 새로운 문명이 탄생되었는데, 이 문명을 가리켜 '그리스인들처럼 행동하다'라는 뜻의 '헬레니즘'이라고 부릅니다. 헬레니즘 시대에 천문학을 중심으로 한 과학의 발전과 다방면에서의 학문적 성과를 이루었고, 헬레니즘의 미술은 훗날 인도의 간다라 미술에까지 영향을 미쳤습니다.

헬레니즘 문명의 발전에는 알렉산드로스가 원정을 다니면서 건설했던 도시인 '알렉산드리아'가 그 중심에 있었습니다. 현재의 알렉산드리아는 이집트 북부의 삼각주에 위치한 도시를 일컫지만, 당시 알렉산드리아는 정치·경제·교육의 중심지로서 "없는 것은 오직 눈(雪)뿐이다."라고 말할 정도로 엄청난 규모와 놀라운 문화를 가진 도시였다고 전해집니다. 알렉산드로스 대왕은 이러한 도시를 제국 전역에 걸쳐 70여 개나 세웠다고 하니 그 어마어마한 규모를 짐작할 수 있을 것입니다. 또 각 도시마다 거대한 도서관들을 건립했는데, '책'은 한 문명의 지식의 척도라는 점에서 도서관의 건립은 그 문명이 가진 수준을 가늠할 수 있게 해줍니다. 이 도시들이 제국의 문화를 융합하는 동시에 그리스 고유의 문화를 보급하는 허파 구실을 했던 것이죠.

알렉산드리아라는 문화의 중심지를 건설했던 알렉산드로스 대왕의 뒤에는 걸출한 철학자가 있었습니다. 바로 아버지 필리프 2세가 아들 알렉산드로스를 위해 모셔온 당대의 대철학자 아리스토텔레스였습니다. 아리스토텔레스 역시 알렉산드로스 대왕의 스승으로 머무는 동안 학문의 성취에 큰 도움을 받았는데, 알렉산드로스 대왕으로부터 미지의 세계에 대한 소식을 접하고 다량의 정보를 입수할 수 있었기 때문이죠. 수많은 문물을 수집하여 하나하나 이름을 붙이고 분류하고 그에 대한 철학적 사유를 하는 데 있어 거대한 제국은 안성맞춤이었을 것입니다. 오늘날의 논리학, 생물학, 물리학 등 각 학문 분과의 이름이 대부분 아리스토텔레스로부터 비롯되었다는 사실에서 이를 짐작할 수 있습니다.

반면, 알렉산드로스 대왕의 삶이 행복했을지는 확신하기 어렵습니다. 당시 그리스에는 평생 홑옷을 입고 통 속에서 청빈한 생활을 하면서 그리스인들에게 큰 존경을 받던 디오게네스라는 사람이 살고 있었습니다. 그 모습을 기이하게 여긴 알렉산드로스 대왕이 그를 찾아가 소원이 뭐냐고 묻자, 디오게네스는 알렉산드로스 대왕을 빤히 쳐다보며 햇빛을 가리니 옆으로 비켜 서 달라고 부탁했죠. 세상 모두의 부러움과 두려움을 한몸에 받고 있던 알렉산더 대왕으로서는 자신에게 당당히 햇빛 한 줄기만을 요구하는 디오게네스에게서 큰 충격을 받았을 것입니다. 아마도 아리스토텔레스에게 "스승님과 같지만 다른 현인이 살고 있습니다."라고 알려주었을지도 모르죠. 그랬다면 아리스토텔레스는 무어라 대답했을까요?

훗날 알렉산드로스는 자신이 알렉산드로스 대왕이 아니었더라면 통 속에 사는 디오게네스가 되기를 바랐을 것이라고 술회했다는 얘기도 전해집니다. 두 사람은 같은 해에, 똑같이 두 손에 아무것도 들지 않은 채 세상과 이별했습니다. 아무리 많은 재물과 큰 권력을 가지고 있더라도 그것이 영원할 수 없다는 사실을 일깨워주는, 인생의 덧없음을 보여주는 일화죠. '빈손으로 왔다 빈손으로 간다.'는 불교의 '공수래공수거(空手來空手去)'라는 말을 떠올리게 합니다. 무언가를 발견하고 만들어내는 문명의 발전은 빈손으로 왔다 빈손으로 가는 것과는 정반대입니다. 하지만 디오게네스 같은 사람들이 없었다면 문명에 대한 반성의 시간도 가질 수 없었겠죠?

알렉산드로스 대왕과 디오게네스의 일화에서 헬레니즘 사람들의 삶의 태도를 엿볼 수 있습니다. 헬레니즘 시기의 사람들은 국가보다는 개인의 행복을 중시했습니다. 큰 제국이었던 만큼 공동체로서의 끈끈한 유대감을 느끼기 어려웠을 것입니다. 또 그리스인들과의 차별도 존재했을 테고요. '그리스인'이 아닌 제국의 여러 민족들은 상대적인 박탈감을 느꼈을 수도 있습니다. 그래서 이 시기에는 거대 제국의 일원으로 살아가야 한다는 세계시민주의라는 보편적 가치관과 함께 소소한 시민의 삶을 영위하고자 하는 개인주의가 중요한 가치로 부각되는 역설적인 일이 일어나기도 했습니다.

당시의 개인주의는 오늘날의 정치적 무관심과도 비교해 볼 수 있습니다. 자신의 일과는 무관하게 벌어지는 정치적 상황들 속에서 공적인 관심보다는 개인적인 성취나 행복에 더 관심을 두었기 때문이죠. 현대 사회는 과거와는 달리 중앙정부의 정치적 결정이나 행정의 영향력이 훨씬 강해 개인의 삶에 끼치는 영향도 더욱 직접적인 반면, 정치를 실행하는 정치인들의 행태나 정치적 의사결정 과정에서 국민의 뜻이 제대로 반영되지 않는 상황이 자주 벌어집니다. 이것이 반복되다 보면 정치와 자신의 삶이 무관하게 느껴지는 정치적 무관심으로 이어지죠.

넓은 의미에서의 정치란 결국 사람과 사람 사이의 관계를 조율하는 일입니다. 서로의 의견 차이를 좁히고 누군가 소외되지 않도록 돌보며, 더 많은 사람들을 광장으로 나올 수 있게 하는 데에서 그 성패

가 갈린다고 할 수 있습니다. 그런 점에서 사람과 사람 사이의 물리적 거리와 정신적 거리를 좁혀주는 기능을 제대로 발휘할 때 정치가 잘 이루어지고 있다고 평가할 수 있죠. 하지만 어디에 살든 그곳의 정치 상황에 영향을 받을 수밖에 없다는 사실을 깨닫고 더 나은 세상으로 바꾸려는 노력이 동반되어야 합니다.

03 로마,

영원히 기억될 제국

　서양의 역사에서 '제국'이라는 단어는 유럽 지역, 오리엔트 지역, 그리고 북아프리카라는 세 대륙에 걸친 영토를 장악하고 있을 때 붙여주는 명예로운(?) 이름입니다. 또한 그만한 크기에 비례할 만한 지역을 차지하고 있어야 제국의 반열에 오를 수 있었죠. 그러한 제국 안에는 다양한 민족들이 살았고 그 수만큼이나 다양한 문화들이 존재했는데, 그 문화들은 제국 안에서 융화되고 혼합되는 과정을 거쳐 이전과는 또 다른 모습으로 재탄생되면서 문명의 발전에 기여했습니다. 뿐만 아니라 넓은 영토를 다스리기 위한 제도와 시설이 필요했던 점도 문명의 발전을 촉진시켰습니다. 다양한 인종과 민족, 그리고 광활한 영토를 다스리기 위해 제도를 구비하고 문물을 구비하는 과정에서 제국은 이전에 없던 문명을 탄생시기도 했습니다.

앞에서 살펴보았듯 유럽 제국의 역사는 알렉산드로스 제국의 시대로 거슬러 올라갑니다. 알렉산드로스 제국은 짧은 존속기간에도 수준 높은 그리스 문명을 타 지역으로까지 전파했다는 점에서 의의를 지니죠. 그리고 그 뒤를 이어 서양문명 역사상 가장 화려하고 이상적인 시기로 손꼽히는 로마 제국이 등장했습니다. 유럽 역사에 직접적이고 실질적인 영향을 끼친 로마는 그저 오래 전에 존재했다 사라진 과거의 국가가 아니라 진보된 문명의 상징으로 이해되어 왔습니다. 그렇기에 로마의 흥망성쇠는 오늘날까지도 호기심의 대상이 되고 있습니다.

제국의 탄생
로마는 어떻게 제국으로 발전할 수 있었을까?

|

축구는 유럽에서 엄청난 인기를 끄는 스포츠입니다. 각 도시마다 축구팀이 하나씩 있을 정도로 인기 있는 종목이죠. 이탈리아의 수도 로마에도 축구 명문팀인 'AS 로마'가 있습니다. 그 팀의 로고에는 늑대의 젖을 빨고 있는 쌍둥이 형제가 그려져 있습니다. 바로 그 쌍둥이가 로마를 탄생시킨 장본인입니다. 전설에 따르면 늑대의 젖을 먹

고 사이좋게 자라나던 쌍둥이 형제가 서로 다툼을 벌이다 동생 로물루스(Romulus)가 형인 레무스(Remus)를 죽이고 팔라티노 언덕에 마을을 세운 것이 로마(Roma)의 기원이 되었다고 하죠.

로물루스라는 이름으로부터 비롯된 로마는 처음엔 아주 작은 단위의 부족국가들로 이루어져 있었습니다. 당시 테베레 강가의 동쪽에 위치한 일곱 개의 언덕에 로마인들의 고대 조상들이 터를 잡고 살았는데, 그중에서도 팔라티노 언덕이 주 무대였다고 합니다. 이곳에 고대 신전과 공회당 등 공공시설을 세움으로써 로마인들의 생활의 중심이 되었던 것이죠. 작은 마을 단위의 로마 국가들은 여러 차례의 병합과 정복을 거치면서 기원전 753년에 이르러 왕정시대에 접어들었습니다. 유럽의 동쪽 끝 그리스의 문명이 기우는 사이에 비로소 중부 유럽의 자그마한 한 나라가 서서히 문명의 불씨를 지피고 있었습니다.

로마를 생각하면 언제나 가장 먼저 떠오르는 것이 강력한 군대입니다. 실제로도 로마가 제국으로 성장하고 제국으로서의 지위를 오랫동안 유지할 수 있었던 데에는 군사적인 요소가 매우 크게 작용한 게 사실입니다. 하지만 군사력만으로 위대한 문명이 탄생할 수는 없습니다. 군대로 위협을 가하고 누군가를 정복할 수는 있지만 통치를 제대로 하기 위해서는 국가의 이념과 제도가 필요하기 때문이죠. 이러한 것들이 곧 문명의 발전 방향을 알려주는 지표가 됩니다.

우선 로마의 정치에서 주목할 만한 것은 200여 년간 지속됐던 왕정 이후 공화정을 정치체제로 채택했다는 점입니다. 공화정과 왕정의 차이는 국가의 의사결정에 참여하는 주권이 왕에게 있느냐 아니면 다수의 통치자에게 주어지느냐에 있습니다. 오늘날 양당제의 효시가 된 로마의 공화정은 왕 대신 두 명의 '집정관'을 선출하여 국정을 돌보도록 하되 의결권은 원로원이 가짐으로써 권력의 균형과 정치의 안정을 꾀했습니다. 공화정의 채택은 권력의 독재화를 막고 정치적 의사결정 과정에서도 다수의 의견을 받아들이려고 노력했음을 알 수 있는 대목입니다. 인류 전 역사를 통틀어 보더라도 매우 진보한 정치체제였습니다.

로마 초기의 공화정은 귀족 중심으로 정치가 이루어졌으며 집정관과 원로원 역시 귀족 출신이었습니다. 그러다 귀족들이 벌이는 숱한 전쟁과 착취가 극에 달하자 저항을 시작한 평민들은 중장보병(갑옷과 무기로 중무장한 로마군의 핵심 병사들)으로서 전쟁에서 중요한 역할을 수행하면서 정치적 권리를 요구했습니다. 그리고 오랜 투쟁 끝에 호민관과 평민회를 설치하여 마침내 정치에 참여할 수 있는 기회를 얻어낼 수 있었습니다.

이 과정에서 귀족의 권력을 제한하는 내용을 담은 로마 최초의 성문법인 '12표법'이 탄생했습니다. 이후 '리키니우스법'을 통해 집정관 한 명을 평민회에서 선출할 수 있게 되었고, '호르텐시우스법'을 통해 평민회의 결의가 법적 효력을 가지게 되었습니다. 평민들은 이제 두 명의 호민관과 한 명의 집정관을 선출함으로써 직접적인 정치

참여를 보장받을 수 있게 된 것입니다. 이렇게 법률에 의한 정치활동 보장은 매우 중요한 의의를 가집니다.

성문법이란 법률을 문서로 표기한 법으로서 그렇지 않은 불문법과는 대조를 이룹니다. 대표적인 불문법으로는 관습법이 있는데, 문서로 표기되어 있지 않더라도 구속력과 효력이 발생하는, 오랜 세월 전해 내려오는 규범이나 규율을 가리킵니다. 관습법의 맹점은 사람과 시대에 따라 법 적용이 일관되지 못하고 원칙에서 벗어날 수 있다는 데 있습니다. 하지만 성문법은 문서로 기록되어 있는 법률이기 때문에 시대와 장소가 달라지더라도 법 적용에 있어서 변함없는 기준을 제시할 수 있습니다. 따라서 로마 시민이라면 누구나, 로마 어디에서나, 로마의 법에 따라 정치가 이루어질 수 있을 거란 믿음을 가질 수 있었죠. 이는 통치의 안정화에 큰 도움이 되었습니다.

'12표법'과 더불어 로마 시대를 대표하는 또 하나의 성문법인 '만민법(萬民法)'은 관습법이 가지는 한계를 잘 보완한 법률입니다. 로마와 같이 광대한 영토에서 다양한 민족들로 이루어진 국가의 경우, 관습법을 따르면 법률을 적용하는 데 혼란이 있을 수 있었습니다. 민족에 따라 그들이 지켜온 관습이 다를 수 있기 때문이죠. 이런 문제들을 해결하기 위해 로마 시민권을 갖지 못한 외국인에게도 로마 시민과 동등한 자격과 권리를 부여한다는 내용을 담은 '만민법'을 제정하였습니다. 로마의 지배를 받는 백성이라면 누구나 법률에 따른 혜택과 권리를 누릴 수 있음을 만천하에 공표한 것이죠.

성문법의 제정과 법전의 발간은 로마의 사회구조가 매우 복잡해지고 체계화되어 갔다는 사실을 보여줍니다. 사회나 국가의 운영이 어느 한 사람의 권한이나 능력에 의존하기보다는 사회제도에 의거하는 체제가 잡혀가고 있다는 사실을 보여주는 사건이었죠. 한 사회가 가진 특정한 체제는 그 사회 구성원들의 오랜 경험과 깊은 사고의 산물로서 인류가 겪어온 시행착오를 줄여줄 수 있을 뿐만 아니라 삶을 좀 더 질서 있고 안정적인 방향으로 이끌어 줄 수 있습니다.

로마의 법률은 로마를 하나로 묶는 데 있어 많은 역할을 했고, 이후 유럽 사회의 기초 질서로 자리 잡을 정도로 지대한 영향을 끼쳤습니다. 거대한 제국을 운영했던 노하우가 후대 사람들에게도 큰 도움을 주었던 것이죠.

팍스 로마나
로마의 전성기는 어떻게 시작되었을까?

|

발전에 확장을 거듭하던 로마는 기원전 272년에 이르러 이탈리아 반도의 대부분을 장악하기에 이르렀습니다. 이탈리아 반도를 통일한 로마는 이제 자신들의 앞바다를 탐내기 시작했죠. 바로 지중해입니다. 하지만 이를 위해서는 당시 서부 지중해의 실질적인 지배자였던 카르타고를 물리쳐야 했습니다. 이에 기원전 264년부터 기원전 149

년에 이르기까지 카르타고와 세 차례에 걸친 커다란 전쟁을 치르게 됩니다. 이를 당시 로마인들이 카르타고인들을 불렀던 '포에니'라는 말에서 명칭을 따 '포에니전쟁'이라고 합니다.

218년 2차 포에니전쟁에서 로마는 한때 심각한 위기에 처했습니다. 카르타고에는 한니발이라는 명장이 있었기 때문이죠. 한니발은 로마를 정복하기 위해 기발하고도 위험한 도전을 감행했는데, 그는 말과 병사들, 게다가 코끼리까지 동원해 무려 1년이 넘는 기간에 걸쳐 알프스를 넘어 로마로 쳐들어 왔습니다. 험난한 산을 넘어 제국의 수도를 급습하리라고는 상상조차 하지 못했던 로마 시민들은 수도 로마의 코앞까지 당도한 한니발을 보고 두려움에 떨었습니다.

하지만 한니발의 도발은 자승자박이 되고 말았습니다. 보급로를 차단한 로마의 역공으로 한니발은 로마 영토 안에 갇히는 신세가 되었고, 결국 그는 실패를 맛봐야 했습니다. 우여곡절 끝에 로마를 탈출한 한니발은 다시 로마로 진격하기 위해 여러 가지 시도를 했지만 번번이 수포로 돌아가면서 안타깝게도 자살로 생을 마감하고 말았죠. 위대한 장수의 슬픈 운명이 아닐 수 없습니다.

3차까지 이어진 전쟁에서 힘들게 승리를 일궈낸 로마는 카르타고의 기억을 지우기 위해 그들의 도시에 불을 질렀습니다. 그 불길이 완전히 가라앉는 데에만 수십 일이 걸렸다는 이야기가 전해지는 것으로 보아 카르타고에 대한 로마의 두려움이 어느 정도였는지를 짐작할 수 있습니다. 이후 기세를 끌어올린 로마는 알렉산드로스 사후

세 왕국으로 분열되었던 알렉산드로스 제국을 모두 흡수함으로써 유럽과 아시아, 아프리카의 세 대륙에 걸친 광대한 제국을 건설하기에 이르렀고, '로마의 호수'라고 불리는 지중해를 자신들의 품 안에 넣게 되었습니다. 포에니전쟁에서의 승리는 명실상부한 대제국의 탄생과 동시에 장대한 로마 역사의 서막을 알리는 신호탄이었던 셈이죠.

그런데 예상치 못한 문제가 발생했습니다. 포에니전쟁 결과 비옥한 카르타고의 영토로부터 값싼 농산물이 밀려왔고, 확장된 영토에서 소수의 권력자들과 유력자들이 라티푼디움이라 부르는 대토지를 소유하게 되면서 수많은 자영농들이 땅을 잃게 되는 일이 벌어진 것이죠. 중산층의 몰락으로 불만이 가중되고 혼란이 커지자 기원전 133년 호민관에 취임한 그라쿠스 형제가 대토지 소유를 제한하는 '그라쿠스 형제의 개혁'을 실시했으나 귀족들의 반대에 부딪혀 실패했고, 그 후유증이 오랫동안 지속되면서 장기간의 정치적 분열로 이어졌습니다.

하지만 로마는 이러한 내적 위기를 겪으면서도 교묘한 정책을 통해 주변국을 정복해 나가면서 제국의 안정을 꾀했습니다. 새로운 영토를 정복할 경우, 지역사회의 반감을 줄이면서도 효율적 지배체제 확립을 위해 가능한 한 토착 지배세력과 손잡고 그들의 권력을 유지할 수 있게 해주는 전략을 펼쳤는데, 여기에는 피정복민들이 로마라는 거대한 제국으로 자발적으로 흡수되고 융화될 수 있도록 하려는 의도가 담겨 있었습니다. 약소국 입장에서는 큰 전쟁을 치르지 않고도 로마라는 제국의 영광과 혜택을 얻을 수 있었죠. 무력만이 아닌 뛰어난 지략과 정치적 전략에 의한 결과였습니다.

　이러한 정책으로 로마는 빠르게 정복 전쟁을 펼쳐나갔는데, 모든 것이 평화롭거나 아름다웠던 것은 아닙니다. 로마의 뜻에 굴복하지

않았던 피정복민들을 노예로 삼았고 약탈도 빈번하게 자행되었기 때문이죠. 로마의 전성기는 다른 민족의 피와 희생으로 얻어진 것이었습니다.

정복 전쟁과 제국의 건설에 대한 환상은 훗날 대항해 시대로부터 제국주의 시대에 이르는 서양의 폭력적인 역사를 가능하게 했던 배경이 되었을지도 모릅니다. 로마가 이룩한 문명을 무조건 찬양할 수 없듯 인간이 이룩해 온 문명의 역사를 무조건 '발전'이라고 평가할 수 없는 이유가 여기에 있습니다.

제국으로 성장해 가던 로마는 기원전 1세기경 크라수스, 폼페이우스, 그리고 카이사르의 세 명에 의한 삼두정치의 등장으로 새로운 국면을 맞게 되었습니다. 삼두정치는 권력을 가진 세 사람이 동맹을 맺어 지배하는 것으로 공화정의 전통을 무시한 독재에 가까운 정치 형태였죠. 하지만 언제까지나 셋이서 사이좋게 권력을 나눠 가질 수는 없었습니다. 서로 간의 혈투 끝에 정권을 잡은 카이사르는 기원전 45년 종신 독재관으로 임명되었으나 그 이듬해 반대파에 의해 암살당했습니다. 이는 셰익스피어의 희곡 〈줄리어스 시저〉에서 카이사르가 양아들을 보며 읊은 "브루투스 너마저"라는 대사로 더욱 유명해진 사건이기도 합니다. 물론 실제로 카이사르가 그런 말을 했는지 목격한 사람은 아무도 없습니다.

무엇보다 《갈리아 원정기》로 유명한 카이사르는 유능한 지도자로서 오늘날에도 주목받는 인물입니다. 탁월한 능력과 웅변력으로 무장한 그의 말 한마디 한마디에 담긴 뜻이 매우 강렬하게 남아 있기 때문이죠. 폼페이우스와의 내전을 앞두고 루비콘 강을 건너며 했던 "주사위는 던져졌다."라는 말이나, 반기를 든 지중해 동부지역을 단번에 평정하고 보낸 승전 소식에서 했던 "왔노라, 보았노라, 이겼노라."라는 말들은 많은 사람들에게 단호함과 결단력을 갖춘 멋진 지도자의 이미지를 연상시키기 때문입니다. 《플루타르코스 영웅전》에서는 능수능란한 그의 정치 이력을 고스란히 느낄 수 있습니다.

카이사르를 이야기하다 보면 그와 함께 또 하나의 인물에 주목하지 않을 수 없는데, 바로 클레오파트라입니다. 미인이었는지 아니었는지는 모르겠지만 클레오파트라의 코가 조금만 낮았더라면 역사가 바뀌었을지도 모른다는 말이 있는 것으로 보아 대단한 매력의 소유자였음에는 틀림없던 것 같습니다. 카이사르와 안토니우스를 차례로 유혹함으로써 이집트에서 자신의 권력을 유지할 수 있었던 클레오파트라의 능력 때문에 생긴 말일 것입니다.

하지만 로마의 새로운 유력자로 등장한 옥타비아누스에게만큼은 클레오파트라가 그다지 매력적이지 않았던 모양입니다. 옥타비아누스는 안토니우스 그리고 레피두스와 함께 권력 쟁탈전을 펼치고 있었는데(2차 삼두정치), 결국엔 두 사람을 물리치고 정권을 잡을 수 있었습니다. 이때 안토니우스를 몰아내기 위해 클레오파트라 역시 희생양이 될 수밖에 없었습니다. 기원전 31년 악티움 해전에서의 패배로 안토니우스와 클레오파트라가 자살을 했던 것입니다. 이렇게 옥타비아누스는 로마 내부의 경쟁자들을 모두 물리칠 수 있었습니다.

그 후 기원전 24년, 드디어 '아우구스투스(존엄한 자)'의 칭호를 받은 옥타비아누스로부터 로마의 황제시대가 열렸습니다. 옥타비아누스 대제 이후 로마는 오현제(五賢帝, 다섯 명의 훌륭한 황제) 시대로 접어들며 전성기를 맞이했습니다. 네르바, 트라야누스, 하드리아누스, 안토니우스 피우스, 마르쿠스 아우렐리우스에 이르는 200년의 기간 동안 '팍스 로마나(Pax Romana)'라고 부르는 '로마의 평화' 시대가 펼쳐졌죠. 제국의 영토는 훨씬 더 넓어졌고 도시는 더욱 팽창했으며, 경제는 크게 성장했고 누구나 로마인이 되기를 원했습니다.

특히 중앙에 광장을 두고 신전, 콜로세움, 공중목욕탕, 수도를 구비한 로마식 도시가 곳곳에 세워지고, 속주의 시민들에게 로마 시민권이 주어지며 로마의 문화가 제국 곳곳에 스며들게 되었죠. 더 이상 화려할 수 없는 문명의 탄생이 로마에서 이루어지는 광경이 목도되었으며, 비로소 영원히 기억될 제국으로서의 면모가 갖추어진 것입니다. "모든 길은 로마로 통한다."는 말은 아무 이유 없이 생겨난 게 아닌, 오랜 시간 수준 높은 문명을 이룩했던 로마인에 대한 찬양이었습니다.

흥망과 성쇠
문명의 종결자 로마는
어떻게 멸망에 이르게 되었나?

|

팍스 로마나가 시작될 무렵 인류의 역사를 통째로 바꿔놓을 만한 극적인 사건이 발생했습니다. 바로 기원전과 기원후를 구분하는 기준이 된 예수의 탄생이었죠. 옥타비아누스가 아우구스투스의 칭호를 받고 로마의 황제로 군림하던 시기에 예루살렘에서 예수가 태어났습니다. 그로부터 30여 년 후 메시아가 등장했다는 소문이 삽시간에 퍼지면서 구름 같은 인파가 그의 뒤를 따르기 시작했습니다.

민중의 왕이 났다며 반기는 이들을 좌시할 수 없었던 로마는 바리새파(율법을 철저히 지키는 것으로 다른 사람들과 자기들을 분리하여 우월시한 유대교의 일파로, 이들의 율법적인 전통을 비판한 예수와 대립 관계에 있었음) 사람들을 이용해 예수를 죽였습니다. 그렇지만 십자가에 못 박혔던 예수가 부활하자 크리스트교의 교세는 더욱 확장되었고 그에 따라 박해도 더욱 거세졌습니다.

결국 전 세계를 손안에 거머쥘 것 같았던 로마는 민중의 왕인 예수를 넘어서지 못한 채 300여 년이 흐른 313년 콘스탄티누스 황제에 이르러 크리스트교를 공인했습니다. 그는 서로마를 다스리는 공동황제였던 리키니우스와 함께 '밀라노 칙령'을 통해 종교에 관용정책을 펼쳤고, 박해를 받던 크리스트교는 처음으로 종교의 자유를 인정받았습니다. 마침내 392년 테오도시우스 황제에 이르러 국교로 인정받은 크리스트교는 로마 제국을 등에 업고 세계 종교로 거듭날 수 있었죠. 로마와 크리스트교의 만남은 향후 서양 문명의 형성에 지대한 영향을 끼쳤습니다.

크리스트교의 국교 채택 이외에도 로마 문명이 후세의 인류에게 준 영향은 셀 수 없이 많습니다. 유럽 곳곳에 산재되어 있는 로마의 유적이 여전히 발굴 중인 것을 보면 정말 어마어마한 규모를 자랑하고 있습니다.

로마 문명에서 가장 우선적으로 꼽을 수 있는 것은 토목과 건축입니다. 특히 아치와 시멘트의 개발은 건축 분야의 혁신으로 평가받고 있습니다. 로마의 도로는 탄탄하고 정교하기로 유명한데, 오늘날에도 로마의 도로를 그대로 이용하는 곳이 많습니다. 로마 곳곳에 도로를 건설하여 제국을 좀 더 긴밀하게 연결함으로써 지방 곳곳에도 로마의 정치적 장악력이 미치도록 했습니다. 판테온 신전의 경우 돔 형태의 건축술을 완벽하게 보여주는 건물로 아직까지도 그 원형을 그대로 간직하고 있어 놀라움을 금치 못하죠.

또한 콜로세움도 빼놓을 수 없습니다. 콜로세움은 오늘날의 종합경기장과 같은 역할을 했습니다. 바꾸어 말하면 오늘날 종합경기장의 탄생은 콜로세움으로부터 비롯되었다고도 볼 수 있죠. 이곳에서는 유혈이 낭자했던 검투사들의 경기도 있었고, 네 마리의 말이 끄는 전차 경기도 벌어졌으며, 선왕들의 업적이나 로마의 위대함을 기리는 대형 연극도 펼쳐졌는데, 경기장을 물로 가득 채운 뒤 그 위에 배를 띄우는 거대한 규모의 연극까지도 상연되었다고 합니다. 로마 시민들은 그러한 '문화생활'을 즐기며 로마인으로서의 자부심을 느꼈고, 로마의 권력자들은 이를 이용해 그들의 정치적 영향력을 유지했던 것입니다. 이러한 기술과 문화를 가진 로마를 동경하지 않는 것이 이상하겠죠?

그중 수로교(水路橋)는 로마의 지혜와 과학 그리고 토목기술이 하나로 합쳐진 유적입니다. 작은 것은 10~20미터, 높은 것은 30~40미터에 이르는 아치 형태로 쌓아올린 이 시설은 도시로 물을 흘려보내는 상수도 역할을 했고, 큰 수로교의 경우에는 말과 마차가 지나다닐 정도의 다리 역할도 했습니다. 게다가 약 5도 정도로 비스듬하게 기울어진 수로를 통해 물이 자연스럽게 흐르도록 했습니다. 도시에서 멀리 떨어진 산기슭에서부터 다른 동력 필요 없이 중력만을 이용해 도심까지 물을 끌어댄 것은 정말 놀라운 발상이었죠. 더불어 물이 내려오는 수로에는 뚜껑을 덮어 오염되지 않도록 했습니다. 중세뿐만 아니라 20세기 이전까지도 수인성 질병으로 전염병의 공포를 겪었던 유럽 사회와 비교해 보면 로마가 가진 문명 수준이 어느 정도였는지를 가늠케 합니다.

이처럼 강성하고 부흥했던 로마는 왜 멸망하게 되었을까요? 여기에는 국방의 문제가 얽혀 있었습니다. 초기의 로마 군대는 매우 잘 정비되어 있었고 사기도 높았습니다. 덩치가 작았던 이탈리아인들로서는 주변의 민족들을 제압하기 위해서는 강력한 군대를 양성하는 수밖에 없었습니다. 그들은 단련된 무기와 잘 짜인 전술로 야만인이라 여겼던 주변 이민족들을 섬멸해 나갔습니다. 로마군의 병법이 오늘날에 그대로 이용될 정도인 걸 보면 로마의 군대는 실로 공포의 대상이었을 것입니다.

그런데 로마의 영토가 넓어지면서 이를 지키기 위한 군대의 규모도 커져야 했지만, 로마 시민들만으로는 모자라는 군인의 수를 채울 수가 없었습니다. 이에 야만인들(특히 게르만족)을 용병으로 채용하기 시작했죠. 문제는 이것이 로마가 멸망하는 원인의 하나로 작용했다는 사실입니다. 로마가 쇠퇴하던 시기에 용병의 수가 엄청나게 증가했는데, 그들에게 지급되는 급여를 충당하기 위해 더 많은 화폐를 찍어내야 했습니다. 제국 초기 로마 화폐의 99퍼센트에 이르렀던 은의 비율은 제국이 멸망에 가까워질수록 점점 줄어들 수밖에 없었죠.

여기에 노예제와 일반 시민의 몰락 역시 거대 제국을 휘청거리게 만들었습니다. 로마 후기에 이르러 농사와 목축, 광업 등 주요 분야의 생산뿐만 아니라 가사노동까지 맡고 있던 노예의 수급이 원활하지 못했고, 계속된 전쟁과 약탈에 의존한 경제정책으로 인해 기초가 취약할 수밖에 없었습니다. 그렇게 로마의 경제를 지탱하던 두 계급의 몰락으로 세금은 줄어들고 재정이 바닥나기 시작했습니다. 이로 인해 로마의 정치적 장악력이 약해지면서 속주에서 반란이 일어나는 등 제국의 곳곳에서 균열이 발생하였습니다.

대외적으로는 '게르만족의 대이동'에 따른 이민족의 침입이 있었습니다. 4세기부터 서로마 지역을 중심으로 서고트족의 침략은 물론 중앙아시아로부터 건너온 훈족에 쫓겨 내려온 동고트족이 로마의 안전을 위협했습니다. 또한 반달족과 프랑크족 등 연이은 게르만족의 침입이 있었고 훈족마저도 이에 가세하자 제국은 서서히 붕괴되기 시작했습니다. 위협을 느낀 로마황제 콘스탄티누스는 330년 동로마의 콘스탄티노플로 수도를 옮겼습니다. 콘스탄티누스의 뒤를 이은 테오도시우스 황제가 사망한 359년, 로마는 그의 두 아들에 의해 서로마와 동로마로 나누어졌습니다. 이후 서로마는 476년 마지막 황제 아우구스툴루스 치세 당시 게르만족의 용병대장 오도아케르에 의해 역사 속으로 사라지고 말았습니다.

서로마 제국이 멸망하자 서유럽에서는 게르만족 지배하에 새로운 유럽이 형성되기 시작했습니다. 그렇지만 "로마는 하루아침에 이루어진 게 아니다."라는 말처럼 로마가 무너지는 것도 하루아침은 아니었습니다. 로마의 멸망 이후에도 서로마 지역에서 로마의 전통을 이으려는 시도가 계속되었고, 로마의 유산과 기억은 대를 이어 전해졌습니다. 한편, 동로마는 천 년 동안이나 제국의 명맥을 이어가면서 유럽의 전통에 오리엔트 지방의 문화를 융합한 독특한 문명을 발전시켰습니다.

로마가 유럽인들에게 여전히 유효한 제국으로 남을 수 있었던 것은 그들의 실용적인 문명과 함께 제국의 쇠퇴기에 공인했던 크리스트교를 들 수 있습니다. 그리고 거대한 영토와 로마인들이 누렸던 사치스러움과 환락 역시 이후의 사람들에게 긴 여운을 주었을 것입니다. 서양 문명이 존속하는 한 로마는 사라지지 않을 것이고 앞으로도 영원히 기억되는 제국으로 남을 것입니다.

04

중국,

문명의 기초를 닦다

　서양에서 그리스와 로마가 고대 유럽 문명의 주춧돌이 되었다면 동양에서는 중국이 그 역할을 해왔습니다. 그리스의 '희랍어'와 로마의 '라틴어'가 고대 유럽 세계의 공식 언어였던 것처럼 '한자(漢字)'는 중국과 주변 국가들의 공식 언어로 동남아시아부터 티베트 그리고 일본에 이르는 광범위한 지역이 '한자문화권'에 묶여 있는 문명이었습니다. 같은 언어를 사용한다는 것은 사고방식에 있어서도 유사함을 보여주고 나아가 공동체로서의 유대감을 형성하는 일이죠. 그럼에도 아시아의 여러 나라들은 중국에 완전히 동화되지 않은 채 각 민족과 국가가 지닌 문명의 정체성을 뚜렷이 유지해 왔습니다.

한편, 저 멀리 메소포타미아 지방이 그랬던 것처럼 중국 본토에서도 수많은 민족들의 각축전이 펼쳐졌습니다. '중원(中原)'을 차지하기 위한 전쟁은 그칠 날이 없었습니다. 그만큼 먹고 살기에 안성맞춤인 땅이었다고 볼 수 있죠. 북쪽에는 황하, 남쪽에는 양쯔강이라는 거대한 강이 흐르고 있고, 그 주변으로는 끝이 보이지 않는 넓은 평야가 발달해 있습니다. 그렇다 보니 이곳으로 사람들이 모일 수밖에 없었고, 사람들이 모인 곳에 경제와 문화가 발달하였으며, 그 규모가 더 커지자 국가가 형성되었고, 더 많이 차지하기 위한 전쟁이 반복되었습니다. 그렇게 중국에서도 거대 규모의 제국이 형성되기 시작한 것이죠.

춘추전국시대
누가 난세를 구할 것인가?

기원전 770년, 내분을 겪은 주 왕조는 유왕(幽王)이 죽고 평왕(平王)이 왕위에 오르면서 낙양으로 천도했습니다. 중국 역사를 살펴보면 새로운 왕조가 탄생할 때면 새로운 정치적 거점을 위해 수도를 이전하는 경우가 많았습니다. 또는 내부적으로 반란이 일어나거나 이민족의 침입으로 수도를 옮길 때도 있었죠. 낙양으로의 천도는 이미 주 왕조의 천운이 다했음을 예고하는 사건이었습니다. 지방에서 세력을 키운 제후국들의 독립과 반란이 계속되면서 정치적 혼란기인 춘추전국시대로 이어졌으니까요.

수많은 제후국들이 싸움에 싸움을 거듭한 결과 주는 제(齊)·진(晉)·초(楚)·오(吳)·월(越)이라는 다섯 제후국으로 분열되었습니다. 이들 다섯 나라를 '춘추오패(春秋五覇, 춘추시대의 다섯 제후)'라고 부릅니다. 하지만 이것도 잠시, 장기간에 걸친 분열 끝에 춘추시대가 막을 내리고 전국시대가 도래했습니다. 동방의 제(齊), 남방의 초(楚), 서방의 진(秦), 북방의 연(燕), 그리고 중앙의 위(魏)·한(韓)·조(趙)라는 7개의 제후국으로 나눠지게 되는데, 이를 '전국칠웅(戰國七雄, 전국시대의 일곱 영웅)'이라 부릅니다. 춘추(春秋)시대라는 명칭은 공자가 엮은 노(魯)나라의 역사서 《춘추(春秋)》에서 유래되었고, 전국(戰國)이란 말은 한(漢)나라 유향(劉向)이 쓴 《전국책(戰國策)》에서 유래되었습니다.

춘추전국시대에는 사회·경제적으로 큰 변화가 있었습니다. 철기가 광범위하게 보급되고 수공업이 발달하였으며, 더불어 상업도 활성화되어 대상인이 등장했습니다. 생산력이 발전하고 인구가 급증하자 그만큼 더 큰 규모의 전란도 일어났는데, 기원전 8세기부터 기원전 3세기에 이르는 5백 년의 기간 동안 빈번했던 전쟁과 잦은 왕조의 교체로 백성들의 삶은 피폐해져만 갔습니다. 땅을 버리고 도망가는 이들도 있었지만 다른 곳으로 이주한다 하더라도 더 나은 삶을 보장받기는 어려웠죠. 선택권이 없었던 백성들로서는 과도한 군사 징

집과 세금 징수로 인해 고통스런 나날을 보내야만 했습니다.

이러한 난세의 시대에 세상을 구하겠다고 나선 지성인들이 있었으니 그들이 바로 제자백가(諸子百家)입니다. '자(子)'라는 말은 존칭

의 의미이고, '가(家)'란 어떤 사상을 따르는 일파를 의미합니다. 제자백가라는 단어는 셀 수 없이 많은 사상가들과 제자들을 지칭하는 것이죠. 잘 알다시피 공자, 노자, 한비자, 묵자 등의 사상가들은 모두 춘추전국시대를 풍미했던 위인들이었습니다. 또한 이들은 각각 유가, 도가, 법가, 묵가라는 대표적인 사상의 창시자들이기도 하지요. 다들 난세를 극복하기 위한 각자의 방법들을 제시하였고 실천으로 옮겼습니다. 그렇지만 그들의 정치사상은 제후들에게 채택되지 못하는 경우가 허다했습니다.

공자의 경우에는 자신의 사상을 받아주는 제후가 없어 늙어 죽을 때까지 전국을 유람했습니다. 제후들은 공자가 방문할 때면 이름값 때문에 후한 대접을 해주었지만 그를 달갑게 여기지는 않았습니다. 그렇다고 공자를 그냥 내치는 것은 제후 자신의 명성을 깎아먹는 일이었으므로 그럴 수도 없었죠. 제후들로서는 공자가 수많은 제자들을 이끌고 다니는 것도 부담스러웠지만, 무엇보다도 그가 주장하는 정치방식을 받아들이기에는 무리가 있었습니다. 공자가 말하는 '인간다움'과 '예절'은 코앞에 닥친 전쟁에 대비해야 했던 전란의 시대와는 어울리지 않는 주장이기 때문이었죠. 태평스러운 시대였다면 공자의 사상을 숭상하고 따랐을 제후들이 많았을지도 모릅니다.

제자백가들이 남긴 사상적 업적은 춘추전국시대로 그치지 않고 후세에 큰 영향을 끼쳤습니다. 시간적으로는 2500년이 훌쩍 넘는 동안,

또 공간적으로는 중국 본토의 모든 왕조와 주변의 나라들에까지 영향을 주어 동양만의 독특한 사유체계를 이룩하는 데 큰 역할을 했죠.

한반도에는 이러한 제작백가들의 사상 중에서도 유가의 전통이 깊게 배어들었습니다. 특히 조선에서는 유가의 사상을 적극적으로 받아들이고 재해석해 송대(宋代) '성리학(性理學)'을 뛰어넘는 좀 더 발전된 사상적 논의를 이끌어냈으며, 여기서 그치지 않고 유가의 사상을 국가의 정치와 백성의 생활에도 적용시키는, 세계 어느 역사에서도 찾아볼 수 없는 독자적인 형태로 탈바꿈시켰습니다. 공자가 이를 알았다면 정말 기뻐했을 것입니다.

특이한 것은 아테네의 소크라테스, 인도의 싯다르타, 중국의 제자백가들까지 기원전 500년을 전후로 인류 지성을 한층 더 높이 끌어올린 위인들이 많이 출현했다는 사실입니다. 이들의 탄생은 인류에겐 큰 축복이었습니다. 이런 선구자들이 수많은 사람들에게 영감을 주고 인간이 나아가야 할 방향들을 제시했으며, 세계에 대해 더 많은 것들을 생각하게 만들었기 때문이죠. 생각하지 않는 이들에게 생각을 하게 만들었고, 도덕을 모르는 이들에게는 도덕을 가르쳤으며, 예술을 모르는 이들에겐 아름다움을 느끼게 했습니다. 어쩌면 인류의 깊어진 사유가 한순간 활화산이 되어 폭발한 것인지도 모릅니다. 이 시기를 기점으로 인류는 더욱 똑똑해질 수 있었습니다.

진왕조
인간의 욕망은 어디까지인가?

춘추전국시대의 혼란을 잠재운 왕조는 진(秦)이었습니다. 고려 왕조로부터 '코리아(Korea)'라는 말이 유래했듯 오늘날 중국을 가리키는 '차이나(China)'는 '진(Chin)' 왕조로부터 유래한 말입니다. 그렇지만 이름값과는 달리 왕조의 존속기간은 30년 정도에 불과했죠.

춘추전국시대의 혼란한 시대를 통일한 진시황은 국가체제를 정비해 나갔습니다. 우선은 법가의 사상을 받아들여 강력한 법치국가를 표방했고, 각 지방마다 달랐던 도량형과 문자를 통일했습니다. 백성들의 생활에 실질적인 이익을 주는 한편 흩어져 있는 민심을 하나로 다잡고, 나아가서는 통치의 권위를 세우고자 하는 정치적 의도가 짙은 체제정비였습니다.

이와 함께 국가의 영토를 제후들에게 나누지 않고 권력이 분산되지 않도록 황실에서 직접 관리를 파견하는 체제인 '군현제(郡縣制)'를 실시했습니다. 주 왕조에서 실시한 봉건제가 심각한 폐단을 보여주었기 때문에 이를 보완하기 위해 지방분권적 체제에서 중앙집권적 체제로의 전환을 꾀한 것입니다. 법과 제도를 정비하는 과정에서 권력이 왕으로 집중되고 행정력이 제국 전체에 골고루 미칠 수 있게 만들었죠. 이 체제는 20세기 청나라가 멸망할 때까지 중국 국가 운영의 기본 골격이 되었습니다.

고대사회에서의 중앙집권화는 극소수의 지배자들에게 모든 부와 권력을 집중시키도록 만들었는데, 그것이 지나쳐 화를 불러오기도 했습니다. 진시황을 보면 인간의 끝없는 욕망이 보여주는 지저분한 단면을 엿볼 수 있습니다. 영원히 죽지 않기 위해 방방곡곡으로 사람들을 보내 불로초를 찾아오게 한 것이 대표적인 예입니다. 게다가 동서의 길이가 1,300미터, 남북의 길이가 400미터나 되는, 만 명이나 수용할 수 있는 엄청난 규모의 궁전인 '아방궁'을 건설했다는 기록도 있습니다. 여기서 그치지 않고 죽어서도 그 권세를 누리고자 자신을 지키는 병사들의 무덤인 '병마용갱'도 만들었습니다. 병마용갱은 1974년에 발견되어 아직도 발굴 중에 있습니다. 이러한 사례들을 보면 영화로운 상태로 영원히 살고자 했던 진시황의 몸부림이 어느 정도였는지 짐작할 수 있겠죠?

그런데 이러한 진시황이 가진 삶의 태도를 보면 일반적으로 알고 있는 동양의 사상이나 동양의 정신〔정확히는 중국을 비롯한 동아시아의 사상이나 정신. 인도 사상의 경우 업(業)과 연기법(緣起法)이 기본 바탕에 깔려 있어 현세적이라기보다는 내세적이라 볼 수 있음〕이 추구하는 것과는 매우 상반돼 보입니다. 생사에 연연하지 않고 자연의 흐름에 거스르지 않는 삶의 태도는 오간데 없습니다. 이는 아마도 인간이 가진 욕망이 무한정하다는 것을 깨닫고 욕망의 추구를 제한하려 한 데에서 이와 상반되는 사상이나 정신이 등장한 것으로도 볼 수 있습니다.

실제 동아시아에서는 내세보다는 현세를 더 중요시 여겼습니다. 내세에서 복을 받고 영생을 누리는 것보다는 현세에서 그것을 취하는 게 더 낫다고 여겼던 것이죠. 목구멍이 포도청인 사람에게 저승에 가면 떵떵거리며 누리고 살 수 있다고 한들 무슨 의미가 있을까요? 당장 고기라도 한 입 먹는 게 훨씬 나은 일이었겠죠. 한편으로는 죽고 싶어도 죽지 못하는 경우도 있을 것입니다. 그것도 아니면 그냥 죽는 것보다는 사는 게 낫다고 여길 수도 있습니다. 한국의 "개똥밭에 굴러도 이승이 더 낫다."는 속담에서도 이러한 인생관을 엿볼 수 있죠.

이러한 인생관은 대체로 도교와 연관이 되기도 합니다. 도교의 생성은 위진남북조에 가서야 뚜렷해지지만 진시황 당시 신선설(神仙說)이나 방술(方術, 신선이 행한다는 도술이나 요술)이 유행했다고 하죠. 한국의 전래동화에도 자주 등장하는 신선은 영생(永生)을 누리는 사람으로, 신선이 되면 현세에서도 얼마든지 그 복덕을 다 누릴 수 있다고 여겼습니다. 아마도 진시황은 황제를 넘어 신선이 되고 싶었던 것은 아닐까요? 신선이 된 황제······ 어떠세요? 정말 안 가진 것 없이 다 가진 사람이라고 할 수 있겠죠? 물론 그렇게 되었다면 백성들에게는 악몽과 같은 일이었겠지요.

특히 북쪽에 사는 이민족의 침입을 막는다는 구실로 여러 제후국의 장성을 연결한 '만리장성'의 축조는 그 정점을 찍었습니다. 고대에 이러한 대규모 건축과 토목공사가 진행되었다는 점은 놀라운 일이지만, 그에 못지않게 백성들의 희생과 죽음이 뒤따랐다는 사실을 상기하면 씁쓸한 일이 아닐 수 없습니다. 만리장성의 축조에 동원된 수많은 일꾼들이 죽자 시체를 치우기 힘들어 그대로 묻어 버렸다는 이야기도 전해집니다. 이후에도 만리장성은 왕조에 왕조를 거치면서 추가적인 공사가 진행되었고, 17세기 명 왕조에 이르러서야 오늘날 만나게 되는 만리장성이 완성되었습니다. 그 길이만도 6천 킬로미터가 넘는다고 하니 입이 떡 벌어질 수밖에요.

한편, 진시황은 강력한 법치를 통한 국가 경영을 시도하여 백성들을 강하게 통제했습니다. 또한 자신에 대한 일체의 비판을 막기 위해 공포정치를 실시했습니다. 그 한 예로 오늘날의 언론 통제와 유사한 '분서갱유(焚書坑儒)' 사건을 들 수 있습니다. 진시황의 폭정을 비판하는 지식인들을 모두 잡아들여 생매장(坑儒)시키고, 실용서적을 제외한 윤리와 정치에 관련된 서적들을 모두 불태워(焚書) 버린 일이었습니다. 춘추전국시대에 등장했던 제자백가들의 정신적 유산들을 한순간에 몰살시킨 참상이었죠.

한 나라를 책임지는 지도자일수록 생각과 행동이 정의로워야 합니다. 그렇지 않으면 그 피해가 고스란히 모든 백성에게 돌아가기 때문입니다. 무엇이든 영원할 수는 없듯 폭정을 일삼는 폭군이라 할지라도 결국엔 왕좌에서 내려올 수밖에 없는 것이죠. 진시황의 난폭한 정치에 견딜 수 없었던 사람들은 마침내 반란을 일으켰고, 기원전 206년 진나라는 짧은 역사에 마침표를 찍으며 진시황의 욕망과 함께 사라지고 말았습니다.

한 왕조

동아시아의 문명 공동체는 어떻게 탄생했을까?

중국의 고전 중 하나인 《초한지(楚漢志)》를 아시나요? 《초한지》는 진 왕조 말기부터 한 왕조 건국까지의 일을 다룬 이야기로 진 왕조를 무너뜨린 항우(項羽)와 유방(劉邦)에 관한 내용입니다. 진 왕조 말기에 진승과 오광의 난을 비롯한 민란이 전국 각처에서 발생하자 항우와 유방 역시 이에 가담해 진 왕조를 무너뜨리는 데 일조했습니다. 이후 항우와 유방은 각기 초나라와 한나라를 세우고 대립하였습니다. 항우는 매우 뛰어난 장수였던 반면 유방은 그렇지 못했다고 합니다. 하지만 자신의 재능을 과신했던 항우에 비해 유방은 여러 사람들의 의견을 경청하였고, 바로 이것이 두 사람의 운명을 가르는 결정적인 요인이 되었습니다. 항우와의 싸움에서 승리한 유방은 기원전 202년 장안(長安)에서 한 왕조를 열었습니다.

한 왕조는 2대인 문제(文帝)와 3대인 경제(景帝)에 이르러 사회·경제적으로 크게 번영하였는데, 이 시기를 이들 두 왕의 이름을 따 '문경지치(文景之治)'라 부릅니다. 이 말은 이후 태평성대를 대표하는 사자성어로 애용되고 있습니다. 선대의 태평성대를 이어받은 무제(武帝) 때에는 내적인 안정과 적극적인 대외정책을 추진한 결과 최전성기를 맞이할 수 있었죠. 한 왕조에 들어 완전히 정착된 군현제를 통해 정치는 안정되었고, 동중서의 건의로 공식 국교로 인정된 유교를 바탕으로 국가의 기본 이념을 잡아나갔습니다. 당시 인구가 무려 5천5백만 명에 달했으며 농업, 수공업, 상업 등의 분야에서도 비약적인 성장을 이루었습니다.

한 왕조의 성장에는 능력을 중시하는 인재 등용도 한몫했습니다. 바로 그리스의 민주주의에 비견할 만한 정책이었던 '과거제'의 시행이었죠. 요즘에는 능력 중심의 관리를 선발하는 것이 일반적인 일이지만, 무려 2천 년 전임을 감안하면 매우 획기적인 제도가 아닐 수 없습니다. 특히 유가 경전을 공부한 학자가 곧 관료가 된다는 점도 특별했습니다. 국가의 발전에 있어 신분보다는 능력이 중시되어야 한다는 이러한 합리적인 사고는 그 후 하나의 전통이 되어 중국의 후세 왕조들에게 대물림되었죠. 다만, 역사가 늘 그랬듯 기득권 세력들이 자신들의 권력을 순순히 내려놓지 않으려 했기 때문에 정치에 입문하더라도 능력 하나만으로 높은 관직에 오를 수는 없었습니다.

한 왕조는 중국의 문명적 정체성이 형성된 시기라 평가할 수 있습니다. 오늘날 중국인을 호칭하는 한족(漢族)이나 한문(漢文), 그리고 한지(漢紙) 등 고대로부터 발생하고 발전되어 온 여러 문물들이 한 왕조에 이르러 그 색깔이 완성되었다고 볼 수 있죠. 이는 한 왕조라는 강력한 제국의 결속과 국력이 뒷받침되었기 때문에 가능한 일이었습니다. 한 왕조의 이러한 문명의 힘은 한반도, 베트남, 몽골, 일본, 중앙아시아 등 주변국의 문명에도 지대한 영향을 끼쳤습니다.

무엇보다도 한문은 오랜 역사의 시간 속에서 동아시아 전체의 공통된 문화유산이 되었습니다. 언어의 표기에서부터 사상의 체계에 이르기까지 한문은 동아시아의 유산을 실어 나르는 컨테이너선과 같았습니다. 유럽에서 고전을 읽기 위해 희랍어와 라틴어를 배우듯 동아시아에서는 한자가 그 역할을 담당해 왔죠.

세종대왕이 한글을 창제하고 이를 일상 언어로 사용하기 전까지 우리 한(韓)민족은 한문을 이용해 생각을 표현해 왔습니다. 자신의 생각을 표현할 수단이 없다면 한 인간 공동체가 가진 지식과 정서는 대물림되기 어렵습니다. 물론 음악이나 그림과 같은 예술적 표현수단으로도 가능한 일이긴 하지만, 좀 더 복잡하고 체계적인 생각을 전달하기 위해 언어만큼 훌륭한 표현수단은 없죠. 언어가 세련되고 체계화될수록 인간의 생각 역시 깊어지는 효과를 얻을 수 있습니다.

불교의 경우도 마찬가지입니다. 한문이 없었다면 불교가 지닌 오묘한 사상들을 다 흡수하기 힘들었을 것입니다. 불교는 한 왕조 때 구마라습이라는 인도 승려에 의해 본격적인 불경 번역이 시작되면서 중국 문명 속으로 편입되었습니다. 이로써 기존의 도가적 세계관에 불교적 세계관이 융합되면서 중국의 철학과 사상에 있어 엄청난 발전을 가져오게 되었죠. 불교는 비록 인도에서 발생되었지만 한문을 사용하는 동남아 및 중국과 한국에서 더욱 융성하게 피어날 수 있었죠. 한문과 더불어 불교의 발전은 동아시아 세계가 거대한 문명 공동체로 거듭날 수 있는 원동력을 제공하였습니다.

한문과 불교의 한반도 유입은 초기 한반도 여러 국가들의 기초를 닦는 데 큰 역할을 했습니다. 백제와 고구려는 불교가 지닌 고도로 체계화된 사상과 종교적 질서에 기대어 왕실의 권위를 높이는 한편 백성들을 교화시키는 도구로 이용했고, 후발 주자인 신라의 경우에는 통일신라시대에 들어 원효대사라는 당대 최고의 승려를 배출하기도 했습니다. 또 불교는 철학과 사상뿐만 아니라 백성들의 일상생활에까지 깊게 배어들었습니다. 문화유산은 말할 것도 없고, 한반도의 산봉우리 이름의 대다수는 불교용어에서 차용되었습니다. 문수봉, 비로봉, 천왕봉 같은 봉우리 이름이 모두 불교용어이며, 아수라장이나 이판사판 등 흔히 접할 수 있는 말들도 마찬가지입니다.

오늘날에는 한문과 불교의 역할을 영어와 크리스트교가 점차적으로 대체해 가고 있는데, 19세기 조선시대부터 시작된 근대화 과정에서 서구문명의 유입으로 빚어진 현상입니다. 제도와 교육으로부터 생각과 사상에 이르기까지 모든 것이 서구화되었습니다. 이로 인해 전통문화와의 단절 및 새로운 가치관의 유입으로 세대 간 갈등이 일어나면서 부작용을 낳기도 했습니다. 최근에는 이에 대한 반성으로 전통문화를 되살리고자 하는 움직임도 폭넓게 전개되고 있고, 대한민국의 정체성을 살리기 위한 노력이 전개되고 있습니다. 대한민국의 정통성과 서구적 신문물 사이에서 균형을 찾을 수 있다면 더욱 다채로운 색깔을 가진 대한민국만의 독특한 문명이 탄생할 수 있을 것입니다.

이렇게 문명은 그 자체의 옳고 그른 현상보다는 그것을 향유하는
문화의 주체자들이 어떻게 받아들이고 발전시키느냐에 따라 그 색채
가 얼마든지 달라질 수 있습니다.

비단길의 개척

길은 인간의 문명을 어떻게 바꿔놓았을까?

중국은 역사의 나라라고 할 만큼 역사를 중요시하며 자국 역사에 대한 자부심을 갖고 있습니다. 한 왕조 때에는 역사 분야에 있어 큰 성과가 있었습니다.

바로 역사서 《사기》의 완성입니다. 중국의 시조라고 여기는 '황제'로부터 한나라 무제에 이르는 3천여 년의 시간이 모두 이 역사서에 담겨 있습니다. 저자인 사마천은 흉노와의 전쟁에서 패하고 돌아온 이릉 장군을 변호했다는 이유로 무제의 노여움을 사는 바람에 생식기를 제거당하는 궁형이라는 형벌을 받았죠. 죽음보다 더 치욕스런 궁형을 받은 사람들은 보통 자살을 택했지만 사마천은 살아남아 《사기》를 저술했습니다. 마지막 자존심과 맞바꾼 책이자 그의 고통과 열망이 고스란히 담긴 책이기 때문에 가치가 더해질 수밖에 없습니다.

왕조의 흥망과 함께 수많은 인물들의 기록이 담겨 있는 《사기》는 10표, 12본기, 8서, 30세가, 70열전, 도합 130편에 이르는 방대한 분량의 역사서입니다. 사마천의 이러한 업적을 두고 대대로 역사를 기록하는 사관 집안의 영향 때문이었다고도 하지만, 역사를 기록하고야 말겠다는 집념이 아니고서는 불가능했을 것입니다. 아무 일도 하지 말고 글만 쓰라고 부추겨도 하기 힘든 작업이니까요.

사마천의 업적은 흔히 그리스의 역사가인 헤로도토스의 업적과 자주 비교됩니다. 헤로도토스는 페르시아 전쟁사를 다룬 《역사》를 저술했는데, 무엇보다도 역사적 자료를 신화나 이야기에 바탕을 두었던 이전까지의 역사 서술방식에서 탈피해 유럽의 여러 지역들을 직접 여행하고 모아 온 실제 사실에 바탕을 두고 서술한 것으로 그 가치를 인정받고 있습니다.

헤로도토스와 사마천의 역사서 저술은 인간의 역사에서 역사를 체계적이고 객관적으로 보려 했던 가장 오래된 시도 중 하나였기 때문에 더욱 의미가 깊습니다. 물론 고대의 역사책에는 역사가의 주관적 시각이 들어 있을 수도 있고, 오류가 있거나 검증되지 않은 사실이 포함될 수도 있습니다. 그럼에도 시간에 따른 인간의 삶을 객관적으로 살펴보고자 했던 두 책이 가진 가치가 퇴색되지는 않습니다. 오히려 이러한 시도가 없었다면 인류의 위대한 유산들이 사라지고 말았을 테죠.

우리에게도 이러한 역사적 업적에 버금가는 책이 있습니다. 1995년에 유네스코 세계문화유산으로 등록된 《조선왕조실록》입니다. 이는 조선이라는 왕조를 그 대상으로 한다는 점에서, 그리고 수백 명의 사관에 의해 기록되었다는 점에서 앞의 두 책과는 그 성격이 다릅니다. 태조부터 철종까지 25대 472년에 걸쳐 총 1,893권, 888책이 간행됨으로써 방대한 분량을 자랑하는 《조선왕조실록》은 궁중에서 벌어지는 정치에 대한 기록뿐만 아니라 민간에서 일어나는 시시콜콜한 일까지 세세하게 기록하고 있어 그 사료적 가치가 매우 뛰어납니다.

정말로 있는 그대로를 기록하여 후세에 남기겠다는 생각 없이는 시도조차 하지 못했을 일입니다.

이렇게 역사의 기록은 과거의 인간들이 겪어 왔던 삶의 과오와 업적들을 살펴보면서 그에 비추어 현재를 검토해 보고 미래를 기획하는 데 매우 유용하고 중요한 역할을 합니다.

잠시 눈을 돌려 지금부터는 길에 관련된 얘기를 해보겠습니다. 진왕조 때부터 이어진 흉노족의 위협에 한 왕조는 여러 번 군사적으로 대응했지만 그들을 완전히 토벌하기란 어려운 일이었습니다. 이에 한 무제는 흉노족을 정벌하기 위해 월지국(月支國, 중앙아시아에 있던 나라)과 손을 잡고자 장건을 그곳으로 파견했습니다. 그러나 월지국으로 가려면 흉노의 땅을 지나야만 했던 장건은 흉노족에게 잡히는 바람에 그곳에서 살게 되었죠. 호시탐탐 탈출 기회를 엿보던 그는 결국 10여 년 만에 탈출에 성공해 월지국으로 가는 데 성공했지만 월지국과 동맹을 맺는 데 실패하고 돌아오는 길에 또다시 흉노족에게 잡히고 말았죠.

우여곡절 끝에 한나라를 떠난 지 13년 만에 다시 조국으로 돌아온 장건은 대장군 위청을 도와 흉노족과의 전투에 참여했고, 황제의 명에 따라 월지국 대신 오손(烏孫, 한나라 역사서에 나오는 터키계 유목민족)과 동맹을 맺기 위해 또다시 서역으로 향했습니다. 이렇게 월지국과 오손을 다녀오면서 자신의 여정을 꼼꼼히 기록해 놓았던 길이 동서의 중요한 교역로인 '비단길(Silkroad)'이 된 것입니다.

비단길은 단지 상품의 교역로뿐 아니라 문화교류의 젖줄이었습니다. 비단길을 통해 수많은 문명의 교류가 이루어졌죠. 유럽의 문물이 중국으로 유입되고 중국의 문물이 유럽으로 전해졌습니다. 로마의 유리 공예품이 신라의 무덤에서 출토된 것도 바로 비단길이 있어 가능했던 일이죠. 오늘날만큼 그 속도가 빠르지는 않았지만 다양한 문명들이 빈번하게 만나고 교차했습니다. 낯선 문명은 기존의 문명에 활기를 불어넣었고 창조의 자극제가 되었습니다. 그로 인해 비단길의 길목에 놓여 있던 고대 중앙아시아의 여러 국가들도 매우 발전된 문명을 이룩할 수 있었습니다. 발명된 시기는 각각 달랐지만 문명의 변화에 큰 기여를 한 중국의 4대 발명품인 제지술·화약·나침반·인쇄도 이들 국가들을 지나 아랍과 유럽으로 퍼져나갔습니다. 비단길은 인류사에 길이 남을 만한 문화적 업적이었습니다.

그런데 실크로드만큼이나 오래된 길이 또 있습니다. 중국의 차와 티베트의 말을 사고팔기 위해 지나다녔다고 해서 '차마고도(茶馬古道)'라 부르는 이 길은 해발 4천 미터가 넘는 험준하고 가파른 길이지만 경치가 매우 아름다운 것으로도 유명합니다. '마방(馬幇)'이라 부르는 상인들이 말과 야크를 이용해 이 험준한 길을 넘어 중국과 티베트, 더 멀리 인도를 지나 유럽까지도 교역을 했다고 하니 정말 신기하지 않을 수 없습니다.

하지만 최근 중국과 인도를 잇는 현대식 길들이 들어서면서 이제

이 길은 서서히 잊혀지고 있습니다. 사람은 길을 통해 다른 사람들과 만나고, 그 길 위의 만남 속에서 수많은 추억과 이야기와 신화가 만들어지기 마련인데, 정말 안타까운 일입니다. 과학기술의 발달로 더욱 편리한 시대가 되어가는 한편으로 이러한 감성과 낭만이 사라지는 슬픈 일들과도 마주할 수밖에 없는 것이 현대사회이기도 합니다.

지금까지 살펴본 것처럼 중국 문명의 형성에 커다란 공헌을 했던 한 왕조는 기원후 220년까지 400년 동안이나 지속된, 중국 역사상 가장 강대했던 시기였습니다. 한 왕조는 시기에 따라 '전한(前漢)'과 '후한(後漢)'으로 나누어지는데, 장안이 수도였던 전한은 '서한(西漢)'으로, 낙양이 수도였던 후한은 '동한(東漢)'으로 부릅니다. 외척이었던 왕망(王莽)에 의해서 전한은 멸망했지만 곧 한 왕조의 일족이었던 광무제 유수가 한 왕조를 부흥시키면서 후한이 시작되었죠.

그러나 후한에 들어선 한 왕조는 강력해진 지방의 호족세력들이 많은 토지를 소유하자 소작농이 된 농민들이 빈곤에 시달리며 국가 경제의 근간이 흔들렸습니다. 더욱이 외척과 환관에 의해 중앙정치가 좌지우지되면서 혼란을 겪다가 서기 220년 마침내 역사의 뒤안길로 사라졌습니다.

05

오리엔트,

화려한 문명의 완성

세계사를 공부하다 보면 정말 다양한 문화, 종교, 예술, 사회가 교류해 왔다는 사실을 알게 됩니다. 인류의 삶의 터전이 확장될수록 다른 문명과의 만남은 필연적일 수밖에 없었고, 문명과 문명의 뒤섞임속에서 전에 볼 수 없는 특별한 문명이 탄생했던 경우를 목격할 수도 있습니다. 물론 문명들 간의 접촉이 항상 좋은 결과를 낳는 것은 아니었습니다. 어떤 문명은 암흑기를 맞이하기도 했고 찬란했던 문명들이 완전한 파멸에 이르기도 했죠. 사람의 인생처럼 문명 역시 태어났다 사라지곤 했습니다.

글로벌 시대 혹은 세계화 시대를 외치는 오늘날 못지않게 과거에도 동서간의 교류는 활발했습니다. 중국의 비단이 서역에서 큰 인기를 끌었기 때문에 수많은 상인들이 목숨을 걸고 고향을 떠나 중국으로 향했습니다. 가는 길은 멀고 돌아올 확률은 낮았지만 성공만 한다면 단번에 엄청난 부를 얻을 수 있었기 때문이죠. 그와 함께 서역의 문물이 중국으로 유입되었는데, 이러한 교역 속에 문화적 교류 또한 활기를 띠게 되면서 서로 다른 문명의 발전에 큰 도움을 주었습니다.

위진남북조시대
도교와 불교의 만남은 중국 문명에
어떤 영향을 끼쳤을까?

한 왕조 몰락 시기 지배층의 부정부패는 도를 넘어섰고, 그에 따른 피지배층의 경제적 몰락은 민란으로 이어졌습니다. 그중에서도 가장 규모가 컸던 것이 '황건적의 난'이었습니다. 머리에 노란 두건을 썼다고 해서 붙여진 이름으로, 이 황건적의 난을 진압하기 위해 전국 곳곳에서 군웅이 할거하면서 정세는 한치 앞을 내다볼 수가 없었습니다. 이 시대가 바로 동양 최고의 베스트셀러가 된 소설《삼국지(三國志)》의 배경이 되었죠.

서기 220년, 후한의 마지막 황제인 헌제(獻帝)를 끝으로 화려하고 장대했던 한 왕조가 대단원의 막을 내렸습니다. 이후 위 왕조에 의해 삼국이 통일되는 약 45년 동안의 기간은, 짧지만 새 왕조의 준비로 분주했습니다. 원소·동탁·손책·조조·유비 등 군웅들은 완전히 분열된 후한 제국에 이어 천하를 제패하기 위해 치열한 전투를 전개하였고, 그 쟁탈전의 결과 중국 대륙은 조조의 위(魏), 유비의 촉(蜀), 손책의 오(吳)라는 세 나라로 분할되었습니다.

이후 서기 263년, 위가 촉을 멸망시키고 265년에 사마염(司馬炎)이 위의 황제에 올라 수도를 낙양으로 천도하면서 서진(西晉)의 시대가 개막되었습니다. 268년에는 오의 항복을 받아내며 삼국통일을 이루었지만, 304년 멸망하면서 북방은 소수민족 국가인 5호16국(五胡十六國) 시대로 진입했고, 남방에는 서진의 뒤를 이은 동진(東晉)이 등장했습니다. 동진은 다시 송(宋)·제(齊)·양(梁)·진(陳)의 네 왕조를 거치게 되었죠. 이렇게 이민족 국가가 세운 북쪽의 왕조와 동진 멸망 후 한족이 세운 남쪽의 왕조들이 공존하던 시기를 가리켜 '위진남북조(魏晉南北朝)' 시대라 부르는데, 한 왕조가 멸망한 220년부터 수 왕조가 통일을 이룬 581년까지 360여 년의 기간이 이에 해당합니다.

이처럼 혼란스러운 시대에는 권력자들이나 지도자들에 대한 백성들의 믿음이 약해질 수밖에 없습니다. 대신 그들의 마음을 위로할 수 있는 사상이나 종교를 찾기 마련인데, 이러한 현상을 '피세'(避世) 또는 '은일'(隱逸)이라고 합니다. 세상을 피하고 세상으로부터 숨는다는 뜻이죠. 위진남북조시대에 인간이 가진 욕망을 절제하고 속세의 번

잡함에 빠져드는 것을 경계하며, 그것을 삶의 이상으로 삼았던 도교와 불교가 발달한 데에는 이러한 시대적 배경이 작용했습니다.

이런 세태를 반영하듯 위 왕조 말기를 배경으로 하는 '죽림칠현(竹林七賢)'이라는 고사가 전해집니다. 위 왕조 말기 당시 실세였던 사마씨 일족들이 국정을 장악하고 전횡을 일삼자 이에 실망하고 좌절했던 한 무리의 지식인들이 세상을 피해 살았습니다. '대나무 숲에 모여 있는 일곱 명의 현자들'인 죽림칠현은 완적·혜강·산도·향수·유영·완함·왕융이라는 일곱 사람이었죠. 이들은 자신들의 힘으로 바꿀 수 없는 세상을 한탄하면서도 정치에는 방관자적 입장을 취한 채 그저 흐르는 세월에 몸을 맡겼습니다. 하지만 노장사상(老莊思想)에 심취했던, 개인주의적이면서 무정부주의적이었던 그들은 국가의 정책을 조롱하고 그것을 폭로하기 위해서라면 상식에서 벗어난 언동까지도 서슴지 않았습니다. 현실의 벽 앞에 아무것도 할 수 없었던 그들의 모습이 한편으로는 애처롭기도 하고 한편으로는 무기력해 보여 서글퍼지기도 하네요.

노장사상이 마음의 안식처를 제공하며 중국인의 마음속에 자리 잡았다면 불교는 정치적 이해관계와 맞물리며 크게 성장하였습니다. 북방 유목민인 북조에게는 한족을 다스리기 위한 수단이 필요했는데, 이런 측면에서 고도로 체계화된 종교인 불교는 이민족들에게 매우 매력적으로 다가왔습니다. 그들의 모자라는 정신적 부족함을 메

위주는 동시에 한족에게 그들의 지배를 정당화할 수 있는 문화적 수단이 되었기 때문이죠.

불교가 융성하기 시작했던 위진남북조시대에는 절이나 탑과 같은 수많은 불교 건축물들이 세워졌습니다. 그중에서도 가장 대표적인 것이 관광하러 많이 가는 용문석굴, 운강석굴, 돈황석굴의 3대 석굴 사원이죠. 불교는 이미 민간사회에 뿌리를 내리고 있었습니다. 어려운 교리를 모르더라도 기도를 하고 부처를 믿는 것만으로도 구원받을 수 있다는 가르침과 함께 현세의 노력이 충분하다면 다음 생애에서 현재보다 나은 삶을 보장받을 수 있다는 불교의 '윤회사상'은 죽음에 대한 두려움을 잊게 해줄 뿐만 아니라 현재의 삶을 충실히 살아가야 할 동기를 제공하기도 했습니다.

남북조시대에는 또한 선(禪)불교가 전해졌습니다. 6세기경 전설적 인물인 달마 대사에 의해 들어왔다고 하는데, 우리가 자주 볼 수 있괴팍스러운 표정에 부리부리한 눈을 한 사람입니다. '달마가 동쪽으로 간 까닭은?'이라는 말을 한번쯤은 들어봤을 것입니다. 같은 제목의 영화도 있죠. 이 말에는 대체 어떤 의미가 담겨 있을까요? 실제로 달마는 스승의 유언에 따라 인도에서 중국으로 건너왔는데, 인도에서 보면 중국이 지리상 동쪽이기도 했고, 또 해가 뜨는 동쪽은 밝음과 지혜를 뜻하는 곳이었기 때문이라는 이유도 있습니다. 선불교란 교리에 얽매이기보다는 하나의 생각에 대해 사유하고 참선해서 깨닫는 불교의 한 종파입니다. 한국의 가장 큰 불교 종파인 조계종은 선

불교의 전통을 이어받고 있습니다.

위진남북조시대에 발달한 이러한 도교와 불교는 중국문명의 수준을 한 차원 끌어올렸습니다. 두 종교가 간직한 윤리의식과 정신적 세계는 백성들을 교화시키고 문화를 발전시키는 한편, 정치적 안정에도 도움을 주었습니다. 특히 불교가 가진 교리와 사상은 기존 중국의 철학과 사유를 더욱 풍부하게 해주어 인간의 의식 성장에도 큰 영향을 끼쳤습니다. 이는 오랜 시간이 흐르면서 자연스레 생활양식으로도 흡수되었죠. 때론 도교와 불교를 믿는 사람들 간에 세력 다툼이 일어나기도 했지만, 역설적이게도 그러한 충돌 속에서 중국문명은 더욱 화려하게 피어날 수 있었습니다. 이러한 문화적 융성함 속에 북방의 이민족 문화까지 혼합되며 중국은 더욱 독특하고 다양한 문명으로 진화되어 갔습니다.

수 왕조
대규모 토목공사와 전쟁은
어떤 문제를 일으켰을까?

|

한 왕조 이후 300년이 훌쩍 넘는 남북조의 혼란한 시대를 정리한 사람은 581년 수(隨) 왕조를 건립한 문제(文帝)였습니다. 문제는 많은 개혁을 통해 제도와 율령을 정비하여 탄탄한 왕조의 기틀을 마련하

는 한편, 남북으로 갈라진 중국을 하나로 통일하려고 노력했습니다. 양제(煬帝) 역시 아버지의 뒤를 이어 제국의 확장에 큰 성과를 거두었죠. 그렇지만 수 왕조의 존속기간은 약 40년에 불과했습니다. 대운하 건설이라는 대규모 토목공사와 함께 주변국으로의 잦은 원정 전쟁으로 인해 백성들에게 엄청난 고통과 부담을 안겨주었고, 국가 재정에도 큰 타격을 입혔습니다.

그중에서도 양제가 백만 대군을 이끌고 고구려를 침략했던 전쟁은 수 왕조의 운명을 갈라놓는 사건이었습니다. 물론 백만이라는 숫자가 실제인지, 아니면 그냥 많다는 것을 의미하는지는 정확하지 않으나 엄청난 숫자였다는 것만큼은 확실하죠. 하지만 이 엄청난 대군을 맞이한 고구려군은 조금도 물러서지 않았습니다. 30미터나 되는 성벽이 둘러쳐진 요동성에서의 기나긴 대치는 수의 대군을 지치게 만들었습니다. 전쟁이 장기화되자 30만 명의 별동대를 조직하여 고구려의 수도인 평양성을 직접 공략하려 했으나 을지문덕 장군의 지략에 역공을 당한 살수(薩水, 지금의 청천강)에서의 대패를 끝으로 물러날 수밖에 없었죠.

전쟁의 실패로 수 왕조가 떠안은 부담은 상상 이상이었습니다. 엄청난 대군을 조직하는 과정에서 이미 재정적 파탄을 겪은 상태였으므로 경제의 몰락은 예견된 일이었습니다. 더 이상 견딜 수 없었던 농민들은 반란을 일으켰고, 그 틈을 탄 권력자들은 저마다 황제가 되려고 발버둥 쳤습니다. 이렇게 문제로부터 양제를 거쳐 공제(恭帝)에 이르는 삼대를 마지막으로 수 왕조는 멸망했습니다. 화려하게 등장했다 순식간에 사라진 수 왕조의 운명은 진시황을 떠올리게 할 만큼 진 왕조와 비슷해 보입니다.

당·왕조
다양한 문화 수용이 가져온 결과는 어떠했을까?

터번을 눌러 쓴 아라비아 상인들이 수시로 도시를 드나들고, 각양각색의 전통의상을 차려 입은 여러 민족들이 거리를 활보하며, 얼굴색이 다른 외국인들이 관리가 되어 국가의 운영에 참여하는 사회, 어떠세요? 정말 이채로운 일이 아닐 수 없죠? 요즘 같은 세계화된 시대, 세계화된 도시에서나 연상될 법한 이 장면은 1400년 전 먼 과거에도 목격할 수 있었습니다. 바로 당 왕조 때에 흔히 볼 수 있는 풍경이었죠. 당 왕조는 화려하고 개방적인 정책을 통해 대제국을 건설했습니다. 장안(長安)은 당시 서역과 당을 잇는 관문 역할을 했던 국제도시였죠. 단지 영토가 넓은 대제국이 아닌 문화적으로나 정신적으로도 다른 주변국을 압도할 만했습니다.

이러한 국제적 제국이었던 당 왕조는 어떻게 창건되었을까요? 수 왕조 말기에 반란이 일어나자 본래 수 왕조의 관리였던 이연(李淵)이 이를 진압하고 다른 경쟁자들을 밀어내며 당의 초대 황제에 올랐습니다. 다른 황제들이 그러했듯 그는 토지제도와 행정조직을 개편하고 가다듬어 왕조의 기틀을 마련했습니다. 곧이어 이연의 아들 이세민(李世民)이 왕위를 이어받아 황제에 올랐는데, 그가 바로 유명한 당 태종(太宗)이었습니다. 태종은 조세제도와 토지제도를 정비해 백성들의 풍요로운 삶을 보장했고, 3성 6부라는 행정조직과 과거제 실시를 통해 널리 인재를 등용했습니다. 이때의 토지제도와 행정조직은 여러 주변국들이 본받을 만큼 탁월했습니다. 또한 북방의 이민족들을 토벌하거나 우호적 관계를 유지하며 국방도 튼튼히 했죠. 수십 년간이나 전성기를 누린 이러한 태종의 치세를 두고 '정관의 치(貞觀之治)'라고 부릅니다.

태종의 뒤를 이어 재위에 올랐던 고종(高宗)이 사망한 직후 그의 황후였던 무측천(武則天)이 황제에 오르는데, 흔히 '측천무후'라 부르는 그녀는 중국 역사상 유일한 여황제로서 재위기간 동안 태평성대를 이루었습니다. 반면, 자신에게 위협이 되는 정적들을 잔혹하게 살해하여 무서움과 냉정함을 보여주기도 했죠. 중국 황실에서 황위를 둘러싼 암투는 친족들은 물론 아버지나 아들도 죽일 정도였으니 얼마나 치열했을지 짐작할 수 있습니다. 당 왕조의 태평성대는 그녀의 뒤를 이은 현종(玄宗)에 이르러 정점을 찍었습니다. 이 시기를 태종 때의 '정관의 치'에 이은 또 다른 당 왕조의 전성기라는 뜻으로 '개원의 치(開元之治)'라고 부릅니다.

그러나 이러한 당 왕조도 당시 동아시아를 지배했던 고구려와의 주도권 다툼에서 자유로울 수 없었습니다. 수 왕조와 당 왕조에 걸쳐 발발한 고구려와의 한판 승부는 '동아시아 100년 전쟁'이라고도 부를 정도로 고대 동아시아의 판도를 뒤바꿀 만한 사건이었습니다.

당의 침입 당시 연개소문을 중심으로 하는 강경파와 영류왕으로 대표되는 온건파로 나눠져 있던 고구려에서 연개소문이 실권을 잡으면서 당과의 전쟁은 피할 수가 없게 되었죠. 당은 치밀한 준비를 통해 수 양제가 함락하지 못한 요동성을 지나 평양의 안시성까지 쳐들어왔지만, 전쟁이 장기화되면서 보급과 사기의 문제로 후퇴할 수밖에 없었습니다. 이 전쟁으로 고구려 역시 큰 피해를 입었습니다. 수에 이은 당과의 전쟁으로 너무 많은 국력을 소진한 고구려는 점차 그 기세를 잃어갔습니다. 이 틈을 타 당과 손을 잡은 신라가 백제를 무너뜨리고 고구려마저 항복시키며 통일을 달성했죠.

고구려 몰락이라는 소기의 목적을 달성한 당은 신라를 복속시키려는 야망을 드러냈습니다. 이에 굳건히 저항한 신라는 당을 몰아내기는 했지만 만주와 요동 땅에 대한 지배력을 상실하고 말았죠. 그렇지만 고구려 유민을 비롯한 말갈족 같은 이민족이 합세해 건국한 발해가 고구려에 이어 동아시아를 호령하는 큰 국가로 성장하며 '해동성국'이란 별칭을 얻기도 했습니다. 이렇게 삼국이 멸망한 뒤 발해와 통일신라를 중심으로 하는 한민족의 역사를 '남북국시대'라고 부릅니다. 이 말에는 만주와 연해주를 포함한 한국 역사의 지리적 위세를 드러내기 위한 의도가 담겨 있습니다.

국제적 위상과 찬란한 문화뿐만 아니라 개방적이고 진취적인 태도를 취했던 당 왕조는 오랫동안 번영을 누렸습니다. 비단길을 통해 들어오는 수많은 상인들로부터 세계 각국의 온갖 문물이 수입되었고, 비단을 비롯한 중국의 특산품을 서역과 멀리 유럽에까지 실어 날랐습니다. 당 왕조는 용광로에 쇳물을 녹이듯 다른 문명을 흡수하였습니다. 고대 이란의 조로아스터교〔당에서는 불을 신성시하는 종교라고 해서 '배화교(拜火敎)'라 불렀음〕라든지 크리스트교의 일파인 네스토리우스파〔당에서는 태양을 숭배하는 종교라고 해서 '경교(景敎)'라 불렀음〕와 같은 종교도 당에 전래되었습니다.

이는 보통 중국의 고대 왕조들이 여러 종교를 용인하지 않은 것과는 상반적인 행보였는데, 종교가 거대해지면 그 세력이 지배자의 권위를 위협할 가능성이 있어 탄압을 가하게 됩니다. 현대 중국에서도 비슷한 사건이 있었습니다. '파룬궁'이라고 하는 기공 체조 모임이 중국 전역을 휩쓸자 그 기세가 걱정되었던 중국은 이를 없애기 위해 온갖 방법을 동원해 조직을 와해시켰습니다. 공산당 1당체제를 위협하는 세력을 없애고 기득권을 유지하려 한 것이죠. 이와 반대로 당 왕조가 관대하고 개방적인 정책을 펼칠 수 있었던 이유는 그만큼 자신들의 문화에 대한 자부심과 자신감에서 비롯되었다고도 볼 수 있습니다.

당 왕조의 문학과 예술은 더 이상의 수식어가 필요 없을 만큼 화려하게 피어났습니다. 당시(唐詩)야말로 그들이 남긴 최고 문화유산의

하나로 꼽히죠. '시선(詩仙)'이라 일컬어지는 이백(李白)과 '시성(詩聖)'
으로 불리는 두보(杜甫)는 당 왕조를 대표하는 시인으로서 그 누구도
넘볼 수 없는 시의 경지를 개척한 인물들로 평가받습니다. 예술분야
에서는 황실의 궁중음악과 회화의 발전이 뚜렷했으며, 사방팔방에서

들어온 외국의 음악과 회화도 당 왕조의 예술 발전에 기여했습니다. 특히 불교의 발전이 극에 달했던 시기라 불교 미술에 있어서도 수준 높은 성과를 거두었습니다. 또한 '당삼채'라고 하는 화려하고 이국적인 도자기의 발전도 돋보였고요.

이렇게 당 왕조는 자신의 문화에 타국의 문화를 융합해 또 하나의 참신하고 개성 넘치는 문명을 발전시켰습니다. 타국 문화의 유입은 때로는 문화적 충돌을 일으키기도 하지만 그것을 긍정적으로 조화시키면 새로운 문화의 탄생으로 이어질 수도 있습니다. 오늘날 미국을 보면, 이민자에 의해 건국되었던 원인도 있지만, 타문화에 대해 매우 개방적입니다. 때문에 소수민족 간의 분쟁이나 인종 갈등 등 불행한 사회문제도 발생하고 있지만, 그것을 넘어 보다 역동적인 사회로 발전시켜 온 것도 사실입니다. '다양성'이란 다름을 인정하고 잘 다듬으면 '창조성'으로 전환될 수 있는 중요한 문화적 요소입니다.

대한민국 사회는 다양성을 수용하는 데 있어 매우 취약한 편인데, 한반도에서 오랫동안 단일민족으로 국가를 꾸려왔던 특수성에서 나타나는 현상일 것입니다. 물론 해방 이후 서구 중심의 근대화도 이러한 현상에 일조한 게 사실입니다. 최근 다문화 사회로 접어든 대한민국 사회가 곤란을 겪고 있는 이유는 갑자기 외국인이 증가한 탓도 있지만, 타문화를 받아들이는 경험이 부족하고 다양한 문화에 대한 개방성을 갖고 있지 못한 것이 그 원인일 수 있습니다. 이를 위해 좀 더 유연한 사고방식을 갖추는 한편, 내외국인을 구별하기

전에 함께 살아가는 인간으로서 어떻게 조화를 이룰지 고민해 보아야 할 것입니다.

동서의 관문으로 찬란한 문화를 구가하던 당 왕조는 현종이 주색에 빠지고 정치를 게을리 하자 지는 해처럼 서서히 기울어가기 시작했습니다. 현종이 정사를 멀리한 데에는 애첩인 양귀비가 있었기 때문이죠. 무측천이 여걸로서 당 왕조를 지배했다면 양귀비는 빼어난 미모로 현종의 마음을 훔쳤습니다. 또 하나의 악의 축은 환관들이었습니다. 이들이 영향력을 이용해 왕의 눈과 귀를 가리자 농민들은 몰락하기 시작했고, 지방에서 성장한 군부세력인 절도사들의 반란까지 겹치면서 당 왕조의 운명은 걷잡을 수 없는 상황에 직면했습니다. 결국 안사의 난과 황소의 난 등을 겪고 급격히 쇠퇴한 당 왕조가 907년에 멸망하면서 중국 본토는 5대 10국(五大十國)의 분열기로 빠져들고 말았습니다.

인도 왕국과 아랍 제국
동서 문명 교류에 어떤 기여를 했을까?

중국과 더불어 동방을 호령했던 인도 왕조와 아랍 제국도 세계사를 형성했던 중요한 역사적 지형 중 하나였습니다. 현재 4대 종교로 꼽히는 불교, 크리스트교, 이슬람교, 힌두교 모두가 이들 문명에서 탄생했다고 볼 수 있으니 반드시 살펴 보아야 하겠죠. 알다시피 불교와 힌두교의 발상지는 인도 그리고 이슬람교와 크리스트교의 발상지는 아랍이라고 할 수 있습니다. 화려하고 거대하며 유서 깊은 문명들이 이 땅에서 태어나고 사라졌죠. 그럼 이제부터 중국의 서쪽, 서역이라 불렀던 머나먼 미지의 땅으로 떠나보겠습니다.

베다시대를 지나온 인도는 기원전 7세기경 수많은 국가들이 난립한 열국(列國)시대로 진입했습니다. 철기가 광범위하게 전파되었고 경제적으로도 큰 발전을 이룩했던 때였죠. 또한 많은 사상가들과 종교 지도자들이 등장했던 시기로 불교를 창시한 고타마 싯다르타도 그들 중 하나였습니다. 카스트 제도의 신분 차별에 괴로워했던 많은 백성들은 모든 중생이 평등하다는, 당시로서는 받아들이기조차 힘들었던 그의 새로운 주장에 감복했습니다. 또 인도인들이 오래도록 믿어 왔던 '윤회사상'에 정면으로 도전해 이번 생애에 윤회의 사슬에서 벗어나 깨달음에 이를 수 있다는 확신도 주었습니다. 부처의 가르침은 오래 지나지 않아 인도 전역으로 퍼져 나갔습니다.

기원전 6세기경에는 마가다 왕국에 의해 열국시대가 종식되었고, 기원전 5세기에 이르러 마가다 지역을 통치하던 난다 왕조 시대에 인도 북부 전역이 통일되었습니다. 한편, 기원전 4세기에 알렉산드로스 대왕의 동방 원정으로 인해 많은 피해를 입은 인도에서 오히려 동서의 문화와 사상이 서로 교류·융합되면서 간다라 미술이 탄생했습니다. 간다라 미술은 그리스 조각과 비슷한 양식의 불상들이 간다라 지역에서 대거 출토되면서 붙여진 이름이죠. 얼굴은 인도인이지만 그리스 신들과 같은 옷을 걸친 듯한 모습의 묘한 느낌을 가진 불상들이 간다라 미술의 조각입니다. 불상의 형태를 정형화시켰던 간다라 미술은 중앙아시아를 거쳐 중국으로 전해지면서 불상 중심의 불교미술에 큰 영향을 미쳤습니다.

한편, 난다 왕조를 무너뜨린 찬드라굽타의 마우리아 왕조는 기원전 324년에 이르러 북부 인도뿐만 아니라 인도 남부까지 정복하면서 대제국을 건설했습니다. 특히 기원전 269년 재위에 오른 아소카왕은 불교를 국교로 삼고 학문의 진흥에 많은 힘을 쏟았기 때문에 불교가 인도 전역은 물론 주변국에까지 전파되는 중흥기를 맞이했습니다. 흔히 '소승불교' 또는 '부파불교'라 부르는 이 당시의 불교는 교리가 극도로 치밀해지고 깊어져 불교사에 있어서도 상당히 중요한 시기였습니다. 그렇지만 기원전 187년 아소카 왕이 죽고 나서 얼마 지나지 않아 마우리아 왕조는 멸망하고 말았죠. 이후 300여 년간의 혼란기 동안 인도에는 몇몇 왕조가 나타났지만 큰 영향력 없이 사라졌습니다.

그러던 중 고대 인도 문화의 부흥기로 불리는 굽타 왕조의 등장으로 판도가 달라졌습니다. 서기 320년 굽타 왕조는 북인도를 통일하고 찬드라굽타-사마드라굽타-찬드라굽타 2세를 거치면서 아라비아

해안까지 그 영토를 확장, 최고의 전성기를 누리게 되었죠. 이 시기에는 오늘날 가장 많은 인도인들이 믿는 종교인 힌두교가 발생하고, 천문학 및 수학과 같은 학문의 발전에 큰 진전을 보였습니다. 또한 농업과 수공업 그리고 상업에서도 상당한 부흥기를 맞았습니다. 하지만 540년 굽타왕조가 멸망하면서 6세기 말에서 7세기 초에 인도는 다시 한 번 여러 국가로 분열되었죠. 606년 하르샤 왕조가 등장하며 북인도의 모든 국가들을 제압하기도 했지만 그리 오랜 시간을 버티지는 못했습니다.

이번엔 인도를 지나 더 서쪽인 아랍으로 가 보겠습니다. 아랍을 얘기할 때면 '천일야화'(아라비안나이트)를 빼놓을 수 없습니다. 알라딘, 알리바바, 신밧드 등의 모험 속엔 터번을 두르고 반달칼을 찬 채 낙타를 타고 다니는 아랍 상인들이 늘 등장합니다. 서남아시아를 중심으로 발전했던 아랍 지역은 이슬람교가 탄생하기 전까지 유목생활을 했던 북쪽의 베두인과 농경생활을 했던 남쪽의 쿠라이시 부족이 자리 잡고 있었습니다. 이슬람('복종'이란 의미)교의 탄생은 아랍 지역을 새로운 문명의 세계로 인도했습니다. 램프의 지니처럼 마법을 부린 것이죠.

서기 610년 신의 계시를 받으며 등장한 무함마드에 의해 이슬람교가 탄생했습니다. 그는 자신이 알라의 뜻을 전하는 메시아라고 말했습니다. 성자로 떠받들어졌던 무함마드는 이슬람교의 발생지인 메카를 점령하고 632년 아랍반도를 통일한 후 그 해에 세상을 떠났습니다. 무함마드가 세상을 떠난 후 '칼리프(후계자라는 의미)'로 불리는 종교 지도자들이 아랍 세계의 실질적인 지도자 역할을 했습니다. 이러한 정교일치의 이슬람 전통은 현대의 몇몇 이슬람 국가에 남아 여전히 종교 지도자가 정치적으로 막강한 영향력을 행사하고 있죠.

634년 제2대 칼리프인 우마르에 이르러 아랍은 페르시아 제국과 이집트 왕국 등을 점령하면서 넓은 영토를 확보했습니다. 5대 칼리프인 우마위야부터는 칼리프를 세습하게 되었고, 이로써 아랍 제국은 우마위야 왕조 시대로 들어섰습니다. 서쪽으로는 서고트족의 왕국을 정복하고 북쪽으로는 흑해와 카스피해, 동쪽으로는 인도에 이르는 대제국을 건설했죠. 아랍 제국의 위세가 실로 대단했음을 알 수 있습니다.

우마위야 왕조가 서서히 쇠퇴하고 750년 바그다드를 수도로 하는 압바스 왕조가 등장하며 아랍 제국은 최전성기로 접어들었습니다. 특히 상업의 발전이 두드러졌습니다. 사막이나 초원 등지에서 낙타나 말에 상품을 싣고 떼를 지어 먼 곳으로 다니면서 장사하는 상인이나 그 무리들을 일컫는 '카라반'은 아랍과 지중해는 물론 아프리카와 중국에까지 이르는 아프리카-유라시아 대륙을 상대로 무역을 했습니다. 오늘날 캠핑카를 '카라반'이라고 부르는 것도 세계 곳곳을 누비는 아랍 상인들을 닮았다는 이유에서일 것입니다.

아시아나 아프리카를 여행하는 길에는 여러 가지 위험이 따랐기 때문에 '대상(隊商, 상품뿐만 아니라 무기와 식량을 준비해서 다니는 상인)'이라 부르는 단체를 이루어 이동하는 것이 유리했습니다. 이들은 무역에만 그쳤던 것이 아니라 이슬람교를 전파하고 이슬람 문화를 전수하는 한편, 아랍이 위기에 처했을 때에는 군대의 역할까지도 충실히 해냈습니다.

카라반이 지나다니는 길목에는 그들이 머물고 갈 수 있는 숙박시설들이 생겨났고, 이를 중심으로 한 작은 도시들이 형성되었습니다. 그곳에선 각국의 사람들이 모여들어 물건을 거래하면서 온갖 신문물들이 교환되었고, 그에 따라 문명의 교류가 활발해졌습니다. 또한 이들 도시들은 동서양을 잇는 가교 역할뿐 아니라 유럽에 동양의 새로운 지식과 기술들을 전파하는 역할도 하면서 중계무역의 이점을 살려 대도시로 발전하였습니다. 현재는 과거의 영광이 사라진 지 오래지만 아직도 실크로드를 관통하는 중앙아시아의 여러 지역에 그 흔적들이 남아 있습니다.

아랍 제국은 동서의 가교 역할에만 그치지 않고 자신들만의 훌륭한 문명을 탄생시켰는데, 뛰어난 점은 학문과 예술의 발전으로 역사, 철학, 수학, 지리학, 의학, 연금술에 이르는 다양한 분야에서 큰 업적을 남겼다는 것입니다. 알칼리, 알코올, 알고리즘, 알케미 등 '알(Al, 영어로 말하면 정관사 '더(The)'와 같음)'이라는 접두어를 가진 과학·수학적 용어들이 모두 아랍 세계의 유산입니다. 또한 '1, 2, 3……'과 같이 오늘날 숫자의 기본이 되는 아라비아 숫자는 본래 인도에서 태어났지만 아라비아 상인들에 의해 널리 퍼질 수 있었죠.

그리스 철학의 유산을 잘 간직하고 발전시켜 유럽에 넘겨준 것도 아랍이었습니다. 유럽 사회가 고대 그리스의 고전철학을 정립할 수 있었던 것도, 이러한 인류의 소중한 정신적 유산이 남아 있는 것도 아랍 제국이 없었다면 불가능했죠. 오늘날 유럽에서 먹는 코스 요리

먹는 것도 전쟁이야.
이이쿠, 내 이...

나 식사 예절도 아랍에서 배운 것입니다. 그렇지 않았더라면 유럽인은 여전히 야만인처럼 고기를 물어뜯고 있었을지도 모릅니다. 숟가락과 젓가락 대신에 포크와 나이프를 들고서도 식탁 위에서 다툼이 일어나지 않을 수 있었던 것은 이러한 세련된 문명의 영향 때문 아닐까요?

뿐만 아니라 이슬람교의 사원이자 상징이라 할 수 있는 '모스크'는 돔 모양의 양식과 화려한 모자이크 등으로 그 예술성을 자랑하고 있습니다. 그리고 알리바바가 타고 날아다녔던 화려한 문양의 카펫은 중국의 비단과는 또 다른 형태의 세련된 직물로서 아랍에서 일상적으로 이용하던 특산물이었습니다. 이러한 아랍의 유산들은 훗날 유럽으로 전해져 또 다른 형태의 문화 창조에 숨결을 불어넣었죠. 새삼 아랍인에게 고마움을 느끼게 됩니다.

지금까지 살펴본 것과는 달리 아랍에 대해 우리는 많은 오해를 갖고 있습니다. 칼과 코란으로 대표되는 아랍의 호전적인 이미지는 십자군전쟁을 거치면서 유럽에서 왜곡된 것입니다. 이슬람은 오히려 매우 평화적이고 관용적인 종교라고 하죠. 또한 이슬람 테러 집단이 말하는 '지하드(성전, 聖戰)'의 의미도 사실 알라를 위해 다른 사람을 죽이는 게 아닌, 나쁜 생각을 이겨내려는 자신과의 싸움을 말하는 종교적 의미를 담고 있습니다. 20세기 많은 미국 흑인들이 이슬람으로 개종했던 이유도 바로 누구에게나 차별 없이 평등하게 대하는 교리 때문이었죠.

이슬람에 대한 잘못된 시각을 거두어 보면 이렇게 좋은 모습들을 많이 발견할 수 있습니다. 다만, 많은 아랍 국가들이 여성의 권리를 제한하는 등 남녀를 차별하고 있다는 점이 안타까울 따름입니다.

지금까지 살펴보았듯 동방에서 가장 융성했던 왕조들은 다른 세계와의 적극적인 교류 속에서 발전해 왔습니다. 여기엔 비단길을 비롯해 지금까지 알려졌거나 또는 알려지지 않은 수많은 교역로의 역할이 컸습니다. 물론 새로운 문물을 받아들이려는 사람들의 호기심과 노력도 한몫을 담당했을 것입니다. 당 왕조의 화려했던 문화는 서역과의 교류가 있어 가능했고, 인도의 간다라 미술은 헬레니즘 문화의 유입이 있었기에 가능했으며, 아랍인들의 학문적 발전은 고대 그리스의 사상이 있었기에 가능했습니다. 이렇게 세계사는 다양한 문화의 접촉 속에서 자신만의 문명적 색깔을 덧입혀 온 과정으로 이해해 볼 수 있습니다.

06

유럽,

아랍에
도전하다

유대교, 기독교, 이슬람교. 여러분은 이 세 종교의 공통점을 아시
나요? 이 세 종교를 믿는 국가들을 보면 공통점은커녕 서로 반목하
고 갈등하는 장면들만 머릿속에 떠오를 것입니다. 유대교를 믿는 이
스라엘과 이슬람을 믿는 팔레스타인의 끝없는 갈등, 기독교 국가인
미국과 중동 지역에 위치한 몇몇 이슬람 국가와의 전쟁에 관한 뉴스
를 자주 접해 왔기 때문이죠. 그렇지만 실제로 이 세 종교의 뿌리는
하나입니다. 말 그대로 '하나', 즉 '하나님'을 믿는 종교적 공통점이
있습니다. 구약성서를 기반으로 하는 유대교, 신약성서를 기반으로
하는 기독교 그리고 코란을 기반으로 하는 이슬람교는 모두 같은 하

나님을 신앙의 대상으로 하고 있습니다.

그렇지만 불행히도 인간의 역사에서는 원수지간이 되고 말았습니다. 그 역사적 지점은 바로 '십자군전쟁'으로 거슬러 올라가죠. 11세기부터 13세기에 걸쳐 일어난 이 전쟁은 인간이 '종교'라는 이름을 내건 가장 치열하고 비열한 전쟁 중 하나였습니다. 십자군전쟁은 로마 교황을 중심으로 하는 서유럽 왕국들은 물론 칼리프를 중심으로 하는 아랍 제국에게도 씻을 수 없는 상처를 남겼습니다. 그럼에도 이 거대한 두 종교의 충돌은 당시 사람들에게 새로운 문명에 눈 뜰 수 있는 기회를 안겼고, 문명의 발전에 기폭제가 되기도 했습니다. 비극이 희극으로, 희극이 비극으로 끝나기도 하는 역사의 현장 속으로 들어가 보겠습니다.

비잔틴 제국
천 년의 제국은 유럽의 동쪽을 어떻게 변화시켰을까?

|

십자군전쟁에 앞서 살펴볼 것은 로마 제국 몰락 이후 지중해를 둘러싼 국가들의 역사입니다.

로마가 서로마와 동로마로 분열된 이후 얼마 안 있어 서로마가 멸망하고, 로마가 야만족이라고 불렀던 여러 민족들이 제국을 차지했습니다. 반면, 동로마는 이후에도 천 년이라는 긴 시간 동안이나 제국을 유지했습니다. 안정된 경제력과 군사력이 뒤를 받쳐둔 덕분이기도 했지만, 이민족과의 관계에 있어서 수용적이고 적극적이었던 태도 또한 큰 요인이었죠.

동로마를 비잔틴이라 부르게 된 것은 1577년 독일의 역사학자 울프에 의해서였는데, 동로마 황제들은 스스로 자신들을 로마 황제로 자처하며 고대 그리스와 로마의 문화유산을 이어받았음을 자부했습니다. 비잔틴 제국은 이슬람의 위협으로부터 유럽을 지켜주는 방패이자 지중해와 실크로드를 이어주는 동쪽 관문 역할을 하며 훌륭한 문명을 형성해 나갔습니다.

비잔틴 제국은 6세기 유스티니아누스 황제의 통치기간에 황금기를 맞이했습니다. 항상 위협이 되었던 동쪽의 사산조 페르시아(고대 이란 왕조) 및 북쪽의 슬라브족과 적절한 협상 또는 전쟁을 통해 안정을 취한 비잔틴 제국은 여세를 몰아 서쪽으로 눈을 돌렸습니다. 그곳엔 과거 위대했던 자신들의 옛 영광의 땅인 로마 제국의 고대 영토가 펼쳐져 있기 때문이죠. 원정을 시작한 유스티니아누스 황제는 반달 왕국, 동고트 왕국, 서고트 왕국을 차례로 점령하며 스페인의 남동해안까지 영토를 넓히는 데 성공했습니다. 그는 또한 고대 로마 법전을 개정한 《유스티니아누스 법전》을 제작하여 반포했습니다. 로마법의 총결산 격인 이 법전은 근대 법 정신의 원류로 평가받고 있죠. 그렇지만 유스티니아누스 황제가 죽은 뒤 비잔틴은 서유럽의 영토를 대부분 상실하고 동쪽 영토의 일부마저 아랍인들에게 빼앗기면서 제국의 기세가 한풀 꺾이고 말았습니다.

그러한 비잔틴 제국에서는 8세기 들어 커다란 사건이 하나 일어났습니다. 717년 비잔틴 제국의 황제에 오른 레오 3세가 벌인 '성상파괴운동'이 그것입니다. 성상파괴운동은 교회의 성상과 유적을 파괴하고 토지와 재산을 몰수하는 정책을 말합니다. 세금도 내지 않고 부역의 의무도 지지 않은 채 종교적 지위만 누리던 교회에게는 날벼락 같은 일이었지만, 군사력 강화가 절실했던 제국으로서는 엄청난 수입원이 생긴다는 점에서 꼭 필요한 일이었죠.

최근 우리나라에서도 종교인에게 근로소득세를 부과하는 문제로 인해 많은 갈등을 빚고 있습니다. 주로 기독교계 개신교를 중심으로 한 반대쪽은 이미 세금을 뗀 돈에 또다시 세금을 부과하는 것은 이중과세에 해당한다고 주장하며 근로소득세 부과에 반대하고 있죠. 그런 반면에 일부 종교인들은 자발적으로 세금을 납부하고 있습니다. 고대부터 있어 왔던 종교인에 대한 면세 혜택이라는 오래된 관행과, 소득이 있는 곳에 세금이 있다는 근대 국가의 원칙이 상충하면서 벌어지는 논란입니다.

예나 지금이나 종교인 과세 문제는 국가의 재정을 늘려준다는 점에서 세속의 정치 지도자들에게는 늘 매력적인 세원(稅源)이지만, 국민의 정서적 의지처가 되어 온 종교와 정면으로 충돌을 빚는 것은 상당히 부담스러운 일입니다. 오늘날 종교인의 지위나 사회적 상황을 비잔틴의 그것과 단순 비교할 수는 없지만, 성상파괴운동은 교회에 대한 비잔틴 황제의 의지가 어느 정도였는지를 확인할 수 있는 대목입니다. 이렇게 비잔틴에서는 백 년 넘게 지속된 성상파괴운동의 결과 왕권이 교권보다 우위에 서게 되면서, 교회의 권위가 점점 더 높아지던 서로마와는 다른 길을 걷게 되었죠. 동로마 지역의 기독교를 그리스정교회라 부르는 이유도 이러한 역사에 기인합니다.

이후 비잔틴 제국은 대내외의 도전에 직면하게 되었습니다. 불가르족인 불가리아, 동슬라브족인 키예프 공국 등의 출현으로 제국의 위상이 흔들렸고, 십자군전쟁은 비잔틴 제국에 막대한 피해를 안겼습니다. 여기에 이슬람의 전통을 잇는 셀주크튀르크와 그 뒤를 이은 오스만튀르크는 비잔틴 제국에 항상 위협이 되었습니다. 면면이 명맥을 유지해 오던 비잔틴 제국은 결국 1453년 오스만튀르크의 침략에 의해 멸망했습니다. 로마 지역과는 다른 개성을 키워 온 오랜 크리스트교 왕국은 사라지고 그 전통은 러시아의 차르에게로 이어졌습니다.

비잔틴 제국을 함락한 오스만튀르크는 수도 콘스탄티노플을 이스탄불이란 이름으로 바꾸어 그 땅을 5백 년 가까이 지배했고, 오늘날의 터키로 그 역사를 이어왔습니다. 터키에 수많은 문화유산이 산재하고 다양한 문화가 혼재하는 원인은 이러한 복잡한 역사에서 찾아볼 수 있습니다. 지중해를 안은 채 유럽과 아시아와 아프리카를 마주한 지리적 위치는 여러 민족들과 왕국들의 쟁탈지가 되었고, 이는 독특한 문명을 형성하는 동인으로 작용하였습니다.

프랑크 왕국과 신성로마제국

유럽의 중세 사회는 어떻게 형성되었을까?

|

서로마 제국이 무너지면서 한동안 무질서가 이어졌던 유럽은 여러 민족들의 차지가 되었습니다. 그중에서도 가장 대표적인 민족이 게르만족 일파인 프랑크족이었죠. 481년 프랑크족의 왕인 클로비스는 프랑크 왕국을 건설하고 난 몇 년 뒤 크리스트교로 개종했습니다. 여기에는 문명적으로 낙후된 야만인으로부터 탈피하고 싶었던 프랑크족과 자신들을 지켜줄 수 있는 힘이 필요했던 로마 교황의 속셈이 맞아떨어졌다는 숨은 이유가 있었습니다. 하지만 어렵사리 서로마의 일부분을 차지했던 메로빙거 왕조는 클로비스 사망 이후 분열되었고, 왕조를 이어가기에 그의 후손들은 하나같이 나약했습니다.

이 틈을 노린 한 사람이 있었으니, 바로 카를 마르텔의 아들이자 샤를마뉴의 아버지였던 땅딸보 피핀이었습니다. 751년 피핀은 메로빙거 왕조에 이어 카롤링거 왕조를 세웠습니다. 그리고 자신의 왕권을 더욱 돋보이게 하려고 교황으로부터 왕위를 인정받아 '로마인의 수호자'라는 별칭도 얻었으며, 그 대가로 로마 교황을 보호하기 위해 이탈리아 원정을 가거나 룸바르드족에게서 라벤나와 몇몇 도시들을 빼앗아 교황에게 바쳤습니다. 이들 지역은 모두 교황의 독립국가인 교황령에 편입되었죠. 윈-윈(win-win) 전략이었습니다. 이로써 프랑크는 정통성 있는 왕조로 인정받을 수 있었고, 교황은 안정적인 교권을 누릴 수 있는 기반을 마련하였던 것이죠.

피핀의 아들 샤를에 이르러 프랑크 왕국은 최대의 전성기를 맞이했습니다. 서쪽으로는 색슨족을, 동쪽으로는 슬라브족을 정벌해 나가던 프랑크 왕국의 크기가 어느새 과거 서로마 제국 영토와 비슷해졌습니다. 정세의 변화를 느낀 교황은 발 빠르게 대응하여 샤를을 위한 대관식을 거행하고 그의 머리 위에 왕관을 씌워주며 '로마 황제'라는 뜻의 '샤를마뉴 대제'라는 호칭을 부여했습니다. 로마를 파괴했던 게르만족 일파인 프랑크족이 로마의 새 주인으로 탄생하는 아이러니한 광경이 펼쳐진 것입니다.

그렇지만 문맹 민족인 프랑크족이 세운 제국은 그리 오래 버티지 못했습니다. 야만인의 때를 벗기기에는 더 많은 시간이 필요했을 것입니다. 제국은 샤를마뉴의 뒤를 이은 루트비히의 세 아들에 의해 삼등분되었는데, 세 아들이 차지한 지방은 각각 오늘날의 프랑스, 독일, 이탈리아와 대체로 일치했습니다. 이로부터 유럽은 여러 왕국으로 분열되어, 오늘날 지방마다 매우 다른 문화적 특성을 지닌 채 지방 분권적인 사회를 형성하는 주요 원인 중 하나가 되었습니다.

911년 카롤링거 왕조가 막을 내리자 962년에 작센 지역을 다스리던 독일의 오토 1세가 교황을 괴롭히던 이탈리아 현지 귀족들을 토벌하고 교황을 구출하자, 교황은 그에게 제관을 씌워줌으로써 그는 신성로마제국의 황제 자리를 차지했습니다. 이후로도 여러 왕국들 사이에서 황제의 왕관을 차지하기 위한 다툼이 이어졌고, 노르만족이라는 새로운 야만인들의 침입이 이어지면서 서유럽 일대는 또 한 번의 혼란기를 맞이했죠. 그렇지만 약탈과 방화가 생업일 것 같았던 노르만족은 배를 타는 대신 육지에 정착하는 방안을 모색하여, 11세 기에는 현재의 영국 땅에 자신들의 왕국을 건설하는 기막힌 이변을 연출했습니다.

한편, 10세기를 전후로 유럽사회에는 봉건제도가 정착되어 갔습 니다. 봉건제도는 로마가 제국 국경지대에 거주하던 게르만족들에게 토지를 빌려주었던 '은대지' 제도와, 게르만 사회에 존재했던 유력자 와 자유민 사이의 '주종' 관계가 결합된 형태였습니다. 제후나 기사 가 자기보다 세력이 더 강한 제후나 기사에게 충성을 맹세하고 군사

적 의무를 다하는 대신에 그들로부터 봉토를 부여받아 그 땅을 지배하는 방식이었죠. 그 봉토가 바로 '장원'이었는데, 이곳의 농노는 거주 이전의 자유 없이 농사를 지으며 일평생 영주에게 부역과 공납을 바쳐야 하는 매우 고단한 생활에서 벗어날 수 없었습니다.

유럽의 '기사도 정신'은 이러한 봉건시대를 거치면서 생겨났습니다. '기사'라고 하면 흔히 공주를 호위하는 백마 탄 멋진 왕자를 떠올리기도 하지만, 초기의 기사들은 매우 난폭하고 잔인한 짓도 서슴지 않았던 무식하고 힘만 센 부류들이었죠. 이후 크리스트교의 영향으로 교화되면서부터 약한 이들을 보호하고, 신에 대한 믿음으로 교회에 헌신하며 자신의 명예를 소중히 여기게 되었습니다. 이 같은 '제후-기사-농노' 사이에 맺어진 주종의 계약관계는 세습화되면서 유럽사회의 독특한 계급과 신분제도로 정착되어 갔습니다.

유럽의 중세 사회는 로마와 게르만 문화가 크리스트교라는 신앙으로 단단히 묶인 채 봉건제도와 장원이라는 경제단위를 기반으로 살림이 이루어졌던 것입니다.

교황과 국왕의 관계
정교분리는 근대 정치의 발전에 어떤 기여를 했을까?

|

로마 시대 이후 서유럽 지역의 여러 왕국들은 교회와 함께 성장하

고 있었습니다. 교회가 서로마 세계의 정신적 지주였다면 왕국들은 교회 수호자로서의 역할을 자처했습니다. 그렇지만 왕국의 군대와 교황의 왕관을 교환하는 일은 사이가 좋을 때의 이야기였을 뿐 수없이 많은 갈등과 반목을 빚기도 했습니다.

왕국들은 힘이 강할 때에는 툭 하면 이탈리아로 쳐들어가거나 교황을 자기 성에 가둬 두고 위협을 가했습니다. 반대로 교황의 권력이 강할 때는 교황이 국왕과 그 신하들을 파면하는 일이 수시로 일어났습니다. 이런 식으로 교회와 왕국이 가진 힘의 균형이 뒤틀리면 어느 한 쪽이 다른 한 쪽에 머리를 조아렸습니다.

대표적인 사례가 바로 '카노사의 굴욕'입니다. 신성로마제국의 황제이자 독일의 황제였던 하인리히 4세는 새로 선출된 교황 그레고리우스 7세와의 세력 다툼에서 지면서 당시 교황이 머물고 있던 카노사의 성으로 찾아가 눈보라 속에서 맨발로 3일 동안 참회를 하는 웃지 못할 일이 벌어졌습니다. 얼마나 마음이 급했으면 왕의 신분도 잊은 채 머리를 조아리며 용서를 빌었을까요. 멋있게 차려 입은 그림 속의 왕은 역시 자신의 위용을 과시하려는 수단에 지나지 않는다는 사실을 알 수 있습니다.

반면, 십자군전쟁이 끝난 200년 후에는 이와 반대로 왕의 권력에 교황이 무릎을 꿇는 일도 일어났습니다. 교회에 세금을 부과하는 정책에 교황 보니파시오 8세가 반발하자 프랑스의 국왕 필리프 4세가 그를 폐위시키고 대신에 클레멘스 5세를 교황에 앉히면서 로마 교황청을 아비뇽으로 옮겨온 것이죠. 교황청이 1309년부터 1377년까지 아비뇽에 머문 이 시기를 고대 유대인들이 바빌로니아로 끌려갔던 '바빌로니아 유수'에 빗대어 '아비뇽 유수'라고 부릅니다.

중세시대를 지나며 지속되었던 교황과 국왕의 세력 다툼은 종교와 정치는 서로 간섭하지 말아야 한다는 정교분리(政敎分離)가 시작되는 역사적 지점이었습니다. 정교분리가 일어난 데에는 교회의 부패와 타락이 큰 몫을 차지했습니다. 교황과 교회가 많은 토지를 소유하고 봉건제후와 마찬가지로 세속의 권력을 휘두르기 시작했기 때문이죠. 교회의 힘과 경제적 부가 증대하면서 종교 본연의 역할을 잃어버리고 점차 세속화되어 갔습니다. 예를 들면, 성직을 매매하고 몰래 결혼을 하는 등 종교인의 탈을 쓴 욕심쟁이들이 수두룩하게 생겨난 것이죠. 오래도록 유럽사회를 지탱해 왔던 정신적 지주가 뽑혀나가기 직전이었습니다. 이에 수도원을 중심으로 하는 교회개혁운동이 일어나기도 했습니다.

유럽에서의 이 같은 정교분리는 근대사회로 나아가는 중요한 사건이었습니다. '신의 권위'에 기댄 정치가 현실의 많은 문제점들을 더 이상 해결해 줄 수 없음을 인식한 유럽인들은 인간 스스로 만든 체제에 의지하는 것이 더 나은 선택임을 알게 되었죠. 여기에는 세계를 좀 더 합리적으로 이해하려 노력했던 인간의 의식성장도 한몫을 차지했는데, 인간 사회의 문제는 인간 스스로 해결해야 하고 인간에게는 그러한 능력이 있다는 믿음이 조금씩 자라나고 있었던 것입니다. 그리고 훗날 시민혁명으로부터 민주주의가 싹 트면서 고대로부터 이어진 제정일치의 세계관도 허물어질 수 있었습니다.

　중세시대에 찾아볼 수 있는 또 다른 유산으로 건축을 빼놓을 수 없습니다. 중세 유럽을 생각하면 무심코 떠오르는 것 중 하나가 하늘 위로 뻗어 올라가는 건축물의 양식, 즉 고딕양식이죠. 중세인의 열렬한 신앙심을 드러내고 하늘에 닿고자 하는 열망이 담긴 고딕양식은 그 열망만큼이나 높은 천장과, 경쟁을 하듯 수직으로 뻗은 첨탑에 아치 형식을 가미한 긴 창문 그리고 그 창문을 스테인드글라스로 처리하여 아름다운 채색을 입힌 것이 특징입니다. 대표적인 건축물로는 노트르담 성당, 아미앵 성당, 샤르트르 성당 등이 있습니다. 하지만 게르만의 한 부족인 '고트인과 같은'이라는 뜻의 '고딕(Gothic)'이라는 말은 본래 '야만적'이라는 이탈리아의 속칭에서 비롯된 것으로, 르네상스 시대의 예술가들이 그 이전의 예술을 경멸하는 의미에서 부른 명칭이었습니다.

　또 다른 유산으로 아우구스티누스나 토마스 아퀴나스 등의 신학자들에 의해 철학이 뒷받침된 체계적인 신학도 등장했습니다. 그럼에도 세속의 권세에 눈이 멀었던 교회와 영토를 차지하기 위한 전쟁에 몰두했던 왕국들로 인해 문명의 성장속도는 오히려 퇴보하거나 더디기만 했습니다. 또한 일거에 청산될 리 없던 교회의 폐단은 훗날 유럽의 종교개혁을 유발시켰는데, 중세를 '암흑의 시대'라 표현하는 이유도 바로 여기에 있습니다. 하지만 이것이 끝은 아니었습니다.

십자군전쟁

중세의 유럽은 근대로 나아가기 위해
무엇을 준비하고 있었나?

십자군전쟁은 중세 유럽의 종말을 고하고 새 시대로 진입하는 역사의 전환점이었습니다. 유럽 크리스트교 국가들의 십자군 원정은 성지순례를 위한 편의를 제공하고 성지를 탈환한다는 거창한 목적으로 시작되었지만, 이는 표면적인 이유였을 뿐 실제로는 새로운 영지의 필요성 및 상인들을 위한 시장 개척의 욕구 때문이었죠. 또한 셀주크튀르크로부터 위협을 받고 있던 비잔틴 제국 황제로부터의 원군 요청도 있었습니다. 이를 계기로 성지를 수복해야 한다는 여론이 들끓었고, 여기에 종교적 사명감까지 겹치면서 유럽 크리스트교 국가들은 성전(聖戰)을 치르는 종교적 광기에 휩싸였습니다. 그렇게 1096년부터 1270년에 걸친 기나긴 기간 동안 아군도 없고 적군도 없는 무시무시한 종교전쟁이 지속되었습니다.

당시 유럽 크리스트교 왕국들의 호적수였던 이슬람 왕국들은 승승장구하고 있었습니다. 대제국을 건설했던 우마위야 왕조(661~750)와 압바스 왕조(750~1258)의 영향으로 이슬람교는 인도의 중북부 지역, 스페인을 중심으로 하는 지중해 연안 지역 그리고 북아프리카의 여러 지역들까지 널리 전파되었습니다. 인도의 역사 발전에 중요한 한 단계를 차지했던 델리 왕조(13세기)도 술탄이 지배했던 왕조입니다. 이슬람교가 유입되면서 아랍, 페르시아, 돌궐 등의 문화와 풍습이 인도의 토착문화와 융합되는 현상도 일어났습니다. 특히 스페인의 경우 이슬람 왕국이 지배하던 기간이 길었기 때문에 이슬람 문화가 융합된 유적과 유물이 많이 남아 있어 독특한 유럽을 경험할 수 있습니다.

십자군 원정의 최종 목적지였던 예루살렘은 당시 파티마 왕조(909~1171)의 뒤를 이은 아이유브 왕조(1171~1250)가 다스리고 있었습니다. 아이유브 왕조의 시조는 아랍어로 '정의와 신념'이란 뜻의 살라흐 앗딘이었습니다. 십자군을 격파하고 예루살렘을 탈환한 그의 명성은 이슬람 세계는 물론이고 크리스트교 세계에도 널리 알려지게 되었죠. 더군다나 무자비하고 난폭했던 십자군의 군주들에 비해 자비롭고 온건했기 때문에 그의 덕망은 수많은 전설과 기록으로 남아 오늘날까지 전해지고 있습니다. 이는 십자군 원정에서 십자군들이 맞닥뜨린 혼란스러움 중 하나였습니다. 상대편의 군주가 자신들의 군주보다도 훨씬 더 나은 사람이라면 전쟁의 명분을 어디에서 찾아야 했을까요?

게다가 원정을 갔던 십자군과 상인들은 아랍의 문명을 보고는 뒤로 까무러치고 말았습니다. 유럽인이 교회와 성직자들에게 휘둘려

앞뒤 분간 못하고 있을 때 아랍인은 그리스는 물론 로마의 문화유산들을 흡수하고 발전시켜 찬란한 문명을 이룩해 놓았던 것입니다. 아랍의 왕국들은 동서양을 잇는 중계 국가로서 많은 부를 축적해 왔고, 이를 이용해 당시 유럽사회가 상상할 수 없는 문명의 혜택을 누리고 있었습니다. 종교적 소명으로 당당히 전쟁을 치르러 왔던 유럽인들은 정작 자신들이 너무나 초라하게 느껴져 견딜 수 없었을 것입니다. 까맣게 잊고 있던 과거의 영광과 조상들의 숨결을 자신들 안에서가 아니라 이슬람 왕국에서 발견했으니 더욱 더 당황스러웠을 테죠.

그래서일까요? 십자군들은 온갖 약탈을 자행했고 아랍인은 물론 유대인까지 닥치는 대로 학살했습니다. 4차 원정 때는 원정대를 실어 나르던 베네치아인들이 농간을 부려 비잔틴의 수도 콘스탄티노플을 점령하고 라틴 제국을 건설하기도 했습니다. 이쯤 되면 십자군전쟁을 종교전쟁이라 부르기도 민망한 수준이죠. 의롭고 신성한 명분으로 시작된 전쟁이라 할지라도 전쟁 자체는 의롭고 신성할 수가 없습니다. 1212년에는 소년 십자군이 조직되어 원정을 떠났다가 모두 선주에 의해 노예로 팔려가기도 했습니다. 물론 인권에 대한 사회의 의식이 전혀 정립되어 있지 않은 시대이긴 했지만 무엇 하나 정상적인 시각으로는 볼 수 없는 사건들 천지였습니다.

이러한 십자군전쟁의 실패는 불을 보듯 뻔했습니다. 십자군이 지나간 곳엔 사람들의 증오가 들끓어 올랐습니다. 더 이상 서로를 신뢰할 수 없었던 동로마 교회와 서로마 교회는 결별을 고한 채 각자의 길을 가기 시작했고, 나락으로 떨어진 로마 교황의 권위는 되돌릴 수 없었습니다. 이는 서유럽 사회가 교회 대신 국왕을 중심으로 발전을 꾀하는 원인이 되었습니다. 게다가 유럽의 왕국들과 이슬람 왕국들은 오랜 기간의 전쟁으로 엄청난 피해를 입었습니다. 이슬람 세계와 크리스트교 세계의 분열은 말할 것도 없었죠. 그 이전까지는 그래도 서로에 대해 심각할 정도로 적대적이지는 않았던 두 종교 사이의 관계는 십자군 원정으로 인해 돌이킬 수 없게 되었습니다.

그럼에도 모든 것이 부정적이지만은 않았습니다. 십자군전쟁은 깜깜한 어둠만이 존재했던 중세시대의 종말을 고하는 전환점이 되었으니까요. 전쟁 동안 상업에 종사했던 시민들이 많은 부를 축적하며 새롭게 유럽을 이끌어갈 주자로서의 역량을 갖추었는데, 동방무역을 통해 번영을 누리고 있던 베네치아나 제노바, 피사와 같은 도시들이 그 중심에 있었습니다. 베네치아가 한때 콘스탄티노플을 취할 수 있었던 것도 그들의 부와 상술에 있었습니다. 이슬람 국가들을 피해 육로 대신 해로를 원정길로 선택한 여러 크리스트교 왕국들은 배로 십자군을 날라주었던 도시의 상인들에게 빚을 졌고 그 댓가로 군사를 제공해 주었기 때문입니다.

오늘날 자본가를 가리키는 '부르주아'라는 명칭은 이러한 중세 도시에서 파생되었습니다. 중세 도시는 대체로 성벽으로 둘러싸여 있었는데, 이처럼 '성벽(Burg) 안에 사는 사람(Burger)'들을 부르주아(bourgeois)라 불렀습니다. 이들 도시들은 부의 상징이 되었고 도시의 상인들은 부러움의 대상이 되었죠. 그리고 이 말은 오늘날 자본가를 가리키는 용어가 되었습니다. 반면, 노동자를 가리키는 개념인 '프롤레타리아'는 고대 로마의 프롤레타리우스(proletarius)로부터 비롯되었죠. '권리나 병역의 의무가 없는 무산자(無産者)'라는 뜻에서 파생된 말입니다. 흔한 말로 별 볼 일 없는 가난한 사람들이라는 의미로 이해해 볼 수 있습니다.

"도시의 공기는 자유를 만든다"라는 말이 생겨날 정도로 중세의 도시들은 자유로운 곳이었습니다. 협동조합과 비슷했던 길드를 바탕으로 경제력이 커진 시민들은 도시를 지배하는 봉건영주로부터 자치권을 얻어냈습니다. 부를 축적한 도시에는 상인들과 장인들이 넘쳐났고, 학자와 예술가들도 모여들어 활기를 불어넣었죠. 함부르크나 뤼베크와 같은 도시들을 중심으로 한 한자동맹은 북유럽 무역을 독점하며 대단한 맹위를 떨치기도 했습니다. 이렇게 생겨난 자치 도시들은 상업과 무역활동을 위해 도시 간 동맹을 체결하고 자체적으로 군사력까지 갖추면서 중세 유럽을 선도하는 새로운 세력으로 떠올랐죠. 누군가 자각을 했든 그렇지 않든 유럽은 서서히 새로운 시대를 맞이할 준비를 하나 둘씩 갖추어 가고 있었던 것입니다.

중국,

문명에
다양성을 더하다

중국은 한족(漢族)의 나라입니다. 로마가 유럽 역사를 관통하는 가장 뛰어났던 제국으로 기억되듯 한족은 중국의 정통성을 잇는 민족으로 자신들이 세계의 중심임을 자부했습니다. 하지만 실제로 한족 왕조가 중국의 본토를 다스렸던 기간은 그들의 자부심만큼 길지 않았습니다. 당 왕조 이후 한족이 다시 중원을 차지하게 된 것은 그로부터 400년이 지난 명 왕조 이후의 일이었고, 그 기간도 200년 정도로 짧았죠. 물론 200년이란 기간 자체를 짧다고는 할 수 없지만 9세기부터 19세기에 이르는 천 년의 기간을 놓고 본다면 이민족이 지배했던 기간이 훨씬 더 길었다는 이야기입니다.

한족과 이민족의 대결 구도는 오래 전부터 있었던 일입니다. 한족은 자신들을 제외한 주변의 모든 민족들을 오랑캐로 취급했으니 한편으로는 당연한 결과였는지도 모릅니다. 넓디넓은 중원의 풍요로운 땅을 차지하기 위해 일어난 치열한 전쟁은 단지 영토 확장의 의미가 아니라 생존의 문제이기에 더욱 중요했습니다. 그렇게 때론 영광을 누리기도 하고 때론 굴욕을 겪기도 하면서 오랜 역사가 전개된 것이죠. 부정할 수 없는 점은 여러 이민족들의 다양한 문화가 함께 어울리면서 중국이라는 거대한 문명의 형성과 발전에 한몫을 차지했다는 사실입니다.

송 왕조
문화의 힘과 군대의 힘의 균형은 왜 중요할까?

|

당 왕조 멸망과 함께 중국 본토는 잠시 5대 10국(다섯 왕조와 열 개의 나라)이라는 혼란기에 접어들었습니다. 그 혼란기를 틈 타 세력을 키워온 거란족은 916년 야율아보기에 이르러 거란국을 세웠고, 그의 아들인 야율덕광에 의해 947년 요 왕조가 시작되었습니다. 노략질만 하던 그들이 거창한 왕조의 시대로 진입한 역사적 사건이었죠.

한편, 960년에는 조광윤에 의해 송 왕조가 그 문을 열었습니다. 조광윤이 가장 먼저 한 일은 자신을 도운 장수들로부터 병권(兵權, 사병을 거느릴 권리)을 빼앗은 것이었습니다. 지방 세력들의 반란으로 숱한 왕조가 사라져 갔던 중국이었기에 황제의 병권이 약하면 왕조가 쉽게 무너져버린다는 사실을 누구보다도 잘 알고 있었기 때문이죠.

이 사건이 바로 유명한 '배주석병권(杯酒釋兵權)'이라는 일화입니다. 조광윤이 어느 날 개국에 지대한 공을 세웠던 장수들을 불러 연회를 열고는 그 자리에서 장수들에게 술을 권하며 병권을 내놓으라고 은근한 협박을 가했죠. 벼슬을 줄 테니 지방에 내려가 여생을 편하게 살라는 말에 위협을 느낀 장수들은 하나둘씩 병권을 포기했습니다. 정치라는 것이 얼마나 무서운지를 느낄 수 있는 사건이죠.

병권을 빼앗아 신하들의 사병을 없애고 중앙집권화를 이룩하며 왕조의 기틀을 조금씩 다져나가던 송 왕조는 두 차례에 걸쳐 요를 정벌하려 했지만 실패했고, 1004년에는 오히려 요 성종의 공격을 받자 이에 놀라 평화협정을 맺는 일도 발생했습니다. 한족의 왕조로서는 상당히 굴욕적인 일이었겠죠. 이는 송의 군사력이 다른 한족의 왕조들에 비해 약했기 때문입니다.

송 왕조 중기에는 변법개혁(變法改革, 모든 법을 다 바꾸는 것이 아니라 이전의 법을 개혁하자는 의미)을 단행했습니다. 여기에는 범중엄(范仲淹)과 왕안석(王安石)의 변법이 유명한데, 문제의 소지가 있는 제도나 법률을 개정하고 개혁해 부국강병을 이루자는 내용이었습니다. 이러한 움직임에도 송 왕조의 문신들 위주 관료제는 부패해 갔고, 이민족들의 침입에 대응키 위한 군사력 확장 등에 대해서는 인색했습니다.

결국 송 왕조는 요 왕조를 정벌한(1125년) 완안아골타에 의해 세워진 여진족의 금 왕조(1115년)에 의해 멸망에 이르고(1127년) 말았죠. 이렇게 북방 이민족에 밀려 남쪽으로 내려간 송 왕조는 남쪽에서 다시 왕조를 개창했는데, 북쪽의 개봉에서 남쪽의 임안으로 수도를 옮긴 것을 기준으로 북송과 남송이 구분됩니다.

　송 왕조의 군사력은 비록 역대 왕조에 비해 허약하기 짝이 없었지만 예술과 사상 및 각종 실용기술의 발달이 두드러지면서 문명적으로는 매우 풍요로운 시기를 맞이했습니다.

　그중 북송시대의 도자기 예술은 중국 역사상 가장 뛰어났으며 오늘날에도 세계적으로 사랑받고 있습니다. 특히 '오대명요(五大名窯)'라는 다섯 가지의 명품 도자기가 있는데 가요(哥窯), 정요(定窯), 균요(鈞窯), 여요(汝窯), 관요(官窯)가 그것입니다. 고려의 위대한 문화유산 중 하나인 청자의 등장도 이 시기였던 것을 보면 서로 경쟁하면서 더 좋은 도자기가 탄생하지 않았을까 짐작해 볼 수 있습니다.

　한편, 학문적으로는 전통적으로 내려오던 유학을 집대성했던 남송시대의 사상가 주희(朱熹)가 있었습니다. 그리고 주희와 숱한 논쟁을 벌였던 육구연(陸九淵)이라는 사상가가 있을 정도로 중국의 철학은 부흥기를 맞이했습니다. 또한 전통적으로 내려오던 제지술이 한층 발달하고 여기에 인쇄기술의 향상 또한 문화적 성숙에 기여했습니다. 특히 중국의 4대 발명품인 나침반과 화약은 유럽으로 전해져 유럽 사회가 근대로 나아가는 데 중요한 역할을 했던 도구였습니다. 나침반은 대항해 시대를 여는 길잡이가 되었고 화약은 군대의 전투력을 상승시키는 디딤돌이 되었죠.

농업기술의 향상과 상업의 발달에 따른 경제적 부흥도 송 왕조의 문명 발달을 주도했습니다. 등 따시고 배부른 사람들이 교육으로 관심을 돌렸고, 그렇게 교육을 받은 사람들이 많아지면서 사회 전체의 발전으로 이어졌던 것이죠. 관료와 귀족들이 독점하고 있던 문학과 사상이 백성들 사이로 활발하게 전파되어 나갔던 것도 송 왕조의 주요 특징이었습니다.

몽고 제국
어떻게 유목민들이 세계를 지배할 수 있었을까?

|

말을 타고 널따란 초원 위를 달리는 사람들이 있습니다. 13세기 역사상 유래가 없는 대제국을 건설했던 기마민족이자 짧은 기간 내에 아시아로부터 유럽에 이르는 어마어마한 영토를 차지한 몽고족입니다. 몽고족은 큰 규모의 조직적인 사회를 갖추기 어려운 유목민족이었는데, 이러한 몽고족을 하나로 합친 사람이 그 유명한 칭기즈칸입니다. 본명이 테무친인 그는 1206년 몽고 전체의 왕으로 선출되면서 '칭기즈칸(온 세상의 왕이라는 뜻)'이라는 칭호를 부여받았죠. 칭기즈

칸이 이끌었던 몽고는 반세기 만에 동아시아와 서아시아를 거쳐 오리엔트 지방에 이르는 대제국을 건설했습니다. 1226년, 쉼 없이 달려온 칭기즈칸이 서하(西夏)에서 죽음을 맞이하자 오고타이가 그 뒤를 이어 멈추지 않는 질주를 이어갔습니다.

몽고인들의 무기는 바로 뛰어난 기마술을 바탕으로 한 마상무예였습니다. 뛰는 말 위에서 활을 쏘고 칼을 휘둘렀던 그들의 말을 다루는 기술은 세계 어느 민족보다 훌륭했죠. 몽고인들은 말의 빠르기만큼이나 엄청난 속도로 전쟁을 치르고 남의 땅을 정복하면서 영토를 확장시켜 나갔습니다. 또한 시야가 탁 트인 평원에서 자란 그들의 시력은 1킬로미터 밖의 작은 물건도 볼 수 있다고 하니 전쟁에서도 탁월한 무기가 되었겠죠.

하지만 그런 몽고인들에게도 치명적인 단점이 있었습니다. 성을 공략하는 전술인 공성법에 대해 알지 못했던 것입니다. 평원에서 유목생활을 해온 그들에게는 당연한 일이었는지도 모릅니다. 그럼에도 결국에는 다른 여러 국가들을 병합하는 과정에서 공성법을 비롯한 여러 병법들을 터득하면서 그들은 천하무적이 될 수 있었습니다.

이 몽고 제국에서 주목할 부분은 역참제입니다. 로마가 매우 튼튼하고 정교한 도로를 건설하여 대제국을 관리한 것처럼 몽고 제국은 역참제를 이용함으로써 넓은 영토를 효율적으로 지배했습니다. 역참제는 육로와 해로 등에 중간 기착지를 설치하여 사신의 왕래를 편리하게 만들거나 수집된 정보를 신속하게 황제에게로 전달하는 제도였죠. 몽고 제국 내에는 이러한 역참이 수백 곳이나 있었습니다. 말의 최대 속력이 시속 60~70킬로미터라고 했을 때 하루에 200~300킬로미터는 너끈히 이동할 수 있었으니, 이런 식으로 제국 내에서 일어나는 모든 일들이 한 달 안에 황제에게 보고되었던 것입니다. 시대를 감안했을 때 정보의 이동을 놓고 본다면 현대의 정보통신망에도 비견될 만한 일이죠.

동쪽으로는 한반도, 서쪽으로는 로마에 이르는 광대한 제국은 칭기즈칸 사후 그의 후손들에 의해 킵차크한국, 차가타이한국, 오고타이한국, 그리고 일한국으로 나누어 다스려졌습니다. 광대한 영토를 효율적으로 다스리기 위해서도 필요한 일이었죠. 한국(汗國)은 한국(韓國)을 의미하는 것이 아니라 '칸(khan, 汗, 왕)'의 중국식 음역입니다. 즉, '칸의 나라'라는 뜻이죠. 칭기즈칸의 손자이자 칸이었던 쿠빌라이는 1271년 중국의 황제에 즉위하면서 국호를 원으로 고칩니다. 그리고 오랜 숙원이었던 남송을 공략해 1276년에 한족을 제압하고 명실상부한 중국 황제로 군림하였습니다.

이러한 거대 제국에 맞선 고려의 40년에 걸친 항쟁은 정말 놀라운 일이 아닐 수 없습니다. 고려는 배를 잘 다루지 못하는 유목민족인 몽고를 피해 강화도로까지 피신하면서 오랜 세월을 버텨냈죠. 왕족을 비롯한 귀족들이 모두 피신했기 때문에 백성들이 겪었을 고초를 생각한다면 잘한 일이라고는 보기 어렵지만, 그렇게 해서라도 몽고에게 굴복하지 않겠다는 정신마저 깎아내릴 필요는 없을 것입니다. 그 기간 동안 고려는 매우 중요한 불교 유산이자 세계문화유산으로 등재된 팔만대장경을 제작하는 등 종교의 힘에 기대어 고난의 시간을 버텨내기도 했습니다. 그럼에도 끝내 몽고에게 무릎을 꿇을 수밖에 없었죠.

이후 고려에는 '몽고풍'이라 부르는 몽고의 문화가 스며들었습니다. 갓 태어난 아이의 꼬리뼈 부분에 멍이 든 것처럼 푸릇하게 비치는 걸 '몽고반점'이라 부르는 것은 몽고인들과의 유전적 공통점에서 비롯된 것이고, 전통 결혼식에서 족두리를 두르고 신부의 얼굴에 연지곤지를 바르는 것도 몽고의 풍습이었습니다. 가임기의 여성을 어린 꼬마 신랑과 혼인시키는 조혼의 풍습도 궁녀를 조공으로 바치라는 그들의 압력 때문에 공녀로 끌려가는 것을 피하기 위해 시작되었습니다. 소주를 만드는 양조법 역시 몽고 제국에서 전해졌는데, 이 양조법은 저 멀리 아랍에서 시작된 것이라고 합니다.

한편, 쿠빌라이칸의 치세 때에는 베네치아의 상인 마르코 폴로가 원나라를 방문하였습니다. 서방 세계에 호기심을 갖고 있던 쿠빌라이칸이 직접 교황에게 예루살렘의 예수 성묘에서 타고 있는 성유와 함께 다방면의 지식인들을 보내달라고 요청했기 때문이죠. 마르코 폴로와 아버지는 교황의 사절단이 되어 성유와 여러 선물을 가지고 중국에 도착했습니다. 워낙 먼 거리의 여행이라 동행했던 수도사들은 긴 여정에 대한 두려움으로 중도에 다시 유럽으로 돌아가기도 했지만, 원에 도착해 황제의 신임을 얻은 마르코 폴로는 17년 동안 머물면서 몽고와 베트남 등 주변의 여러 나라를 여행했습니다.

그 후 다시 유럽으로 돌아온 마르코 폴로는 베네치아와 제노바 사이에 일어난 전쟁에 참가했다가 제네바의 포로가 되었는데, 이때 감옥에서 피사 출신의 루스티첼로라는 작가를 만나 그의 이야기가 《동방견문록》으로 탄생하게 된 것입니다. 《동방견문록》은 자신이 직접 보고 들은 정보를 제공했다는 점에서 높은 평가를 받지만, 일부 내용의 허구성과 과장성으로 인해 많은 논란을 불러일으키기도 했습니다. 그럼에도 유럽인들에게 새로운 지리적 정보와 탐험에 대한 의욕을 일으키는 계기가 된 것도 사실입니다.

대제국을 건설하고 동서 문명의 교류를 촉진시켰던 몽고 제국은 긴 생명력을 유지하지는 못했습니다. 정착민족과는 다른 사고방식과 생활방식으로 살아온 유목민이었던 몽고족에게는 대제국을 다스릴 수 있는 경험이 부족했기 때문입니다. 각 나라의 민족들이 가진 풍습과 문화 등을 잘 조화시켜 하나의 제국으로 묶기에는 역부족이었죠. 하루아침에 이루어지지 않은 로마와 달리 강력한 힘을 바탕으로 단시간에 제국을 이룬 몽고는 순식간에 무너지기 시작했습니다. 그들이 세운 원 왕조는 1351년 백련교도에 의한 홍건적의 난이 일어나자 전국 곳곳에서 농민봉기와 반란이 발생하면서 결국 파국으로 치닫고 말았습니다.

명 왕조

동아시아에서 갖는 외교적 위치는 어떠했을까?

홍건적 출신이자 한족인 주원장이 시조로 1368년 세워진 명 왕조는 1402년 영락제(永樂帝)가 즉위하면서 점차 영토를 넓혀가기 시작했습니다. 이 시기 정화(鄭和)의 원정은 세계 항해사에 있어 매우 놀라운 사건이었습니다. 함대의 규모와 항해 거리로만 따진다면 당시 그 어떤 나라도 흉내 낼 수 없는 일이었죠. 100미터가 넘는 함선들을 포함한 선박의 수가 무려 70여 척에 이르렀고 선원들 수만 해도 2만 명이 넘었다고 합니다. 게다가 동남아시아를 거쳐 인도와 아라비아 반도를 지나 아프리카까지 도달했다고 하니 원정대의 위용이 얼마나 대단했을지 상상해 볼 수 있습니다. 또한 유럽의 대항해 시대보다도 70년이나 앞선 원거리 항해였다는 기록도 있습니다. 아쉽다면 세계사를 뒤흔들 만큼의 의의는 갖지 못했다는 점입니다.

명 왕조가 남긴 유산 중 손에 꼽을 수 있는 것은 서민문학의 발전이었습니다. 《삼국지연의》와 더불어 4대기서(四大奇書)로 꼽히는 《수호전(水滸傳)》, 《서유기(西遊記)》, 《금병매(金瓶梅)》가 그것이죠. 《수호전》은 농민반란을 시대적 배경으로 한 임충, 노지심, 무송 등의 영웅담입니다. 《서유기》는 인도에 경전을 구하러 간 삼장법사와 그의 세 제자인 손오공, 저오능, 사오정의 모험담으로, 당 왕조의 거승(巨僧)인 현장의 이야기를 바탕으로 했죠. 그리고 약방 주인 서문경과 그의 첩인 금련을 중심으로 이야기가 펼쳐지면서 인간의 욕망을 적나라하게 보여주는 작품이 《금병매》입니다. 이 네 작품 모두 문학적으로 높은 평가를 받으며 오늘날까지 전해지는 훌륭한 고전이죠.

의학에서도 이에 못지않은 훌륭한 업적이 있었습니다. 1,800여 종의 약재와 1만 가지가 넘는 처방을 기록한 《본초강목》이란 의서의 집필이었습니다. 대대로 의술을 업으로 삼은 집안에서 태어난 이시진(1518~1593)은 의술로 명성이나 관직을 얻기보다는 의술 자체에 관심이 많은 사람이었습니다. 그는 각종 의학서를 읽고 약초를 캐러 다니며 환자를 돌보면서 얻은 지식들을 정리, 30여 년에 걸친 집필 기간 끝에 《본초강목》을 완성했습니다. 이 책은 약재는 어디서 구할 수 있고 그 특성은 어떠하며 어떻게 다려야 하는지 그 방법과 효능에 대해서도 상세히 서술되어 있는 것이 장점으로, 조선의 허준(1539~1615)이 집필한 《동의보감》을 떠올리게 합니다. 비슷한 시대의 두 인물이라 더욱 신기할 수밖에 없죠.

영락제부터 시작된 명 왕조의 전성기는 홍희제, 선덕제의 2대에 걸쳐 최고조에 다다랐지만 16세기 중엽에 이르러 쇠퇴의 길로 접어들었습니다. 육지에서는 재통일을 이룩한 몽고족 및 이민족의 잦은 침입이 있었고, 바다에서는 왜구의 약탈과 위협이 빈번했습니다. 더구나 대항해 시대에 접어든 16세기에는 식민지 개척에 열을 올리던 유럽 왕국들의 침략이 본격화되면서 더 큰 어려움에 처했죠. 포르투갈의 마카오 점령에 이어 스페인, 네덜란드까지 가세하며 명 왕조뿐만 아니라 아시아 전체가 들썩이게 되었습니다. 그리고 정화의 원정으로 자신들을 과시했던 명 왕조는 1644년 이자성(李自成)의 난을 끝으로 쓸쓸히 역사 속으로 퇴장하고 말았습니다.

조선은 명 왕조가 서서히 정치적으로 안정될 무렵인 1392년에 건국되었습니다. 원나라에서 명나라로 교체되는 시기의 혼란은 조선 건국 이전인 고려의 정세에도 부담이었죠. 새롭게 중원의 지배자로 등극한 명나라는 철령 이북의 땅을 요구하면서 고려를 압박했는데, 이를 두고 조정에서는 의견이 분분했습니다. 막강한 실권자였던 최영 장군은 이를 거부했을 뿐만 아니라 오히려 명 왕조에 맞설 것을 주장하며 원래 고구려의 땅인 요동 지방을 탈환해야 한다는 주장을 펼쳤습니다.

이성계는 4불가론(작은 나라가 큰 나라를 거역해서는 안 된다. 농사철인 여름에 출병해서는 안 된다. 출병하면 왜구가 그 허점을 노릴 가능성이 있다. 장마철에는 활을 붙인 아교가 풀어질 수 있고 전염병이 돌 우려가 있다)을 내세우며 요동 정벌을 반대했지만 결국 최영의 주장대로 고려 우왕의 명에 따라 출병할 수밖에 없었고, 그렇게 압록강 가운데인 위화도까지 갔다가 회군해 반란을 일으키고 조선을 건국한 것입니다.

이를 두고 명 왕조에 대한 사대라는 등 명나라를 안심시키기 위한 고도의 전략이었다는 등 여러 가지 의견이 있습니다. 이를 어떻게 봐야 할까요? 중국을 떠받들고 살아온 부끄러운 역사라는 평가를 듣기도 하지만, 조선보다 규모가 수십 배나 큰 중국을 상대한다는 게 얼마나 껄끄러운 일이었는지에 대해서도 생각해 보아야 합니다. 한(韓)민족은 한때 중국의 왕조들을 위협할 정도로 강성하기도 했으나 고려 때부터는 대체로 그들에게 조공을 바치면서 평화를 유지해야만 하는 비참한 지경이 되고 말았으니까요.

역시 서커스는
외줄타기가 볼 만해!!!

가까이는 한국전쟁만 하더라도 중국의 인해전술로 인해 눈물을 머금고 1.4 후퇴를 해야 했습니다. 개미떼처럼 새까맣게 내려오는 중국의 군인들을 향해 아무리 총을 쏘아대도 그 기세가 줄어들지 않았고, 중국의 가세로 3차 대전으로 번질 우려가 제기되면서 한국전쟁은 장기전의 양상으로 펼쳐지고 말았습니다. 물론 이는 단적인 예에 불과하지만 오늘날 미국에 버금가는 대국으로 성장하고 있는 중국의 기세는 여전히 한반도에 부담으로 작용하고 있습니다. 정치뿐만 아니라 경제나 국제관계에서도 중국의 영향력은 막강합니다. 지정학적으로 민감한 곳에 위치해 있는 대한민국으로서는 중국과의 긴밀한 협조뿐만 아니라 적당한 견제를 통해 국가의 평안과 발전을 도모하는 일이 항상 중요한 과제일 수밖에 없는 것이죠.

한편, 조선의 건국에서 특이할 만한 점은 고려를 지탱해 왔던 정신적 지주였던 불교를 과감히 버린 것입니다. 중세 유럽에서 크리스트교가 타락했던 것처럼 고려의 국교였던 불교도 매우 타락해 있었습니다. 동네 곳곳에 교회가 서 있는 현재의 대한민국처럼 고려시대에는 수많은 사찰들이 난립해 있었죠. 사찰은 땅을 소유하고 거기에 소작을 붙여 폭리를 취하면서도 세금은 한 푼도 내지 않았을 뿐만 아니라 군역의 의무도 지지 않았기 때문에 국가 전체에 매우 큰 피해를 끼치고 있었습니다. 이에 건국 당시 조선의 기틀을 다졌던 정도전은 불교를 버리고 유교를 근간으로 정치체제를 세웠습니다. 정도전이

《불씨잡변》과 같은 책을 출간하며 강력하게 불교를 비판했던 이유는 당대의 지식인이었던 그가 불교에 대해 잘 몰라서가 아니라 그만큼 그 폐단이 심각했기 때문이었죠.

조선 건국 후 200년이 지났을 때 임진왜란이 발발했습니다. 조선이 명을 치겠다는 명분을 내세워 길을 내달라는 일본의 요청을 거절하자 도요토미 히데요시는 본색을 드러내고 조선을 침공했습니다. 아무런 방비도 없던 조선 군대가 일본에 연패를 당하자 선조 임금은 도읍인 한양을 버린 채 의주까지 도망을 갔고, 궁궐은 불에 타 버리는 등 국가의 운명이 바람 앞에 등불이었습니다. 이러한 지배층의 무능함을 보면 조선 왕조가 5백 년을 이어온 것이 신기할 따름입니다.

조선을 구한 것은 결국 백성들이었습니다. 자식 같은 백성을 버리고 도망을 가버린 왕과 달리 백성들은 갖은 고초를 당하면서도 끝까지 싸웠습니다. 다행히 권율 및 이순신 등의 명장들이 이끌었던 군대와 곽재우와 사명대사 등이 지휘한 의병들의 승리가 이어지고 명의 참전이 이루어지면서 전세가 뒤집힐 수 있었습니다. 임진왜란과 정유재란에 걸친 7년간의 왜란은 조선 사회를 피폐하게 만들었으며, 많은 유물들이 파괴되고 약탈당했습니다. 수많은 기술자들과 애꿎은 백성들이 일본으로 끌려가기도 했습니다. 또한 이후의 조선은 사회적으로나 경제적으로 큰 변화를 겪어야 했습니다.

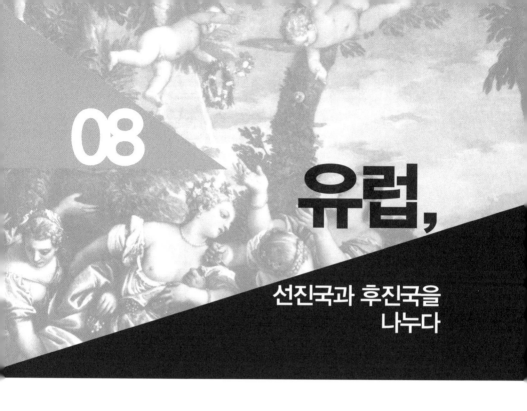

08
유럽,
선진국과 후진국을
나누다

　흔히 현대를 '세계화 시대' 혹은 '지구촌 시대'라고 부릅니다. 국가 간의 이동과 교류가 매우 빈번해지고 자유로워지면서 점차 세계가 하나의 단일한 생활권으로 좁혀지고 있기 때문입니다. 그렇지만 세계화의 문제는 단일한 생활권에 있는 것이 아니라 단일한 문명권에 있습니다. 세계 어딜 가나 도시의 생김새가 비슷해지고, 사람의 일상도 비슷해지고, 심지어는 공유하는 문화 역시 비슷해지고 있습니다. 세계를 움직이는 주도권을 쥐고 있는 선진국들에 의해 여타 국가들이 자신만의 특색을 잃어버리고 그들의 문명에 동화되어 가고 있는 것이죠. 이렇게 세계가 오늘날과 같은 선진국 대 후진국으로 재편된 역사적 시점은 언제부터일까요?

르네상스를 거쳐 대항해 시대로 접어든 유럽은 이제 유럽이라는 좁은 지역을 탈피해 전 세계로 자신의 영역을 확장해 나갔습니다. 그들은 가는 곳마다 식민지를 개척했고, 그곳에서 착취하고 탈취한 수많은 재화들로 본국을 발전시켰습니다. 그 과정에서 원주민을 학살하고 문명을 파괴한 뒤 그들을 노예로 삼아 자신들의 욕망을 채워나가는 등의 추악한 짓도 서슴지 않았습니다. 대항해 시대 이후 세계는 그렇게 유럽 열강들의 손에 의해 분할되고 재편되기 시작해 '유럽'과 '나머지 국가'의 구도로 정착되어 왔습니다. 이처럼 씁쓸하지만 매우 중요한 역사의 현장으로 닻을 올려보겠습니다.

르네상스

유럽은 어떻게
종교적 세계관으로부터 벗어났을까?

|

십자군 원정은 전쟁의 참혹함을 넘어 종교적 광기에 빠진 인간의 슬픈 측면을 보여준 안타까운 역사였지만, 불행 중 다행인 점은 중세 유럽사회를 긍정적으로 변화시키는 계기가 되었다는 것입니다. 바로 중세 사회를 지탱하고 있던 교회와 봉건제도라는 두 기둥이 뿌리째 흔들리기 시작했던 것이죠. 십자군전쟁 이후 국제무역의 번성으

로 전에 없이 상업이 발달하기 시작했고, 상업의 발달은 봉건제도를 붕괴시키는 원인으로 작용했으며, 나아가 도시의 형성을 촉진시키는 결과를 가져왔습니다. 게다가 이슬람의 세련되고 매혹적인 문명의 모습은 그 무엇보다도 유럽인에게 큰 자극이 되었습니다.

이러한 분위기 속에서 유럽은 르네상스 시기로 접어들었습니다. 르네상스란 '재생' 혹은 '재탄생'이라는 의미로 14세기부터 16세기에 이탈리아를 중심으로 일어난 문예부흥운동 시기를 일컫는 말입니다. 어두웠던 중세시대를 지나면서 사라진 것만 같던 그리스와 로마의 유산들을 하나둘씩 살려낼 수 있었던 중심에는 피렌체, 밀라노, 로마, 베네치아 등의 도시들과 메디치, 스포르차 등의 가문이 있었습니다. 예술가들에 대한 이들의 후원이 인류 역사에 길이 남을 수많은 건축물들과 예술작품들을 탄생시킨 것이죠.

르네상스의 선두주자들 역시 이탈리아의 지식인들로 단테와 페트라르카 그리고 보카치오가 대표 주자들이었습니다. 단테의 《신곡》과 보카치오의 《데카메론》 같은 작품들은 당시 서유럽 사회를 지배했던 교회의 탐욕과 부패를 재치 있는 입담과 날카로운 시선으로 그려냈습니다. 그리고 페트라르카는 수많은 고전들을 발굴해냈으며 서정시의 발전에도 중요한 업적을 남겼습니다. 자유분방한 이탈리아의 분위기도 이러한 비판적 문학의 발전에 한몫을 했죠.

16세기에 접어들어 절정을 이룬 르네상스는 특히 예술분야의 발전이 두드러졌습니다. 당시는 여러분도 잘 아는 '르네상스의 3대 거장으로 꼽히는 레오나르도 다빈치, 미켈란젤로 그리고 라파엘로 등의 화가들이 활동하던 시기로, 그들의 예술적 업적은 두말할 필요가 없죠. 르네상스 시대가 없었다면 오늘날 유럽이 가지는 고전의 향기와 문화적 세련미는 찾아볼 수 없었을 테고, 유럽으로의 여행 역시 낭만적일 수 없었을 것입니다.

반면, 15세기 북유럽으로 확산된 르네상스는 이탈리아의 르네상스와 큰 차이점을 보였습니다. 알프스를 넘은 르네상스에서는 좀 더 학구적인 냄새를 맡을 수 있습니다. 에라스무스의 《우신예찬》은 사회의 악습과 폐단을 풍자적으로 지적했고, 토마스 모어의 《유토피아》는 현실의 모순과 부조리를 파헤쳐 새로운 사회에 대한 이상향을 제시했습니다. 그리고 《햄릿》, 《맥베스》, 《리어왕》, 《오셀로》의 4대 비극으로 유명한 셰익스피어도 있었죠.

그밖에도 《군주론》을 쓴 마키아벨리, 《돈키호테》를 저술한 세르반테스 등 수많은 지식인들이 사회에 대한 저마다의 사상을 쏟아내며 왕성한 활동을 했습니다.

과학분야에서는 코페르니쿠스나 갈릴레이와 같은 과학자들에 의해 교회의 권위에 도전할 만한 연구 발표가 이어졌습니다. 바로 지동설이었죠. 그때까지 유럽 사회에서는 지구가 우주의 중심이고 수많은 천체들이 지구를 중심으로 공전한다는, 고대 그리스 학자 프톨레마이오스가 주창한 천동설이 지배적이었습니다. 천동설을 부정하는 일은 교회가 그토록 부르짖던 하나님의 자리가 은하의 저 변두리로 물러나게 될 수도 있는 끔찍한 일이었습니다. 따라서 천동설이 믿기지 않더라도 그렇게 믿어야만 했던 시절이었죠. 그렇지 않으면 종교 재판에 넘겨져 당장 사형에 처해질 수도 있었기 때문입니다.

그런데 천체를 관찰할 수 있는 망원경의 발명과 천체 궤도를 설명할 수 있는 수학의 발전으로 천동설에 오류가 있다는 사실이 증명될 수 있었습니다. 지구를 우주의 중심에 놓고 계산한 천체의 움직임은 설명할 수 없는 것투성이였습니다. 이에 코페르니쿠스는 태양을 중심으로 지구가 공전한다는 가정을 세운 뒤 천체의 움직임을 계산해 정확한 값을 얻어낼 수 있었고, 갈릴레이는 자신이 만든 망원경으로 천체의 움직임을 관찰하여 코페르니쿠스가 옳았음을 증명했습니다.

이 거부할 수 없는 사실 앞에 당혹스러울 수밖에 없던 교회는 종교 재판을 열어 갈릴레이가 주장해 온 지동설이 틀렸고 천동설이 옳다는 증언을 갈릴레이에게 직접 듣고 나서야 그를 풀어주었습니다. 하지만 종교재판으로 진실을 가릴 수도, 세상의 변화를 거꾸로 돌릴 수도 없었습니다. 재판을 받고 나오며 갈릴레이가 던진 한마디 "그래도 지구는 돈다."라는 말은 당시의 세계관을 뒤엎는 상징으로 기억되고 있습니다. 물론 이 말을 옆에서 들었다는 사람은 없습니다.

문예부흥 속에 유럽 사회는 교회와 신으로부터 사회와 인간으로 서서히 사고의 축이 이동하기 시작했습니다. 당시의 지식인과 예술인들을 '인문주의자'라 부르는 이유도 그들이 교회의 속박에서 벗어나 인간 중심의 새로운 세계를 제시하고 보여주었기 때문입니다. 특히 고대 그리스와 로마의 고전들 그리고 예술작품들에 대한 연구가 활발했는데, 그로 인한 결과들은 새로운 시대를 뒷받침해 주는 배경과 근거가 되었습니다.

중세가 신의 권능을 내세우는 교황을 위시한 교회 중심의 사회였다면, 르네상스 시대는 인간의 이성에 따르는 인간에 의한 사회로 진일보하는 혁명적인 시기라는 점에서 문명사에 있어 매우 중요한 순간이었습니다. 정확히 말하자면 '인간을 위해서'가 아니라 '인간에 의해서' 세계를 이해하고 질서를 구축하는 일이 가능하다는 믿음에 더욱 확신을 갖기 시작한 시대였던 것이죠.

시계의 발명
시간에 종속된 인간의 삶은 어떻게 변했을까?

|

르네상스 시대에 접어들면서 '시간'은 매우 중요한 삶의 한 부분으로 자리 잡았습니다. 14세기경 만들어진 기계식 시계가 유럽 전역의 시청 앞 광장이나 교회의 종탑에 걸리면서 도시의 사람들에게 시각을 알리기 시작했습니다. 무엇보다 정확한 시각을 알게 되면서 사람들이 동일한 시간을 공유하게 되었다는 점이 새로웠습니다. 개인의 약속, 공적인 업무, 종교적 회합과 같은 사회의 조직과 구성에도 시

간은 중요한 요소가 되었습니다. 오늘날 가정, 학교, 기업 등 모든 사회 조직에서 '시간' 없이는 그 어떤 기능도 원활히 돌아가지 않는 것을 떠올리면 이해가 쉬울 것입니다.

대항해 시대를 살펴보면 상업이 발달하고 해외와의 무역이 번성하면서 신용이 생명인 상인들에게 기일에 맞추어 물건을 대는 일이 과거보다 몇 배나 더 엄격해졌습니다. 물론 현대와 같이 '분'과 '초' 단위가 아니라 '며칠', '몇 달'이 기준이었겠지만 그만큼 시간관념이 더욱 확실해졌다는 의미입니다. 상품의 질과 양만큼이나 얼마나 빠른 시간 내에 구매자의 손에 물건을 쥐어줄 수 있는가도 무척 중요한 요인이 되었죠. 긴 항해에 물품이 손상되거나 해적의 손에 물건을 빼앗기는 일도 있었을 테니 '기일에 맞춘다.'는 것은 상인의 능력을 대변하는 말이기도 했습니다.

자연현상을 관찰하며 시간을 인지하던 인간에게 시계의 시간은 무척 큰 변화였습니다. '해가 뜰 때쯤', '그림자가 가장 짧아질 때쯤', '보름달이 떠오를 때쯤'이라는 '느슨한 시간'은 서서히 '몇 시', '몇 분', '몇 초'라는 '촘촘한 시간'으로 바뀌어갔습니다. 사람들의 생활도 계절의 흐름이나 밤낮의 교차보다 시계가 가리키는 시간을 좇아가기 시작했습니다. 밥을 먹고, 잠을 자고, 일을 하는 시간뿐만 아니라, 교통수단을 이용하고 여행을 떠나며, 심지어는 걷는 것까지 포함해 인간의 모든 활동이 시간과 더욱 밀접한 연관을 갖게 되었죠.

어느덧 산업혁명을 거치면서 인간의 삶과 사회에 깊숙이 파고든 시간은 더욱 직접적이고 절대적인 영향을 끼치기 시작했습니다. 도시로 몰려든 노동자들에게 계약이 자유로울 수 없었고, 시간에 따른 생산량의 증대가 곧 '효율'인 상황에서 자본가가 제시하는 노동의 시간이 곧 법이었습니다. 같은 24시간이 주어지더라도 노동의 강도와 직업의 종류에 따라 사람들이 누릴 수 있는 시간이 같을 수는 없었죠. 낭만을 꿈꾸는 것도 시계를 보며 해야 하는 시대가 된 것이죠. 서양에서 여가 문화가 정착되던 시기도 노동으로부터 서서히 해방되는 시점과 맞물려 있습니다.

뿐만 아니었습니다. 커다란 벽걸이 시계가 사람들의 주머니 속으로 들어오면서 시간을 엄수하는 일은 사람의 됨됨이를 평가하는 기준으로까지 작용했죠. '프랭클린 플래너'의 주인공인 프랭클린은 시간을 잘게 쪼개 일정을 짜고 그것을 정확히 지켜 성공한 사람으로 널리 알려져 있습니다. "시간이 돈이다."라는 말까지 한 것으로 보아 프랭클린이 얼마나 시간을 소중히 여겼는지 알 수 있습니다. 그가 위인으로 평가받는 이유는 미국 대통령이자 훌륭한 과학자였다는 점도 있지만, 근대사회에서 매우 중요했던 시간이 가지는 사회적 의미를 가장 잘 구현한 근대적 인간상이었기 때문입니다. 시간을 죽이는 일이 죄악시 되고 잠시의 게으름도 용납할 수 없는 강박관념 역시 오랜 기간 형성해 온 시간에 대한 부작용이라고 볼 수 있습니다.

자본주의는 여기에 방점을 찍었습니다. 자본주의 사회에서의 시간은 누구에게나 공평한 것이 아니라 사람에 따라 달라지는 불평등한 소유물 중 하나가 되었습니다. 시간의 질적 수준 또한 차이가 날 수밖에 없습니다. 돈의 유무가 곧 삶의 수준과 직결되니까요. 짧은 순간에도 수많은 일들이 처리되고 급격한 변화가 일어나는 현대사회에 들어 이러한 시간에 대한 인간의 종속은 더욱 심화되고 있습니다. 경쟁은 더욱 격해졌고 이 전쟁터에서 살아남으려 발버둥 치는 현대인들은 긴장과 스트레스로 지쳐가고 있습니다. 이제는 남는 시간에 무언가를 하지 않으면 불안한 시대가 되었죠.

사회가 더욱 조직화되고 체계화될수록 인간은 서서히 시간을 통제하는 권한과 능력을 잃어갈 수밖에 없었습니다. 자기가 스스로 시간을 선택할 수 없고 주어진 시간마저도 어떻게 다루어야 할지 모르는 상황에서 사람들은 혼란과 좌절을 겪어야 했습니다. 삶으로부터 도피하기 위해 정신과 치료와 약물에 의존하는 것이 돌파구가 될 수 없었고, 자살로 생을 마감하는 일도 대안이 될 수는 없었죠. 이렇게 인간이 만든 시간과 질서가 오히려 인간을 옥죄어 오자 이에 대한 반성이 일었고, 삶의 여유와 의미를 찾아 동양의 오랜 사상들이 주목받기 시작했습니다. 서양인들이 인도로 여행을 떠난다든지 불교에 관심을 갖게 된 계기도 바로 이로부터 비롯되었습니다.

오늘날 한국 사회에 불어 닥친 이른바 '힐링 열풍' 역시 갑자기 발생한 현상이 아니라 이러한 역사적 맥락을 갖고 있습니다. 서양의 산업과 문화가 급격하게 몰려오면서 서양에서 겪었던 수많은 사회 문제들을 고스란히 겪을 수밖에 없었죠. 급격한 서구화가 심각한 문제를 낳았음에도 그 원인을 한국 사회 자체적으로는 찾을 수 없으니 해결책은 요원해 보이기만 합니다. 두레와 품앗이 같은 한국의 공동체 문화에서 답을 찾으려는 사람들이 생겨나고 인문학이 대두된 것도 이러한 시대상의 반영이라고 볼 수 있습니다.

어떻게 살아야 할까요? 인간답게 산다는 것은 또 무엇일까요? 이 오래된 철학적 물음에 여전히 답해야 하는 시간입니다.

종교개혁과 종교전쟁
유럽의 근대 국가는 어떻게 형성되었을까?

|

14~16세기에 걸쳐 일어난 르네상스와 함께 16세기에는 종교개혁이 유럽을 강타했습니다. 교회의 착취와 부정부패가 워낙 심했기 때문에 사람들은 더 이상 가만히 있을 수 없었습니다. 당시 교황은 자신의 본분인 종교인으로서의 역할을 망각한 채 세속의 황제들이나 할 법한 잡무에 대부분의 시간을 보냈고, 검소와 청빈의 덕은 잊은 채 엄청나게 축적한 부로 누구보다도 호화로운 생활을 영위하고 있

었습니다. 교회의 수장인 교황이 이랬으니 다른 성직자들이야 두말할 필요도 없었겠죠. 그렇지 않아도 십자군 원정기간 동안 땅에 떨어진 교회에 대한 신뢰와 존경이 회복되지 않고 있었음에도 눈과 귀를 닫아버린 교황에게는 아무것도 느껴지지 않았습니다.

사태가 불거진 것은 교황 레오 10세 때였습니다. 전투와 건축과 예술에 온갖 정력을 다 쏟아부었던 율리우스 2세가 교회의 재산을 거의 탕진한 채로 교황의 지위를 물려주자 호사스런 생활이 끝날 것을 두려워한 레오 10세는 멍하니 있을 수 없었습니다. 그는 재정 충당을 위한 고심 끝에 '면죄부'를 생각해냈습니다. 면죄부란 말 그대로 죄를 면하게 해주는 증서로, 그 액수에 따라 하나님 앞에 지은 죄를 사해 주었던 것입니다. 돈 없는 가난한 이들의 회개 기회마저 빼앗아 버리는 희대의 사기극을 벌인 셈이죠. 당연히 많은 사람들의 원성과 비난을 살 수밖에 없었는데, '유전무죄 무전유죄'라는 말은 이처럼 오래 전부터 통용된 것인지도 모르겠습니다.

그러나 이 사건은 서유럽 전체에 종교개혁이라는 폭풍을 몰고 오는 계기가 되었습니다. 그 첫발은 독일의 신학자인 루터로부터 시작되었습니다. 그는 교회의 면죄부 판매에 대한 〈95개조 반박문〉을 작성하여 종교재판소에 떡 하니 붙여놓았죠. 로마 교황의 권위에 직접적으로 도전할 의사는 아니었지만, 이 사건은 엄청난 논란을 불러일으키며 파장을 불러왔습니다. 게다가 루터는 라틴어로만 기록되던 성서를 독일어로 번역함으로써 당시의 기준으로 신성모독을 범하기도 했습니다. 이 일은 얼마 지나지 않아 교황의 귀에까지 들어가게 되었고 교회와 신학자들 사이의 열띤 논쟁으로 이어졌습니다.

독일의 작센 지방에서 시작된 종교개혁의 흐름은 유럽 전체로 확산되면서 거대한 사회변혁의 신호탄이 되었습니다. 특히 스위스에서는 칼뱅이 '예정설'을 제창하며 좀 더 급진적인 종교개혁을 주도했습니다. '예정설'이란 인간의 구원은 하나님의 의지에 의해 예정되어 있다는 주장으로 그의 저서인 《그리스도교 강요》에 나오는 내용입니다. 칼뱅으로 인해 교황이나 사제들에 의하지 않고도 종교적 구원이나 사면을 받을 수 있는 길이 열리게 된 셈이었죠. 이는 교황의 간섭을 탐탁지 않게 여겼던 유럽의 여러 왕국은 물론 새롭게 경제의 주체로 등장한 상공업자들에게도 뜨거운 환영을 받았습니다.

종교개혁은 교회의 폭압에 시달리던 수많은 귀족과 기사 그리고 굶주린 농부들에게 종교적 속박에서 벗어날 수 있는 기회가 되었다는 점에서 유럽 사회가 근대로 나아가는 데 큰 기여를 했습니다. 이처럼 기존의 교황과 교회에 반대했던 종교개혁에 의해 탄생하게 된 신교도들을 '프로테스탄트(반항자, 항거자란 뜻)'라 부릅니다.

그러나 종교개혁을 거치면서 발생한 신교도와 구교도의 대립은 급기야 종교전쟁의 양상으로 변하고 말았습니다. 대표적으로 프랑스의 위그노전쟁, 네덜란드 독립전쟁, 독일의 30년전쟁 등이 이에 해당하죠. 많은 군소 국가들이 종교전쟁을 통해 독립을 쟁취하기는 했지만 치열하고 야만적인 전쟁에 종교적 자비나 용서 따위는 없었습니다. 단순히 종교적인 입장 차이가 아니라 정치적 이해와 뒤엉켜 일어났던 종교전쟁은 한동안 유럽을 격동의 시기로 몰아넣었습니다.

종교개혁이 프로테스탄트를 생겨나게 했듯 종교전쟁은 유럽에서 근대 국가들이 탄생할 수 있는 길을 열어놓았습니다. 독일의 30년전쟁을 끝내기 위해 맺은 베스트팔렌 조약은 가톨릭교회와 신성로마제국의 지배적 역할을 종식시키고 각 왕국의 독립적 지위를 인정하는 결과를 가져왔기 때문이죠.

그 유명한 '마녀사냥'이 저질러진 것도 바로 이때였습니다. 악마의 마법과 그 악마를 따르는 비밀스러운 종교집단이 존재한다고 믿었던 사람들은 마법사와 마녀를 처단한다는 명분하에 죄 없는 사람들을 무수히 희생시켰습니다. 신교나 구교 할 것 없이 자신들의 교리에 반대하거나 의심하는 이들은 무조건 '이단'으로 취급해 추방하거나 파면했으며, 심지어는 사형에 처하기도 했습니다. 극심한 고문 등 공포스러운 심문을 통해 마녀라는 자백을 받아내는 어이없는 광경을 연출하기도 했습니다.

더구나 종교재판소가 아닌 세속법정이 마녀에 대한 재판을 담당하게 되면서부터 마녀사냥의 폐단은 눈이 쌓이듯 불어났습니다. 게다가 숱한 종교전쟁으로 유럽 경제는 파탄이 났고, 페스트와 같은 전염병으로 수많은 사람들이 죽어나가는 등 사회의 분열과 위험이 증가하면서 상황은 더욱 악화되었습니다. 계속되는 불행을 무엇으로도 막지 못하고, 그 원인을 알고자 해도 찾을 수 없던 사람들에게 악마의 마법과 마녀사냥은 사회에 대한 불만과 불안을 해소할 수 있는 유일한 탈출구였던 것이죠. 15세기 초에 시작되어 17세기에 심화되었던 마녀사냥은 기독교를 절대화하여 교회의 권위와 기득권을 유지하기 위한 것으로서 십자군전쟁에 이은 또 한 번의 종교적 광기였습니다. 십자군전쟁과 더불어 마녀사냥은 비합리적인 믿음을 가진 인간과 판단이 흐려진 인간 사회가 얼마나 무서운 존재로 탈바꿈할 수 있는지를 보여주는 극명한 사례였습니다.

우리가 '합리적이다.'라고 여기는 것과 그들이 '불합리하다.'라고 여기는 '믿음'이 한 사회의 믿음이 되고 한 국가의 믿음이 될 때 벌어질 수 있는 일들은 너무나 끔찍합니다. 앞으로 보게 될 대항해 시대의 유럽이 가졌던 믿음 중 하나인 '오리엔탈리즘'은 그들이 몇 백 년에 걸쳐 세계를 지배하는 정당성으로 작용하게 됩니다. 이처럼 믿음을 공유한다는 것은 없는 일을 있었던 일로 바꾸기도 합니다.

그럼에도 종교개혁에 한몫을 했던 인쇄술의 발전으로 나름의 희망을 찾아볼 수 있었습니다. 잘 알려진 구텐베르크의 인쇄기가 큰 역할을 했죠. 그 이전에도 인쇄기는 존재했으나 이 시기 비약적인 발전을 거듭한 인쇄술로 많은 책들이 출간되었고, 이는 대부분이 문맹이었던 유럽인의 의식을 일깨우는 데 큰 공헌을 했습니다. 《성경》이 각국의 언어로 번역되면서 지구 역사상 최고의 베스트셀러가 되기 시작한 것도 이 무렵이었습니다. 게다가 과학과 예술의 업적 또한 책으로 출간되면서 그동안 축적해 왔던 인류의 지식들을 수많은 사람들이 공유할 수 있는 토대가 마련되었습니다. 소수의 전유물이던 '지식'에 대한 접근이 쉬워지면서 문맹에서 벗어난 수많은 사람들이 문명을 향한 길로 들어설 수 있었던 것이죠.

대항해 시대
유럽의 확장은 어떻게 세계를 양분하게 되었나?

르네상스로부터 종교개혁과 종교전쟁 기간 동안 내적인 부침을 겪으면서 유럽은 한편으로는 대외적인 확장을 시도하고 있었습니다. 유럽이라는 작은 동네를 벗어나 세계라는 커다란 도시로 나아가기 위한 목숨을 건 모험이었죠. 전 지구를 대상으로 하는 식민지 건설과 상업적 이익을 얻기 위해 미지의 세계를 향해 배를 띄웠습니다. 이를 '대항해 시대'라 부릅니다.

대항해 시대는 세계사에 있어 매우 중요한 사건 중 하나였습니다. 그것은 한쪽에겐 엄청난 기회를, 다른 한쪽에겐 너무나 큰 불행을 안겼습니다. 이 시기를 기점으로 유럽은 선진국으로 발돋움하는 기회를 얻을 수 있었던 반면, 그 이외의 지역들은 유럽의 식민지로 전락하는 비극적인 상황으로 빠져들었기 때문이죠. 유럽과 비유럽이라는 매우 불편한 국제관계가 형성된 것도 바로 이때부터입니다.

대항해 시대로 첫발을 내디딘 나라는 포르투갈과 에스파냐(스페인)였습니다. 포르투갈의 경우 1486년에 바르톨로뮤 디아스가 남아프리카까지, 그 뒤를 이은 바스코 다가마가 1497년부터 1498년에 걸쳐 북아프리카의 케냐를 거쳐 인도 서부 해안의 캘커타에 도착했습니다. 이는 서유럽에서 아프리카를 거쳐 인도에 이른 인류 역사상 최초의 항해로 동서양 사이의 새로운 항로를 개척한 사건이었죠. 이집트의 수에즈 운하가 뚫리기 이전까지 이 항로는 후추와 같은 인도의 특산품을 실어 나르는 중요한 교역로가 되었으니까요.

에스파냐에서는 이사벨 여왕의 후원을 받은 포르투갈 사람 콜럼버스가 1492년부터 1501년에 걸친 항해 끝에 아메리카 대륙에 도달해 그 지역을 여러 차례 탐험했습니다. 가도 가도 육지가 나타나지 않자 선원들은 두려움에 가득 찼고, 혹시라도 반란이 일어나지 않을까 우려했던 콜럼버스는 "만일 육지가 나타나지 않으면 자신의 목을 자르라."며 독려했다고도 전해지죠. 그만큼 당시 사람들에게 바다는 두려움의 대상이었습니다. '인도의 발견'으로 유명한 그의 모험심은 중요한 역사적 전기를 마련했지만, 원주민을 노예로 팔아먹는 파렴치한 짓을 저지르고 신대륙에 금광이 많다는 말로 이사벨 여왕을 속이기도 했습니다.

한편, 포르투갈 태생의 에스파냐 항해자였던 마젤란은 1519년에 남아메리카를 거쳐 태평양을 횡단, 필리핀에 다다르는 놀랄 만한 항해를 시도했습니다. 100명 이상이 함께 떠났던 마젤란의 3년간에 걸친 세계일주에서 살아 돌아온 이들은 18명에 불과할 정도로 거칠고 고된 항해였습니다. 그렇지만 새로운 항로 개척은 물론 지구가 둥글다는 것을 몸소 보여주는 성과를 거두었죠.

콜럼버스와 마젤란의 예에서 보듯 당시 유럽인들은 먼 바다로 나가면 괴물이 나타나거나 밑바닥이 없는 땅 끝으로 추락한다는 믿음으로 인해 선원이 되기를 꺼렸습니다. 때문에 선원들의 구성 역시 한탕을 노리는 전과자들이나 무직자 등이 대부분이라 선상 반란도 자주 일어났죠. 기껏해야 40명~50명 정도가 승선할 수 있는 작은 배에 위생 상태마저 불량하기 짝이 없었습니다. 비좁고 지저분한 선실에서 생활해야 했고, 얼마 안 되는 물은 오래 지나지 않아 썩어버렸으며, 채소 같은 신선식품은 아예 엄두도 낼 수 없었죠. 상황이 이렇다 보니 항해 도중 많은 선원들이 장티푸스와 괴혈병에 걸려 죽어나갔습니다. 게다가 항해술과 항해장비 또한 무척 열악했습니다.

그럼에도 탐험과 모험은 끝없이 이어졌습니다. 그리고 긴 항해의 고통을 덜어내는 방법도 고안해 냈습니다. 네덜란드 상인이 개발한 '더치커피(Dutch Coffee)'는 뜨거운 물이 아닌 차가운 물로 내리는 커피를 말하는데, 물이 부족한 배에서 커피를 마시기 위해 아주 작은 관을 통해 차가운 물을 한 방울씩 떨어뜨려 커피를 내리는 방식이었습니다. 더치커피 한 잔이 만들어지기까지는 수일이 걸릴 정도로 오랜 시간이 필요했지만, 목마름을 달래고 새로운 커피 맛도 볼 수 있다는 기대감에 지루함마저 이겨낼 수 있었을 테죠.

신항로 개척과 더불어 식민지 침략을 본격적으로 시작한 포르투갈과 에스파냐는 고삐를 더욱 당겼습니다. 포르투갈은 아프리카와 인도를 중심으로, 에스파냐는 중·남아메리카를 중심으로 식민지를 만들어갔죠. 이들은 식민지로부터 막대한 향료와 금·은 등을 들여와 엄청난 부를 축적하기 시작했습니다. 이렇게 신대륙으로의 진출이 이루어지면서 유럽은 새로운 도약을 준비하고 있었습니다.

17세기에 이르러서는 포르투갈과 에스파냐에 이어 네덜란드, 프랑스, 영국이 식민지 확장에 뛰어들었는데, 영국은 포르투갈과 에스파냐의 힘이 약해진 틈을 타 에스파냐와의 여러 차례에 걸친 전쟁에서 승리하며 식민지를 획득했습니다. 또 네덜란드는 인도와 아메리카 대륙에 진출해 식민지를 개척했습니다. 이러한 식민지 쟁탈전에서 마지막으로 승리한 나라는 영국이었습니다. 해가 뜨는 동쪽부터 해가 지는 서쪽까지의 영토를 식민지로 차지한 영국은 '해가 지지 않는 나라'라는 칭호를 받으며 오래도록 번영을 누리게 되었습니다.

포르투갈과 에스파냐는 인류 최초의 세계일주 항로를 개척하며 세계가 둥글다는 사실을 입증했습니다. 또한 그 이전까지 잘 알려지지 않았던 미지의 세계에 대한 탐험이 이루어지면서 다양한 문명들이 유럽에 소개되었죠. 물론 이러한 움직임들이 애초의 탐험에 대한 열정과 관심의 추구에서 출발한 것은 아닙니다. 당시 후추가 큰 인기를 끌었던 유럽에서는 이를 구하기 위해 이슬람 상인을 거쳐야 했는데, 같은 유럽이라 하더라도 서유럽 지역은 후추를 구하는 데 있어 중부 유럽이나 동부 유럽에 비해 상당한 시일이 걸렸을 뿐만 아니라 여러 상인들의 중개를 거치면서 서유럽에 도착한 후추는 그 값이 천정부지로 뛰는 게 당연했습니다. 이에 육지 대신 바다를 선택할 수밖에 없었고, 서유럽의 끝이자 지중해의 초입에 자리 잡은 포르투갈과 에스파냐가 그 선두주자로 나섰던 것이죠.

이렇게 후추 무역과 황금의 땅을 발견하기 위한 대항해 시대의 유럽사회는 엄청난 상업적 이익과 함께 본토보다 훨씬 더 넓은 새로운 영토를 확보할 수 있었습니다. 하지만 유럽인들이 발을 디딘 곳은 어디든 고대문명이 파괴되었고, 원주민들은 학살당했으며, 자원을 약탈당했습니다. 신세계로의 도전은 일면 멋져 보이지만 이로 인한 지리상의 발견은 가는 곳마다 상처와 아픔을 남기는 불행한 역사를 만들어내고 말았습니다. 더욱이 유럽의 학문이 타 지역보다 뛰어나고, 유럽의 크리스트교가 다른 종교들보다 더 숭고하며, 유럽 문화가 다른 문화보다 더 세련되었다고 여기는 고정관념을 낳았습니다.

이 역사적 지점이 오늘날 서양·동양, 선진국·후진국, 문명·야만이라는 이분법적 시각을 갖게 만들었습니다. 동양에 대한 서양의 차별을 '오리엔탈리즘(orientalism)'이라 부르는데, 서양이 동양보다 우위를 차지한다는 전제 아래 '오리엔트' 지역을 부정적으로 보는 관점을 말합니다. 이는 '절대적'이 아닌 '상대적' 구분으로서, 어떤 위치에 있느냐에 따라 관점이 달라질 수 있음을 의미합니다.

오리엔탈리즘은 20세기까지도 강력한 믿음으로 작용하며 숱한 차별과 말 못할 비극을 불러왔습니다. 피부 색에 대한 백인의 차별이나 선진국과 후진국에 태어나는 사람들에게 존재하는 타고난 불평등은 역사 속에서 형성되어 온 것입니다. 만일 동양이 서양보다 강한 나라

로 성장해 있었다면 완전히 뒤바뀌었을지도 모를 일입니다.

다행히 20세기 후반 들어 문화상대주의 또는 문화의 다양성이라는 개념들이 등장하면서 이러한 왜곡된 시각들이 점차 수정, 개선되고 있습니다. 문화상대주의는 어떤 문화든 나름의 체계와 특징을 갖고 있으므로 그 문화의 시각으로 이해해야 한다는 의미를 띠고 있습니다. 여기에는 '문화'라는 분야뿐만 아니라 언어나 의상, 전통, 사회를 형성하는 방법, 도덕과 종교에 대한 관념, 주변과의 상호작용 등 사람들 사이에 존재하는 많은 가치와 의미들이 모두 포함됩니다.

또 동아시아나 아프리카 또는 남아메리카의 여러 나라들이 20세기에 독립을 하고 유럽의 여러 나라들에 버금갈 정도로 경제성장을 이룩하면서 오리엔탈리즘이 사라져 가고 있습니다. 그렇지만 오래도록 형성되어 온 인간 의식과 사회구조를 개혁해 나가는 일이기에 완전히 사라지기에는 오랜 시간이 필요할 것입니다. 어쩌면 완전히 사라지지 않을 수도 있습니다. 여전히 세계인들 사이에는 자기의 신념과 사람의 생명을 맞바꾸는 일이 빈번하게 자행되고 있기 때문이죠.

문화 다양성 개념을 정립했던 문화인류학자 레비 스트로스의 유명한 저서인 《슬픈 열대》의 한 구절 속에서 인류 스스로 넘어야 할 의식의 장벽이 무엇인지 되돌아보았으면 합니다.

"만약 우리와 다른 사회에서 살아온 관찰자가 우리 사회를 연구하게 된다고 가정해 보면, 그에게는 우리가 가진 어떤 풍습이 우리가 비문명적이라 여기는 식인풍습과 비슷한 것으로 간주될 가능성이 있다는 점을 인식해야만 한다. 우리 사회의 재판과 형벌을 통해 이를 살펴본다면 두 개의 상반되는 유형으로 나눌 수 있을 것이다.

식인풍습을 실행하는 첫 번째 사회 유형에서는 어떤 무서운 힘을 지니고 있는 사람들을 중화시키거나 자신들에게 유리하도록 변모시키는 방법에 대해 그 사람들을 자기네의 육체 속으로 빨아들이는 것이 최선이라고 믿을 것이다. 반면에, 우리 사회와 같은 두 번째 사회 유형에서는 이 끔찍한 사람들을 일정기간 또는 영원히 고립시킴으로써 사회로부터 추방하는 것을 최선이라고 생각하여 특별히 고안된 시설 속에 고립시키고 모든 접촉을 금지시킬 것이다.

우리가 미개하다고 여기는 대부분 사회의 관점에서 볼 때, 우리와 같은 사회가 행하는 이러한 풍습은 그들에게는 오히려 극심한 공포를 불러일으킬 수 있다. 단지, 우리와 대칭되는 풍습을 지니고 있다는 이유만으로 우리가 그들을 야만적이라고 간주하듯 우리도 그들에게는 야만적으로 보일 것이다. 사람들은 때로 자신과 다른 문화를 보면서 야만적이라고 생각하는 경우가 있다. 그리고 우리가 누리는 문화가 훨씬 앞선 문명이라고 믿는다."

09

유럽,

근대를 향한
혁명의 시대에 들어서다

근대사회의 가장 특징은 크게 세 가지입니다.

먼저 나라를 다스릴 수 있는 권한인 '주권'이 왕으로부터 시민들에게 이전되면서 정치의 주체가 바뀌었다는 점입니다. 바야흐로 민주주의가 싹트고 있었던 것이죠. 그것은 바로 영국-미국-프랑스로 이어진 시민혁명이었습니다.

두 번째로 반드시 짚고 넘어가야 할 부분은 산업혁명입니다. 민주주의가 시민들의 정신적 혁명을 의미한다면 산업혁명은 물질적 혁명이었습니다. 오늘날 자본주의 사회의 시동을 걸었던 빅뱅과 같은 사건으로 인류에게 막대한 경제적 풍요로움을 안겨 주었죠.

마지막은 과학혁명입니다. 과학혁명은 과학 자체의 발전이라는 점에서도 의미가 있지만, 인류에게 세계를 이해하는 새로운 도구가 생겨났다는 점에서 더욱 의미가 깊습니다. 종교적 세계관에서 벗어나 과학적 세계관에 의거하면서 삶의 모습도 변화했기 때문이죠.

그럼 근대사회를 형성하게 만든 역사적 시간 속으로 스며들어가 보겠습니다.

영국의 시민혁명
입헌군주제의 채택은 영국 정치를 어떻게 변화시켰을까?

|

혁명이란 매우 큰 변화를 말합니다. 예를 들면, 오래된 집의 일부를 새롭게 단장하는 정도가 아니라 아예 집 자체를 허물고 새로 짓는 것을 의미합니다. 초가삼간에서 방이 아흔아홉 칸인 번듯한 기와집으로 이사를 가야 혁명적이라 부를 수 있죠.

그런 면에서 14세기에서 16세기에 걸쳐 일어난 일련의 사건들은 유럽사회의 대변혁을 예고하는 기폭제였습니다. 의식이 성장하고 경제력이 증대된 유럽인들은 새로운 시대와 질서에 대한 요구와 열망으로 가득 차 있었습니다. 중세의 낡은 옷을 벗어던지고 서서히 근대라는 새로운 옷으로 바꿔 입는 기간이었죠. 이것은 밑으로부터 혹은 위로부터, 때론 엉뚱한 곳에서 전혀 예기치 못한 방식으로 시작되었습니다.

16, 17세기에 일어난 종교개혁과 종교전쟁을 틈타 유럽의 많은 국왕들은 교황의 간섭에서 벗어나고자 틈틈이 기회를 엿보고 있었습니다. 다행히도 종교전쟁을 거치면서 왕권에 유리한 정치사상이 등장하여 왕권을 뒷받침하는 이론적 기반을 제공해 주었기 때문에 교황에 대한 왕의 반항은 세속적인 명분을 얻을 수 있었죠.

그중에서도 '왕권신수설'은 가장 강력한 무기였습니다. '왕권신수설'이란 왕의 권한이 신으로부터 부여받은 신성하고 고유한 권리이기 때문에 그 권한은 무엇보다도 막강하다는 것입니다. 이로 말미암아 혹여 교회로부터 권위를 인정받지 못한다 하더라도 왕국의 통치에는 지장이 없었고, 나아가 이러한 권력기반을 등에 업고 종교와 교회의 문제에도 관여하게 되었습니다.

16세기를 알리는 나팔이 울리자마자 왕위에 즉위한 영국의 헨리 8세는 자신의 사생활에 간섭하는 로마 교황에게 결별을 고했습니다. 당시 교황 클레멘스 7세가 이혼을 금지하는 가톨릭교회의 원칙에 따라 헨리 8세의 이혼에 반대하자 국왕이 교회의 수장을 겸임하는 '국교회'를 탄생시켰던 것입니다.

이때부터 왕권이 강화되기 시작한 영국은 엘리자베스 1세 시대에 들어 근대적인 국가로 발전하기 위한 기틀을 다질 수 있었죠. 안정된 왕권으로 나라 안이 평온하고 풍요로워지자 유럽의 다른 국가들처럼 대외적인 확장을 시도한 영국은 아무도 거들떠보지 않는 섬나라에서 모두가 주목할 수밖에 없는 국가로 발걸음을 떼기 시작했습니다.

그러나 엘리자베스 여왕이 후손을 남기지 못하고 죽자 1603년 스코틀랜드 왕이었던 스튜어트가의 제임스 1세가 왕위를 물려받았는데, 1625년 제임스 1세의 뒤를 이은 찰스 1세는 여러 대외정책으로 막대한 국고를 탕진하고 부당한 과세를 부과하는 등 전제정치를 펼쳤습니다. 지도력이 검증되지 않았던 이들은 당시 청교도가 장악하고 있던 하원과의 충돌이 잦았고, 결국 지속되는 국왕의 횡포를 두고 볼 수 없었던 의회가 반기를 들고 일어섰습니다.

여기에는 텃세도 작용했습니다. 엘리자베스 1세까지 영국을 통치했던 왕들은 튜더가로서 토박이 집안이었지만 스튜어트가는 외지 사람들이었습니다. 더구나 스코틀랜드인이라니요? 영국(정확히는 잉글랜드)인들에게 이들은 눈엣가시와 같은 존재였죠. 게다가 프랑스 출신이자 독실한 가톨릭교도였던 부르봉 왕가의 헨리에타 마리아를 왕비로 맞으면서 영국을 다시 가톨릭 국가로 만들지 모른다는 소문도 나돌았죠.

이 결과 1628년 소집된 의회에서, 의회는 의회의 승인 없이 과세가 불가하다는 내용을 담은 '권리청원'을 찰스 1세에게 제출했습니다. 이 청원을 승인한 후 찰스 1세는 그 후로 11년간 의회를 소집하지 않는데, 스코틀랜드 장로회파와의 분쟁에 휘말리면서 돈이 다급해지자 다시 의회를 소집할 수밖에 없었죠. 찰스 1세의 뜻에 순순히 따를 리 없던 의회는 자신들의 권한을 보장받기 위해 왕을 압박하기 시작했습니다. 전쟁으로까지 번진 이 갈등은 크롬웰이 이끄는 시민계급과 신흥 귀족의 승리로 막을 내리면서 1649년 영국은 찰스 1세를 처형하고 공화정을 채택했습니다. 이를 청교도 혁명이라 부릅니다.

그러나 공화정이 선포되고 얼마 지나지 않아 크롬웰은 군사독재 정치를 펼쳤습니다. 혁명의 결과로는 너무나 아쉬운 일이었습니다. 이로 인해 또 한 차례의 폭풍우가 몰아치며 찰스 1세의 아들인 제임스 2세가 국왕으로 추대되었지만, 아버지를 똑 닮았던 제임스 2세의 정치는 아버지와 다를 것이 하나도 없었습니다. 기가 질린 국민들은 그를 몰아내고 네덜란드를 통치하고 있던 제임스 2세의 조카 윌리엄을 국왕으로 맞이했죠. 이때 되풀이되는 과오를 막기 위해 의회가 국왕의 전횡을 방지하고 권력을 제한하는 법적 장치를 마련한 것이 바로 '권리장전'입니다. 이 시민혁명은 유혈사태 없이 과정이 진행되었다 하여 '명예혁명'이라고도 부릅니다.

이로써 영국은 군주가 자기 멋대로 할 수 없도록 법률에 의거해 나라를 다스리는 '입헌군주제'를 실시하였습니다. 왕은 이제 군림은 할 수 있지만 통치는 할 수 없게 되었고, 실질적인 통치의 권한은 의회로 위임되었습니다. 이 오랜 정치적 전통은 오늘날까지 이어져 영국의 특색으로 자리 잡았습니다. 영국의 시민혁명은 대륙의 여러 왕정들에게 있어서도 큰 위협이 되었고, 종국에는 유럽의 정치적 변혁을 이끄는 기폭제가 되었죠.

입헌군주제의 실시는 군주의 생각과 감정에 따라 한 나라가 좌지우지되는 것을 막을 수 있는 시대가 열렸다는 점에서 역사 발전에 있어 매우 중요한 순간으로 기록됩니다. 국가의 정치와 국가 지도자의 권한이 법률에 의거해야 하고, 국민들의 뜻이 반영되어야 한다는

사회적 합의가 이루어졌다는 점에서 엄청난 진보였습니다. 본격적인 근대 민주주의가 시작되는 역사적 순간이었죠. 물론 당시 유럽인들 중에 자신들이 살고 있는 사회가 민주주의 사회로 바뀌어가고 있다는 사실을 감지하고 있던 사람은 없었을 것입니다. 그러다가 어느날, 어느 순간, 수많은 민중이 깨닫게 된 것이죠. 세상이 누구 한 사람의 명령으로 움직여져서는 안 된다는 사실을 말입니다.

영국의 시민혁명은 사상의 발전에도 기여를 했습니다. 《리바이어던》을 저술했던 홉스는 의회를 통한 시민의 정치보다 군주의 절대권력을 옹호해 비판을 받기는 했지만, 근대 정치사상의 밑바탕이 되는 사회계약론을 언급하여 후대의 사상가들에게 큰 영향을 끼쳤습니다. 또한 《인간지성론》을 저술했던 존 로크는 영국 사회의 이러한 배경 속에서 국왕에 대한 의회의 견제가 필요하다며 그 정당함을 피력했죠. 그의 영향을 받은 프랑스의 사상가 몽테스키외는 절대 군주를 비판하며 《법의 정신》을 통해 개인의 자유는 삼권분립으로 지켜질 수 있다고 주장했습니다. 그는 또한 마키아벨리의 《군주론》을 언급하면서 군주의 자질에 대해서도 논했죠. 이들의 생각은 훗날 프랑스 대혁명의 정신적 뒷받침이 되었습니다. 나아가 정치에서 삼권분립의 체제가 정착되면서 절대적이던 왕의 권한을 견제할 수 있는 이론적 근거가 마련됨으로써 근대 국가의 기본 정치이념이 확립될 수 있었습니다.

미국 독립혁명
대체 누구를 위한 독립이었을까?

|

아메리카 대륙이 콜럼버스에 의해 유럽에 알려지게 된 이후 유럽인들은 신대륙으로 이주를 시작했습니다. 영국에서는 찰스 1세의 재임기간에 아메리카 대륙으로의 진출이 이루어졌는데, 영국인으로서 아메리카 대륙에 첫 발을 내디딘 이들은 '메이플라워 호'를 탄 백여 명의 청교도였습니다. 이때 미국 동부 연안에 정착한 청교도의 후예들은 훗날 미국 건설의 주역 중 일부로서 소설《주홍글자》의 내용처럼 마녀사냥을 저지르기도 했죠.

새로운 곳에서 새로운 주인으로서 살아갈 부푼 꿈을 안고 조국을 떠나온 영국인들은 이곳에서도 본토의 간섭을 받아야 했습니다. 아메리카 땅에서 본국의 지위를 유지하고 이익을 취하기 위해 영국 정부가 이민자들에게 압박을 가했기 때문이죠. 이는 즉각적인 반발을 불러일으킬 수밖에 없었습니다. 대표적인 예로 영국 본토로부터 수입된 차(茶)를 모조리 바다로 던져버린 '보스턴 차 사건'을 들 수 있습니다. 이 일로 영국 정부는 손해배상을 요구하며 군대를 주둔시켰고, 아메리카 이주자들은 이를 거부한 채 저항했습니다.

이 사건으로 인해 일어난 무력 충돌이 7년간의 독립전쟁으로 이어지며 미국 독립혁명의 직접적인 발단이 되었습니다. 전쟁이 진행되는 동안 미국 13개 주의 식민지 대표는 필라델피아에 모여 자신들의 독립에 대한 의견을 모았고, 1776년에는 토머스 제퍼슨에 의해 기초한 '독립선언'이 채택되었습니다. 미국의 독립선언문은 시민혁명의 기초 이념을 제창한 것으로 유명한데 자유, 평등, 천부인권 그리고 인민들의 주권과 저항권을 명시해 놓았습니다. 그 후 1783년 파리조약이 성립됨으로써 결코 이길 수 없을 것 같던 독립전쟁에서 승리한 미국은 1787년 최초의 헌법을 제정하고, 1789년 조지 워싱턴이 미국 초대 대통령으로 취임하면서 머지않은 미래에 세계사의 주인공으로 등장할 채비를 마칩니다.

반면, 미국인들이 정말 자랑스러워하는 독립의 역사는 누군가에게는 비극의 역사가 되었습니다. 아메리카에는 이미 오래 전부터 자신들의 터전을 만들어 살아오던 원주민인 인디언이 있었습니다. 그들의 본래 명칭은 인디언이 아니었습니다. 체로키족, 아파치족 등으로 부르는 수많은 부족들로 구성되어 있었죠. 자신이 인도를 발견했다는 기쁜 소식을 전하려다가 실수 아닌 실수를 저지른 콜럼버스로 인해 이곳 사람들의 이름도 인디언이 되고 만 것이죠. 적어도 유럽인들에겐 그랬습니다. 그리고 지구상 모든 사람들이 그렇게 부르게 되었고요. 원주민들로서는 정말 기분 나쁜 일이었을 테지만, 문제는 이름만 빼앗긴 것이 아니었다는 데 있었습니다. 그들은 서서히 모든 것을 빼앗겼습니다.

독립을 이룩한 미국은 서쪽을 향해 조금씩 영토를 넓혀 나갔습니다. 총잡이들이 등장하고 말을 타고 소를 모는 미국의 '서부영화'들이 바로 이 시기를 배경으로 하고 있습니다. 여기에다 19세기 중반 수많은 사람들이 금을 채취하기 위해 금광 근처로 대거 이주한 사건인 '골드러시'로 인해 서부 지역은 무법천지가 되었습니다. 대륙횡단

철도가 가로질러 놓이면서 무자비한 개발이 시작되었고, 가죽을 얻기 위해 아메리카의 대표적 야생동물인 버팔로의 씨를 말려버리는 등 잔인한 행동도 서슴지 않았죠. 욕심에 눈 먼 유럽인들은 원주민들을 무차별적으로 몰아내며 아메리카 땅의 모든 것들을 자기 것으로 만들어 버렸습니다. 이러한 미국 개척의 역사는 그들이 자랑스레 여기는 것과는 달리 매우 비인간적이고 폭력적이었습니다.

아메리카 지역에 살던 수백만 명의 원주민들은 유럽에서 온 이주민들에게 무참히 학살당하면서 수십만 명으로 급격히 줄어들었습니다. 그들의 주거지는 완전히 짓밟혔고, 살아남은 원주민들은 인간 이하의 취급을 당하며 보호구역으로 쫓겨났습니다. 고유한 문화와 전통을 지키며 살아왔던 원주민들의 문명도 대부분 사라지고 말았죠. 미국의 상징인 대머리 독수리만이 너른 초원을 내달렸던 아메리카 원주민들의 정신을 기념하고 있을 뿐입니다. 다행히도 지속적으로 은폐되어 왔던 이 역사적 사건은 1900년대를 전후로 그 후예들의 많은 노력과 양심 있는 미국인들에 의해 서서히 그 진실이 드러나기 시작했습니다. 민주주의 정신에 입각한 미국의 독립정신이 무색할 정도로 잔인한 짓이었죠.

프랑스 대혁명
계몽주의는 근대 인간의 의식 성장에
어떠한 영향을 끼쳤을까?

|

종교개혁 당시 등장했던 정치사상인 왕권신수설의 최고 수혜자는 프랑스에 있었습니다. '태양왕'이라고까지 불린 루이 14세는 "짐이 곧 국가다."라는 말로 대표되는 절대왕정을 상징하는 인물이었죠. 하지만 왕권을 강화시킨 것만큼이나 호화찬란하고 흥청망청한 궁중 생활로 프랑스의 재정을 악화시켰습니다. 화려함의 대명사인 베르사유 궁전이 바로 그 대표작입니다. 게다가 당시 엄청난 부를 축적하고 있던 성직자와 귀족들은 한 푼의 세금도 내지 않았으며, 모든 부담은 평민들의 몫이었습니다. 이러한 사회적 문제들이 곪아 터져 결국 프랑스 혁명으로 이어진 것이죠.

루이 16세에 이르러 미국 독립혁명을 지지하는 군사적 지원이 이루어지면서 프랑스의 재정은 손을 쓸 수 없을 정도로 악화되었습니다. 이를 해결하기 위해 성직자(제1신분)와 귀족(제2신분) 그리고 시민들(제3신분)로 이루어진 삼부회가 소집되었습니다. 당시 시민들(계급으로는 평민, 여기서는 정치적 권리자로서 '시민'이라 표현했습니다. 다시 말해 아직 정치적 권리를 획득하지 못한 상태로서의 시민)은 무거운 세금을 부담하면서도 정치적 권리를 누리지 못했죠. 특히 전문직과 부유한 상공업자들이 중심이 되었던 시민 대표는 재정을 회복하도록 지원을 해주는 대신에 정치개혁을 요구했습니다.

소집된 삼부회에서 모든 사안에 대해 신분별 투표로 의결하려 했던 성직자와 귀족들에 대항해 그들과 동수이던 시민 대표들은 머릿수에 따른 표결을 주장했던 것이죠. 이에 대한 합의가 이루어지지 않자 시민 대표들은 테니스 코트에 모여 자신들의 의견을 수용하라며 농성에 들어간 후 곧이어 좀 더 체계적인 저항을 위해 국민의회를 결성하였습니다.

사태가 심각해지자 더 큰 문제를 우려했던 루이 16세는 군대를 동원해 이를 진압하였고, 그 과정에서 사상자가 발생하고 말았습니다. 국왕의 이러한 탄압에 분노한 시민들은 급기야 정치범들을 가두었던 바스티유 감옥을 습격하여 탄약과 무기를 빼앗고 죄수들을 풀어주었습니다. 게다가 당시 흉작으로 인한 밀 가격의 폭등으로 어느 때보다 굶주렸던 도시 빈민들과 영주들의 학정에 못 이긴 지방 농민들마저 합세하면서 봉기는 프랑스 전역으로 걷잡을 수 없이 번져나갔습니다.

승리는 시민의 편이었습니다. 1789년 의회는 '인권선언'을 발표하며 천부인권, 자유, 평등의 원칙을 선언했습니다. 이 '인권선언'은 당장 프랑스의 모든 시민들을 실질적으로 구제해 주지는 못했지만, 근대 민주주의의 발전을 위한 기념비적인 일이 되었습니다. 인간 문명 역사상 처음으로 모든 인간에게 자유롭고 평등하게 살아갈 '인간으로서의 권리'가, 그것도 선천적으로 주어진다(天賦)는 생각이 공식적으로 선언되었기 때문이죠. 비로소 인간 사회에서의 모든 인간이 (비록 모든 인간을 실질적으로 구제해 주지 못한다 하더라도) 스스로 주체적이고 자발적인 자신의 권리를 주장할 수 있는 기반이 마련된 것입니다.

'인권선언'의 정신은 청색(자유), 백색(평등), 적색(박애)의 세 가지 색으로 프랑스 국기에 새겨져 오늘날까지 펄럭이고 있습니다. 이후 프랑스 혁명의 여파가 자국에 악영향을 줄까 봐 두려웠던 프로이센(독일)과 오스트리아가 혁명을 진압하기 위해 군대를 파견했으나 프랑스 시민들은 이를 물리치고 1792년 제1공화정을 세웠습니다. 그리고 1793년 마침내 단두대에 오른 루이 16세는 절대왕정과 함께 형장의 이슬로 사라졌죠.

프랑스 혁명이 성공할 수 있었던 데에는 시민들의 의식성장이 한 몫을 했습니다. 능력도 없고 실력도 없던 사람들이 세상에 대해 알게 되고 세상을 변혁시킬 수 있는 주체로 성장했을 당시 프랑스에는 뛰어난 정치 사상가들이 대거 등장했습니다. 최초로 포문은 연 것은 '프랑스 혁명 이전의 구체제(앙시앙 레짐)'를 비판했던 볼테르였죠. 이후 전 국민의 필독서가 되었던 루소의 《사회 계약론》에 이르기까지 수많은 책들이 프랑스의 사회와 정치에 대한 우려의 목소리를 쏟아냈습니다. 그리고 달랑베르와 디드로가 주도하고 여러 작가들이 참여하여 '모든 새로운 사상, 새로운 과학, 새로운 지식'이라는 기치를 걸고 《백과전서》를 출간하면서 프랑스인들의 지적 수준 향상에 매우 큰 기여를 했습니다. 《백과전서》는 당시의 지식 전체를 총망라한다는 점에서 인류 지성사에 있어 매우 획기적인 기획이었죠.

이렇게 시민혁명을 전후하여 일어났던 지적인 움직임을 가리켜 '계몽주의(啓蒙主義, Enlightment)'라고 합니다. '엔라이트먼트'라는 말은 인간의 이성에 불을 밝힌다는 의미입니다. 플라톤의 '동굴의 비유'나 인간에게 불을 던져 준 '프로메테우스 신화'에서 알 수 있듯 '불'은 밝음을 상징하는 동시에 깨달음을 상징합니다. 그리고 그것은 문명을 상징하기도 합니다. 지금 인간의 현실보다 더 나은 세계로의 도약이죠.

'엔라이트먼트'의 번역어인 '꿈에서 깨어난다.'는 뜻의 '계몽'이란 말도 마찬가지입니다. 무지몽매(無知蒙昧)하다는 표현처럼 아무것도 모르고 꿈속을 헤매던 깜깜한(쉽게 말해 무식한) 사람들이 서서히 깨어나 똑똑해지기 시작했다는 의미입니다. 이 시기의 유럽인은 인간의 능력에 대한 무한한 믿음을 갖기 시작했습니다. 계몽주의자들은 인간이 '진보'할 수 있다는 믿음을 가졌고 인간이라면 누구나 '이성'으로 세계를 이해할 수 있다고 보았죠. 그 힘을 통해 인간이 '만물의 영장'으로서 자연을 지배할 수 있고 세상을 지배하는 주인으로 거듭날 수 있다고 여겼습니다.

시민혁명

시민과 시민사회가 가지는 의의는 무엇인가?

|

유럽 사회에서의 정치적 권리 확대는 경제적 성장과 맞닿아 있었습니다. 상공업에 종사하는 시민들의 부가 증대하면서 그에 상응하여 정치적 권리도 확대되어 왔기 때문이죠. 시민혁명의 주체가 상공업으로 부를 축적했던 부르주아들이었다는 점에서 정치적 권력을 지키기 위한 왕실과 그것을 취하고자 했던 상공업자들 사이의 주도권 싸움이 바로 시민혁명의 과정이라고 볼 수 있습니다.

3대 시민혁명이 인류 문명사에 있어 매우 중요한 위치를 점하는 이유는 '시민' 계급이 정치적 주체로 자리매김한 사건이었기 때문입니다. 이를 계기로 사회질서의 주체가 소수 정치 권력자들로부터 다수의 시민들로 옮겨갈 수 있었죠. 한낱 국왕의 소유물 취급을 당하던 백성이 이제 역사를 바꾸는 힘을 가진 세력으로, 역사의 주체가 왕이나 귀족에서 민초들로 바뀌는 계기가 된 것입니다. 프랑스 대혁명을 통해 정립된 '인권선언'은 모든 이들에게 천부적 '권리'를 인정해 주었고, 이러한 전통이 오늘에까지 이어져 모든 인간이 자유롭고 평등하게 살아갈 수 있는 기본적 가치로 정립될 수 있었습니다.

대한민국에서는 20세기 말이나 되어서야 이러한 근대 민주주의 가치가 실현될 수 있었습니다. 1987년 6월 일어난 '민주항쟁'을 기점으로 본격적인 민주사회가 도래했습니다. 당시 '6·29민주화선언'은 이승만 대통령을 시작으로 박정희, 전두환, 노태우 대통령까지 이어진 오랜 군부독재의 사슬을 끊는 역사적 순간이었죠. 이때의 민주항쟁으로 국민투표에 의한 대통령 직선제가 도입되면서 진정한 참여민주주의의 한 획을 그었습니다. 투표를 통해 대통령을 선출하는 일이 당연하게 된 게 30년이 채 안 되었던 것입니다.

이러한 민주화의 분위기는 사회적으로도 여러 변화를 가져왔습니다. 정치적 권리의 중요성을 깨달은 시민들에 의해 노동조합과 시민단체들이 생겨나며 비로소 정치에 적극적으로 관여하는 시민들이 늘어나고, 사회의 문제에 발 벗고 나서는 시민사회가 형성되기 시작했죠. 이렇게 민주주의를 실현해 나가는 정치적 주체를 '시민'이라 하고, 그 시민들이 모인 사회를 가리켜 '시민사회'라 부릅니다. 하지만 시민사회 구성원들 간의 집단이기주의와 상충하는 의견으로 인한 갈등이 사회적 문제로 치닫기도 했습니다. 이들 단체 간의 불협화음은 앞으로도 꾸준히 부딪혀 나가면서 극복해야 할 문제입니다.

누구나 정치에 참여할 수 있고, 누구나 소유할 수 있으며, 누구나 인간이라는 이름으로 권리를 요구할 수 있다는 이 단순한 가치들은 시민들의 희생과 저항이라는 고난의 과정을 통해 어렵게 얻어냈다는 사실을 명심해야 합니다. 이는 제도적으로 '민주주의'를 채택하고 있느냐 없느냐의 문제를 넘어 민주적으로 사고하고 행동하는 등 타인에 대한 민주적 태도까지를 포함하는 좀 더 넓은 의미로 이해해야 합니다. 진정 소중하게 다루어야 할 가치인 것이죠.

세계 여러 국가들의 경우를 보더라도 시민혁명 속에 피어난 '인권'이 중요한 사회적 가치로 자리 잡는 데에는 오랜 세월이 필요했습니다. 민주주의의 대표 주자로 손꼽히는 미국과 영국에서도 20세기 초에 이르러서야 여성에게 투표권이 주어졌습니다. 흑인에게 투표권이 주어지기까지는 더 오랜 시간이 걸렸죠. 노예로 끌려와 줄곧 억압과 핍박을 받아왔던 흑인들은 20세기 초 목숨을 내건 투쟁을 해야만 했습니다. 마틴 루터 킹이나 말콤-X와 같은 흑인 지도자들의 희생으로 자유와 평등을 얻은 흑인들은 미국 대통령을 비롯해 각 나라의 사회를 이끌어가는 주도적인 위치에까지 오르고 있습니다. 더욱이 음악, 미술, 스포츠 분야에서 두각을 나타내는 그들의 재능은 인류의 문화적 발전에도 큰 족적을 남기고 있습니다. 보다 더 많은 사람들이, 국민의 대다수가 인간적 대우를 받으며 자신의 재능을 한껏 발휘할 수 있는 사회가 된 것도 시민혁명 덕분이었습니다.

나폴레옹 시대
유럽은 어떤 사회 · 문화적 변혁을 겪었을까?

|

1789년 시작된 프랑스 대혁명 이후에도 프랑스의 혼란은 오래도

록 지속되었습니다. 이때 이 혼란을 수습하고 프랑스에게 영광을 안긴 인물이 등장했습니다. 바로 유럽을 공포로 몰아넣은 나폴레옹이었죠. 제1공화국에서 훌륭한 군인으로 입지를 다진 그는 1799년 쿠데타로 제1통령으로서 정권을 잡은 후, 5년 뒤인 1804년 황제로 등극하였습니다. "내 사전에 불가능이란 없다."라는 말로 대변되는 나폴레옹은 마치 로마를 재건이라도 하려는 듯 유럽 전체를 집어 삼킬 듯한 기세로 주변국들에 대한 침략을 감행하며 프랑스의 최전성기를 구가했습니다.

그렇지만 그의 말년은 매우 쓸쓸했습니다. 영국에 타격을 주기 위해 대륙봉쇄령을 내린 후 이에 반발한 러시아를 치기 위해 진격했지만 원정은 실패로 돌아가고 말았죠. 이후 주변국들의 프랑스에 대한 반격이 이어지면서 파리가 함락되었고 황제에서 퇴위 당한 나폴레옹은 엘바 섬으로 유배되었습니다. 그럼에도 나폴레옹은 부활에 성공해 다시 황제가 되었지만 워털루 전투에서의 패배로 영국과의 전쟁에서 패배하며 이번엔 세인트헬레나 섬으로 유배되고 말았죠. 야심만만한 군인이자 황제였던 한 인간의 인생은 그곳에서 쓸쓸한 말년을 맞았으며, 패배한 프랑스도 쓴잔을 들이킬 수밖에 없었습니다.

'영웅' 하면 떠오르는 나폴레옹에 대한 평가는 매우 다양합니다. 어떤 프랑스인들에게는 강력한 프랑스를 건설하고 프랑스를 근대화시킨 자부심으로 기억되고, 어떤 프랑스인들에게는 젊은이들의 생명을 담보로 욕망을 채운 독재자로 인식되기도 하죠. 여러 평가가 있을 수 있지만 자유, 평등, 박애의 정신과 법 앞에서의 만인의 평등, 재산권의 보장 등이 담긴 《나폴레옹 법전》을 펴내고 구체제를 정리한 점에서 큰 업적을 남겼고, 새로운 교육제도의 확립과 문화의 발전에 공헌을 했다는 사실은 부정할 수 없습니다.

대외적으로는 프랑스 혁명의 사상과 사회 분위기가 유럽 전역으로 확산되는 데에도 기여를 했습니다. 프랑스 혁명의 소식을 전해들은 수많은 유럽인들은 이제 봉건제의 속박으로부터 벗어날 수 있다고 믿었죠. 실제로 프랑스 혁명을 못마땅하게 생각하여 프랑스를 공격하려 했던 여러 왕국들을 나폴레옹이 제압하면서 유럽 곳곳에 공화정이 탄생하기도 했습니다. 그렇지만 나폴레옹의 군대가 다른 나라를 정복하는 데에만 관심을 가진다는 사실을 깨닫자마자 이 정복자에 대한 반감은 날로 커져만 갔습니다. 이는 언어와 종교가 같은 민족들끼리 프랑스로부터 독립하자는 민족주의를, 프랑스와 마찬가지로 정치적 자유를 요구하는 자유주의 운동을 불러왔습니다.

나폴레옹 시대 이후 변화된 유럽 사회의 분위기는 문화의 변혁으로 이어졌습니다. 유럽에서는 계몽주의 시대와 프랑스 혁명을 전후로 정치뿐 아니라 예술에 있어서도 인류 문명사에 길이 남을 유산들이 수없이 창작되었습니다. 중세시대, 교회음악이 중심이 되면서 발전이 저해되었던 음악에서는 르네상스 시대 이후 장르가 개방되어좀 더 다양한 표현이 가능하게 되었습니다.

17~18세기 독일과 이탈리아를 중심으로 성악곡, 소나타, 합주곡 등이 발달하면서 18~19세기에 이르러 음악사에 길이 빛날 황금기가 펼쳐졌죠. 바흐와 헨델의 시대로부터 모차르트, 베토벤 등 천재 작곡가들이 '클래식'이라 부르는 고전주의 음악을 형성하였습니다. 그들은 음악에서 인류가 향유할 수 있는 최고의 아름다움을 선사했는데, 현대 음악은 이러한 클래식을 재해석하고 뛰어넘으려는 시도로부터 발전해 왔습니다.

고전주의를 지나 낭만주의 음악에 이르면 인간성의 해방과 자유를 추구하는 새로운 시대를 예고하게 됩니다. 베버, 슈베르트, 멘델스존, 쇼팽에 이르기까지 낭만파 음악은 고전주의가 추구했던 엄격한 음악의 형식성 및 내용의 완벽성은 물론 인간이 가진 감정과 정서를 극적으로 이끌어내는 데 성공했습니다. 서민을 위한 세속적인 음악의 영향뿐만 아니라 문학이나 미술, 연극과 같은 예술의 영향을 받아 풍부하고 다채로운 음악의 감성을 느낄 수 있죠. 바로 교향곡이나 오페라와 같은 음악들이 많이 작곡되었던 시기입니다. 나폴레옹의 집정기간을 지나며 유럽에 퍼진 민족주의와 자유주의로 가득 찬 사회적 분위기도 낭만주의 음악에 영향을 끼쳤습니다.

또 미술에서도 음악 못지않은 성과들이 나타났습니다. 그리스 시대의 전통을 탐구하고 이어받아 대상 그 자체를 정확하고 세밀하게 표현하는 데에 역점을 두었던 르네상스의 화풍을 벗어나 새로운 변화가 나타나기 시작했죠. 음악과 마찬가지로 자유로운 표현과 인간의 감정을 중시하는 화가들이 늘어난 것입니다. 모네, 마네로부터 시작되어 고흐, 고갱을 거치면서 피어난 '인상주의' 화풍에 주목할 수 있는데, 이들은 대상을 그대로 그리기보다는 인간에게 느껴지는 주관적인 형상을 중시하기 시작했습니다. 꽤나 흥미로운 부분은 17세기부터 네덜란드와 밀접한 교류를 맺었던 일본의 화풍이 19세기 서양의 인상주의에 영향을 주었다는 사실입니다. 1868년 일본의 근대화인 '메이지 유신' 이후로 유럽에 여러 차례 소개되면서 일본 미술이 가진 단순함과 비대칭적 구조가 큰 주목을 받으며 영감을 주었다고 하죠.

　대한민국 사회를 보더라도 민주화 분위기가 고조되었던 1990년대 이후 '서태지와 아이들'이라는 그룹을 필두로 대중문화에서 다양한 장르와 예술적 실험이 이어지며 급속한 사회 변화를 감지할 수 있었습니다. 최근 작고한 신해철의 경우 '마왕'이라는 별명으로 한 시대를 풍미했던 음악인으로서 사회 문제에 대해 거침없이 자기표현을 하여 새로운 대중 스타의 면모를 보여주기도 했습니다. 대중문화는 이제 사람들의 생각과 삶의 모습 그리고 사회적 특징을 담고 있는 하나의 표본이라고도 볼 수 있죠. 이처럼 예술과 문화 역시 사회의 변화와 무관치 않고, 반대로 예술과 문화가 사람들의 인식을 변화시켜 사회를 바꾸어 나가기도 합니다.

중상주의와 산업혁명
부의 축적은 어떠한 문제를 초래했을까?

|

오늘날 '자본주의'는 매우 자연스럽고 익숙한 말입니다. 자본주의란 자본이 모든 것을 지배하고 그에 따라 사회질서가 재편되는 세상을 일컫습니다. 자본주의 탄생의 기점은 18세기의 '산업혁명'으로 볼 수 있습니다. 산업혁명은 대항해 시대로 인해 촉진된 상업적 결과로 이루어진 성과였죠. 16~17세기에 이르는 대항해 시대 동안 무역의 중심지가 지중해에서 대서양 연안으로 이동했습니다. 당시 아메리카와 아프리카로부터 자원뿐만 아니라 엄청난 양의 금·은, 보석이 유입되면서 이를 차지하기 위한 경쟁이 치열했습니다. 식민지를 통한 부의 축적은 유럽의 경제를 부흥시켰고 그것이 응축되어 산업혁명으로 이어진 것입니다.

특히 상업을 독려함으로써 국가의 재정을 튼튼히 하려 했던 16, 17세기 유럽 국가들의 행보를 '중상주의'라고 부릅니다. 그리고 중상주의로 부를 축적하고 강력한 군대를 양성하여 자신들의 왕권을 공고히 한 당시의 정치를 가리켜 '절대왕정'이라고 하죠. 앞에서 보았듯 그 중심에는 에스파냐와 포르투갈, 네덜란드와 영국 등의 상업국가들이 있었습니다. 식민지 쟁탈전과 무역 독점권에 대한 경쟁이 더욱 치열해질수록 각국들은 다른 나라들보다 우위를 점하기 위해 많은 노력을 기울였죠.

이처럼 상업활동이 활발하고도 지속적으로 이루어지면서 상품의 생산방식에 있어 상당한 변화가 진행되었습니다. 장인 혼자서 상품생산의 전 과정을 담당하던 방식에서 탈피해 한 집의 대가족이 제품을 생산하는 가내수공업으로 발전했죠. 또 한발 더 나아가 더 많은 상품의 생산을 위해 공장에서 물건을 생산하는 공장제 기계공업이 자리를 잡았습니다. 한 사람의 손에서 여러 사람의 손으로, 그리고 이제는 사람의 손을 떠나 기계의 힘을 빌리게 된 것이죠. 이렇게 장인으로부터 가내수공업으로, 다시 공장제 기계공업으로 바뀌게 되는 상품 생산방식과 관련된 일련의 변화들을 '산업혁명'이라 부릅니다.

산업혁명이 영국에서 일어난 중요한 원인 중 하나는 풍부한 노동력 때문이었습니다. 대농장의 확대로 인해 몰락한 소작농들이 일거리를 찾아 도시로 몰려오면서 노동력의 확보가 쉬웠던 것이죠. 당시 방직공업의 발전으로 양모의 가격이 치솟자 지주가 공유지의 땅에 울타리를 치거나 경작지를 목장으로 바꾸기 시작했는데, 이러한 움직임을 '인클로저 운동'이라 합니다. 이 여파로 많은 소작농들이 땅을 처분하고 도시로 몰려들 수밖에 없었고, 그들이 광산에서 석탄을 채굴하고 공장에서 물건을 생산하는 등 싼 값에 노동력을 제공함으로써 산업혁명이 촉진되었죠.

인력(人力)으로만 진행되던 산업혁명이 급물살을 타기 시작한 것은 와트의 '증기기관' 덕택이었습니다. 증기기관의 발명으로 방직공업은 놀라운 생산력을 갖추게 되었고, 효과가 입증되자 증기기관에 의한 생산방식은 다른 산업으로 재빠르게 확장되었죠. 또한 증기기관의 연료로 각 지역에 대량의 석탄이 필요했던 영국은 광산과 항구를 중심으로 자국 내에 촘촘하게 철도를 건설했는데, 이는 원자재의 효율적인 조달과 완제품의 신속한 수출을 가능하게 만들었습니다. 철도가 중요한 교통수단이 되었던 것도, 리버풀이나 맨체스터 또는 셰필드와 같이 광산이나 항구 중심의 도시들이 대도시로 급변하는 계기를 맞았던 것도 바로 이때부터였습니다.

여기에다 증기선이 발명되면서 운송혁명도 시작되었습니다. 바람으로 가는 범선의 시대에서 돛 없이 증기의 힘으로 가는 증기선의 시대가 열린 것입니다. 과거보다 훨씬 규모가 크고 안전하며 빠른 배들이 건조되었고, 아메리카 대륙과 유럽을 잇는 항로는 더욱 분주해졌으며, 사람과 물건의 이동도 자유로워졌습니다. 철도가 도시와 도시 간의 연결을 촉진시켰다면 증기선은 대륙과 대륙을 연결하는 교통수단의 역할을 했습니다. 이러한 운송수단의 획기적인 발전은 산업의 성장을 가속화시키면서 사람들에게 마치 신세계를 열어가는 듯한 느낌을 안겨 주었습니다.

반면, 산업혁명의 폐단도 만만치 않았습니다. 산업혁명은 인류에게 물질적 풍요를 가져오는 결정적 동력을 마련해 주었지만 심각한 불평등을 초래했습니다. 산업혁명으로 인해 생산수단을 가진 자본가와 그렇지 못한 노동자로 사회계급이 양분되었죠. 대형 공장이 설립되고 기계가 사람의 노동을 대신하게 되면서 대량의 수공업자들이 일자리를 잃고 파산했는데, 이는 돈이 있는 자(유산계급)와 돈이 없는 자(무산계급)의 극렬한 대립으로 이어졌습니다. 19세기 영국에서는 기계파괴운동인 '러다이트 운동'과 노동자의 정치적 권익을 주장한 '차티스트 운동'이 차례로 일어났고, 프랑스의 리옹에서는 노동쟁의가 발생하는 등 유럽사회에서 노동자의 반발이 끊임없이 터져 나왔죠.

이는 당연한 결과였는지도 모릅니다. 산업혁명 당시 노동시간은 대개 하루에 열일곱 시간에서 스무 시간에 이르렀다고 하죠. 노동환경 또한 아주 열악해서, 노동자들은 환기도 되지 않는 매우 비좁은 작업장에 갇혀 쉬는 시간 없이 일했고, 안전장비도 없이 위험한 독극물이나 화학물질에 무방비로 노출되어 있었습니다. 게다가 잠이 안 오는 약을 음식에 타서 먹이기도 하고, 열 살이 채 안 된 어린이들까지도 노동을 시키는 등 비인간적인 일들이 자행되었으며, 그에 따른 보상과 임금은 너무나 미미했으니 못된 자본가들에 대한 불만이 증폭될 수밖에 없었겠죠. 또한 급격한 인구 증가로 인해 대도시에는 빈민가가 늘어나고 위생 불량 등의 부작용이 발생하기도 했습니다. 유럽의 많은 도시들이 훌륭한 도시계획을 바탕으로 정비된 것도 이러한 시절이 있었기에 가능한 일이었습니다.

비인간적 노동의 문제는 오늘날에도 여전히 중요한 화두입니다. 유럽에서의 노동환경이 개선되었다고 해서 다른 국가가 나아진 것은 아닙니다. 자본가들이 노동시장을 확대하여 싼 임금으로 생산이 가능한 유럽 이외의 지역들로 눈을 돌렸기 때문이죠. 지금도 파키스탄 등 제3세계 국가들에서는 열 살을 갓 넘긴 또래의 아이들이 아주 형편없는 대가(2014년 6월 16일 아시아경제 신문 보도에 의하면 2014년 브라질 월드컵 공인구인 브라주카를 만드는 파키스탄 여공들의 보수는 개당 100원이라고 함)를 받으면서 나이키와 아디다스 축구공을 만들거나, 미국이나 유럽으로 나가는 옷들을 만들며 하루에 열다섯 시간이 넘는 노동으로 살아가고 있는 게 현실입니다. 정치 · 경제적으로 불안한 국가일수록 이러한 문제는 더욱 심각합니다.

대한민국의 경우엔 1970년대에 들어 노동 문제가 매우 심각한 정치 이슈로 떠올랐었습니다. 노동자들이 작업환경 개선과 인간적 대우를 요구하면서 단합하자 정부와 기업은 이를 탄압하였고, 결국 정치적 문제로 확대되면서 독재에 항거하는 민주화 운동으로 번져나갔죠. 더욱이 의식 있는 대학생들의 가세로 곳곳에서 시위가 벌어지자 대학 휴교령이 떨어졌고, 수습이 안 될 정도로 사태가 악화되었을 땐 비상계엄령을 선포하여 국민 전체를 통제하고 감시하는 등의 극단적 조치들이 시행되었습니다. '전태일 열사의 죽음'으로 시작되어 소설가 조세희의 《난장이가 쌓아올린 작은 공》으로 마감되었던 1970년대는 노동자로서의 인권뿐만 아니라 국민 전체의 인권이 침해당하는 상황으로까지 치달았습니다.

'노동운동'과 '민주화운동'으로 대변되는 격동기가 한참이나 지났지만 여전히 한국 사회에는 많은 문제들이 산적해 있습니다. 산업화를 겪으며 도시와 농촌, 수도권과 지방, 부자와 빈민 등의 경제적 격차는 갈수록 벌어지고 있고, 도덕보다도 부의 축적이 상위의 가치를 차지할 만큼 세상은 각박해져 가고 있습니다. 경제적 격차는 사회·문화적 격차로 이어지면서 부모의 배경이 자녀에게도 대물림되고 있어 상황은 더욱 악화될 것입니다. 사회적 안전망은 부족하고 먹고 살기는 더욱 빠듯해지고 있습니다. 이 시대에 어디에서 희망을 찾아야 할까요?

사회주의 혁명과 자본주의 사회
무엇을 어떻게 나누어야 할까?

|

산업혁명 기간의 열악한 생활상에도 희망은 있었습니다. 마르크스와 엥겔스라는 두 사람이 자본주의가 가진 구조적 모순을 발견하고 이를 타파하는 활동을 사회운동으로 확산시켰던 것이죠. 1848년에는 이 둘을 중심으로 유럽의 공산당원들이 뭉쳐 '노동자를 중심으로 새로운 세계를 건설하자'는 '공산당 선언'을 발표하면서 사회주의 혁명이 급물살을 타게 되었는데, 이를 이론적으로 뒷받침했던 책이 마르크스가 집필한 《자본론》이었습니다. 여기에서 그는 자본이 어떻게 세상을 움직이고 인간 불평등이 어떻게 발생하는지를 명확히 짚

어내고 있습니다. 이렇듯 사회주의 혁명은 산업혁명이 몰고 온 어두운 그림자를 몰아내고자 무진 애를 썼습니다.

오늘날 현대 국가에서 '복지' 문제를 중요하게 다루는 기원이 여기에 있습니다. 복지제도란 국가가 개인의 생활에 적극적으로 개입하여 사회의 부를 공평하게 분배하는 것을 뜻하죠. 절대적 빈곤 상태에 놓인 국민에게 교육이나 의료와 같은 공공서비스를 제공하여 기초 생활의 안정을 추구하는 제도입니다. 이를 통해 그들이 재기할 수 있는 발판을 마련하고 나아가 소비를 진작시켜 국가 경제의 활성화에도 도움이 되도록 하는 것이죠. 복지국가는 더 많은 사람들에게 '인간적인 생활'이 가능하도록 힘쓰는데, 초기 자본주의의 문제점들을 개선하고 수정하려는 노력을 담은 이러한 경제이론을 '수정자본주의'라고 부릅니다. 스웨덴, 노르웨이, 덴마크 등이 복지국가로 발돋움한 데에는 이러한 복지에 대한 고민과 투자가 전제되었습니다.

1917년 사회주의 이상을 담은 러시아 혁명이 일어났을 때 유럽의 지식인들은 드디어 노동으로부터의 해방이 이루어지고, 노동자들의 이상 국가가 현실에 등장했다는 기쁨에 들떠 있었습니다. 그러나 실상은 혁명을 일으킨 정치인들을 중심으로 독재가 이루어지면서 자본주의의 모순을 개선하고 더 인간다운 사회 건설을 지양했던 사회주의 혁명은 실패로 돌아갔죠.

북한 역시 마찬가지입니다. 국가 건설 초기에는 인민 해방을 외쳤지만 결국엔 반대파를 숙청하면서 김일성을 수령으로 하는 독재체제를 구축했습니다. 마르크스와 엥겔스가 외쳤던 노동자와 노동의 해방과는 거리가 멀었고 오히려 인민을 구속하는 국가가 되었죠. '조선민주주의인민공화국'이라는 국가명이 무색할 지경입니다. 많은 북한 주민들이 굶주리고 있다는 뉴스도 자주 들려오고 있는 만큼 상황은 매우 열악하리라 생각됩니다. 인권 유린도 심각할 것이고요. 더군다나 정치 지도자를 3대째 세습하는 국가를 어떤 시선으로 이해해야 할까요? 오래 전 사라진 봉건제 국가의 귀환일까요?

반면, 또 다른 사회주의 국가인 중국은 경제 분야에 있어서는 시장경제를 도입하여 오래 전부터 탄력 있게 대응해 왔습니다. 특히 1980년대 당시 중국의 주석이었던 덩샤오핑은 '흑묘백묘(黑猫白猫)'론을 내세우며 중국의 개혁·개방을 이끌었습니다. '흑묘백묘'란 검은 고양이든 흰 고양이든 쥐만 잘 잡으면 된다는 뜻입니다. 다시 말해, 자본주의든 공산주의든 상관없이 중국의 인민을 잘살게 하는 게 먼저라는 의미이죠. 1979년 미국을 방문하고 돌아온 덩샤오핑은 이후 사회주의 정치체제에 자본주의 경제체제를 도입하여 중국의 비약적인 발전을 이끌어냈습니다. 이러한 정책으로 다른 사회주의 국가들이 몰락하는 가운데서도 중국은 자신만의 방식으로 사회주의 체제를 유지할 수 있었습니다.

북한과 대치중인 대한민국 현실에서 사회주의가 설 자리는 없어 보이지만, 지금까지 살펴보았듯 사회주의 사상 자체가 나쁜 것은 아닙니다. 그리고 비록 현실에서 실패했지만 부의 분배 문제를 다루는

데 있어 사회주의 사상은 중요한 이론적 원천을 제공하고 있습니다. 부를 어떻게 축적할 것인가의 문제뿐만 아니라 어떻게 나누는가 하는 문제는 이 시대의 중요한 화두이니까요. 역사의 발전이란 보다 더 많은 사람들이 풍요로운 생활을 누리고 그것을 가능하게 만들어야 합니다. 이것이 진정 발전된 문명의 척도가 되어야 하지 않을까요?

그런 면에서 2011년 일어났던 '월가를 점령하라(Occupy Wall Street)' 라는 시위에 주목해 볼 필요가 있습니다. 당시 많은 미국인들이 미국 경제의 중심지인 월가에 텐트를 치고 시위를 벌였습니다. 그들이 외친 '1:99'라는 구호에는 1퍼센트에 해당하는 부자들과 99퍼센트에 해당하는 서민들을 가리키는 매우 상징적 의미가 담겨 있었습니다. 지금 같은 자본주의 사회에서는 숫자가 1퍼센트에 불과한 부자들이 90퍼센트가 넘는 부를 차지하고 나머지 10퍼센트의 부를 99퍼센트라는 다수의 사람들이 나눠 갖고 있다는 것이죠. 이렇듯 매우 기형적인 분배구조가 정상인양 자리 잡고 있는 지금, 이 기준이 세계화를 통해 하나의 국가만이 아닌 전 세계를 대상으로 확대되고 있기 때문에 더욱 큰 문제인 것입니다.

분배의 불균형은 한 국가 내에서뿐만 아니라 국가와 국가 사이에서도 나타나는 문제입니다. 남반구에 비해 북반구가, 북반구 중에서도 유럽, 동아시아, 아메리카 지역들이 세계 경제 질서를 주도해 나가면서 국가들 사이에서도 경제적 격차가 벌어지고 있습니다. 또한 기술력이 부족한 후진국의 경우 선진국들에게 경제적으로 종속되어 가고 있는데, 현재 대한민국이 누리는 부의 일부도 가난한 국가의 노동력에 의해 지탱되고 있는 게 사실입니다.

2013년 대학가에서 시작되어 사회현상으로 번진 '안녕들 하십니까?'라는 대자보 열풍은 매우 상징적인 사건이었습니다. 이는 단순

히 경제적 부가 불공정하게 분배되고 있다는 문제의식에서 출발한 것이 아니라, 경제적 부가 삶의 중심을 차지하는 자본주의 사회에서 다른 모든 사회적 문제들이 주변부로 밀려나고 있다는 데에 그 초점이 맞추어져 있습니다. 먹고 살기 어려울 때일수록 주변을 둘러보고 사람을 바라보자는 인식의 변화를 촉구했던 것이죠. 가난과 소외가 단지 한 개인의 문제가 아니라 사회구조의 문제이자 함께 살아가는 모든 사람들의 문제임을 깨닫게 하는 사건이었습니다.

'피케티 열풍'이 전 세계를 강타한 것도 같은 선상에서 이해할 수 있습니다. 피케티는 부의 편중이 소수에게 더욱 집중되고 있다는 주장은 자신이 모은 데이터로부터 내린 사실적 결론이라고 말했는데, 그 사실적 결론에는 산업혁명 이후 경제적 부를 추구했던 인류의 실상이 그대로 담겨 있습니다.

대한민국의 문제를 피케티의 주장으로 모두 설명할 수 없다 하더라도 중요한 시사점을 얻을 수는 있을 것입니다. 대기업 중심의 산업구조로 성장해 온 한국 경제는 다양한 중소기업이 발달하지 못하다 보니 구조적으로 매우 취약할 뿐만 아니라 세계의 경기 변동에 탄력적으로 대응하지 못하는 한계도 있습니다. 무엇보다도 대기업 의존성이 강하다 보니 독과점의 폐해도 드러나고 부의 편중 현상도 심화되어 부의 분배 문제에 있어서도 불평등을 초래하고 있습니다.

이제 부를 증대시키는 일만큼이나 그 부를 어떻게 나누고, 기본적 부의 보장을 위해 어떻게 해야 할지 고민해야 할 때입니다. 당장의 사회 현실을 변화시키는 것만큼이나 내가 사는 이 사회가 왜 이렇게 변화되어 왔는지를 이해하는 일도 중요합니다. 아는 만큼 보이고, 보이는 만큼 행동할 수 있기 때문이죠.

과학혁명

과학은 세계와 인간을 어떤 모습으로 바꾸어 왔을까?

산업혁명이 성공할 수 있었던 데에는 과학의 발전이 중요한 역할을 했습니다. 과학은 인간이 알고 있는 세계에 대한 지식을 경험적으로 넓혀줄 뿐만 아니라 인간의 생활에도 매우 실질적인 영향을 주었습니다. 예전에는 과학, 철학, 수학, 의학 등의 구분이 명확치 않았으나 17~18세기에 일어난 과학혁명 덕분에 다른 학문의 일부였던 과학은 그 자체로 하나의 분과 학문으로 자리 잡을 수 있었습니다. 이 시기에 등장한 수많은 과학자들의 기념비적인 업적들은 일일이 열거하기 어려울 정도죠. 가히 과학에 있어서 혁명적인 사건들이 발생했던 그 순간을 재조명해 보도록 하겠습니다.

먼저, 오늘날까지도 유명세를 타고 있는 뉴턴은 사과가 떨어지는 것을 보고 '만류인력의 법칙'을 발견한 일화로 유명합니다. 그는 고전물리학의 확립에 지대한 영향을 끼친 과학자였죠. 사물이 위에서 아래로 떨어진다는 것은 누구나 알고 있는 일이기 때문에 뉴턴의 '발견'이 특별하지 않게 느껴지는 것도 사실입니다. 그렇지만 그 원리를 깨닫고 하나의 '법칙'으로 정립한다는 것은 누구나 할 수 있는 일이 아니죠. 뉴턴의 연구로 '중력'에 대해 알게 된 인류는 우주에 대한 탐구에 있어서도 중력의 법칙을 적용할 수 있었고, 그로부터 수백 년이 지난 후에는 달에 착륙할 수 있었습니다.

넓게 보면 영화 〈그래비티〉(2013)가 흥행에 성공할 수 있었던 것도 과학혁명의 성과에 기대어 있습니다. '그래비티(Gravity)'는 말 그대로 중력을 얘기합니다. 중력이 없는 우주 공간을 유영한다는 것은 과학혁명의 시대에는 정말 상상조차 할 수 없었던 일입니다. 하지만 이론적으로는 가능하죠. 그것이 바로 과학이 지닌 가능성이자 기능입니다. 과학으로 체계화된 이론과 법칙은 실현 불가능한 세계들을 실현 가능한 세계들로 바꾸어 놓았습니다. 중력의 법칙을 알게 되었기 때문에 중력에서 벗어나는 방법에 대한 연구가 진행될 수 있었고, 이를 뒷받침하는 여러 기술들이 발전하면서 상상은 하나의 실재(實在)가 되어 우리 눈앞에 펼쳐지고 있습니다. 지구와 달을 우주 엘리베이터로 연결하겠다는 과학자의 계획이 황당하게만 들리지 않는 이유입니다.

미시(微視) 세계의 연구도 마찬가지였습니다. 현미경의 발전에 기여했던 영국의 로버트 훅과 네덜란드의 레벤후크라는 두 과학자는 미생물학에서 큰 연구 성과를 일구어냈는데, 미시 세계의 연구는 무한한 우주를 탐험하는 것만큼이나 새로운 세계를 보여주었습니다. 거시 세계의 구조와 질서와는 전혀 다른 것이었죠. 한편, 해부학의 발전으로 인간의 신체에 관한 연구가 활발히 진행되면서 의학 분야에서도 놀라운 성과를 보였습니다. 세균에 대한 연구도 괄목할 만한 진보를 이루면서 인간은 질병과의 싸움에서 좀 더 유리한 위치를 차지할 수 있었습니다. 유럽을 공포로 몰아넣었던 흑사병이 신의 노여움이나 마녀의 저주가 아닌 페스트균이 원인이라는 사실도 밝혀낼 수 있었죠.

특히 다윈의 연구 결과로 발생한 창조론과 진화론 논쟁은 천동설과 지동설 논쟁만큼이나 큰 논란거리를 낳았는데, 이 논쟁은 유럽사회가 성서와 교회의 권위로부터 벗어날 수 있는 중대한 계기를 마련하였습니다. 유럽인에게 성서와 교회는 절대적인 것으로 이에 대한 반발과 부정은 추방과 죽음을 의미했습니다. 하지만 이제 진화론은 부정할 수 없는 하나의 사실이 되었고, 교회 역시 그러한 진화론을 인정하면서도 신의 권위를 버리지 않는 새로운 세계관을 수용했습니다. 교회와 피할 수 없는 갈등을 빚을 수밖에 없었던 진화론 연구 결과는 인류 지성사를 통째로 뒤바꿔버린 획기적인 사건이었습니다.

유럽인들에게 창조론과 진화론 논쟁은 그들 문명의 정체성과 직결되는 부분이었기 때문에 더 큰 충격을 안겼습니다. 이는 '인간의 근원은 무엇이며 인간 존재란 무엇인가?'라는 물음에 대한 기존의 대답과 지식을 깡그리 부정하는 일이었기 때문이죠. 인간은 무엇인가요? 어떻게 존재하게 되었을까요? 이전까지는 그 물음에 대해 《성경》에 담긴 하나님의 말씀으로 대신했지만, 그것만으로는 더 이상

부족해지자 과학적 연구와 방법이 이를 대체하게 된 것입니다.

미국을 중심으로 인류 문명의 기원을 외계인으로 보는 사람들이 늘어난 것도 이러한 연장선상에서 이해해 볼 수 있습니다. 인간보다 더 뛰어난 문명을 지닌 외계인이 인류에게 지식을 전해 주었다는 설명이죠. 더욱이 이러한 주장은 종교로까지 발전하면서 상당한 영향력을 행사하고 있습니다.

지금껏 살펴본 것처럼 과학혁명은 인류를 신화의 세계로부터 사실의 세계로 인도했습니다. 실험과 관찰 그리고 수학적인 추론으로 증명해내는 과학의 방법을 통해 세계를 이해함으로써 더 이상 신화적 이야기에 귀 기울일 필요가 없어진 것이죠. 인간은 신으로부터 해방되었고, 이제 세계는 인간 머릿속의 체계 내에서 포착할 수 있는 하나의 대상이 되었습니다. "나는 생각한다. 고로 나는 존재한다."는 데카르트의 선언은 신이 아닌 인간이 세계의 주체로 우뚝 서는 역사적 순간을 집약적으로 표현하고 있습니다. 더 이상 과거의 권위에 기대어 기억의 시간에 얽매일 필요가 없어진 인간은 이제 모험과 도전을 통해 미지의 세계로 나아갈 수 있는 능력을 갖게 되었습니다.

과학혁명은 그동안 알지 못했던 세계에 대한 지평선을 넓혀주었으며 정치, 종교, 철학, 문화, 예술 등 모든 분야에 걸쳐 인류를 새로운 세계로 안내했습니다. 오늘날 인류가 누리고 있는 문명의 혜택 중 상당 부분이 과학에 의존하고 있다는 사실이 이를 생생히 증명하고 있습니다.

하지만 과학의 발전이 늘 좋은 결과만을 가져오지는 않았죠. 인간을 오만하게 만들고 자연을 파괴하는 결과를 낳았을 뿐만 아니라 더욱 격렬하고 폭력적인 전쟁을 만들어내기도 했으니까요. 과학의 발전으로 인류의 지식이 확장되자 몇몇 학자들은 과학맹신주의에 빠져들기 시작했습니다. 과학이라는 도구를 사용한다면 우주의 모든 비밀이 밝혀지는 것은 시간의 문제라 여기는 사람들도 늘어났습니다. 물론 과학 자체의 문제라기보다는 이를 이용하는 사람들의 문제였습니다. 따라서 과학을 어떻게 활용하느냐에 따라 인간의 문명은 그 운명을 달리할 수 있을 것입니다.

10

세계,

전쟁의 소용돌이에 빠지다

인간은 자신이 믿고 따르는 가치를 지키기 위해 때론 목숨을 걸기도 합니다. 그 가치가 누구에게는 옳고 누구에게는 그르며, 어떤 이들에게는 허황되고 어떤 이들에게는 솔깃한 정도로 그칠 수도 있지만, 독선이 되고 독단이 되는 순간 서로를 향해 총을 들이대는 무서운 다툼으로 번지기도 합니다.

세계대전 역시 그러했죠. 제1차 세계대전이 식민지 쟁탈전으로도 불리는 제국주의의 다툼이었다면, 제2차 세계대전은 그야말로 인간이 저지를 수 있는 최악의 폭력과 만행으로 얼룩진 전쟁이었습니다. 게다가 파시즘과 나치즘이라는 두 광신적인 이념이 전 세계를 지옥으로 밀어 넣었던 끔직한 사건으로 기록되었습니다.

이 두 차례의 세계대전에서 자유로운 국가는 없었습니다. 직접적으로 참여하지는 않았다 하더라도 참혹한 전쟁의 피해를 고스란히 떠안아야 했으니까요. 무엇을 위한 전쟁인지, 또 누구를 위한 전쟁인지도 모르는 채 밀려오는 총소리와 군인들의 함성소리에 불가항력적으로 휩쓸릴 수밖에 없었죠. 수천만 명의 사람들이 이 전쟁에서 목숨을 잃은 것도 슬픈 일이지만 살아남은 사람들의 아픔 역시 그에 못지 않았습니다.

인간 자체에 대한 불신과 회의가 일었고 그에 따른 반성적 움직임도 보였습니다. 세계적 규모의 전쟁이라는 점에서 세계 어느 나라 사람이든 이를 피할 수 없었으므로 인류는 이 절망을 극복해야 하는 커다란 숙제를 떠안았습니다. 이제 그 치열한 전장 속으로 뛰어 들어가 보도록 하겠습니다.

빈 체제
역사의 주역은 누구인가?

세계대전을 이야기하기 위해서는 그보다 더 이전의 역사로 거슬러 올라가야 합니다. 프랑스 혁명이 발발하고 나폴레옹의 군대가 휩쓸고 지나간 자리에는 자유주의와 민족주의에 대한 바람이 불어오고 있었습니다. 자유주의란 프랑스 혁명과 같이 시민들의 정치적 자유에 대한 요구였고, 민족주의란 공통된 역사적 배경과 동일한 언어를 가진 민족 중심의 독립국가를 건설하자는 열망이었습니다.

하지만 이를 두려워한 열강들이 유럽의 질서를 재정비하기 위해 오스트리아의 수도 빈에서 모임을 가졌습니다. 오스트리아, 러시아, 프로이센, 영국의 대표들은 이 모임에서 유럽을 프랑스 혁명 이전의 상태로 되돌리기로 결정했죠. 세력의 균형을 맞추기 위해 중소 왕국들을 통합한 강력한 왕국들이 등장했습니다. 이로써 나폴레옹에 의해 폐위되었던 국왕이나 왕조들이 복귀하면서 시민들의 요구나 기대와는 상관없이 그들의 입맛에 맞게 유럽지도가 다시 그려졌습니다.

이렇게 자유주의와 민족주의를 억압하고 구체제 왕정으로의 복고를 기도했던 유럽 열강들의 협의체를 '빈 체제'라고 부릅니다. 이들 국가들은 프랑스 혁명과 같은 아래로부터의 봉기나 나폴레옹과 같은 영웅이 나타나기를 바라지 않았습니다. 대신에 봉건제적 왕권이 유지되는 구체제가 지속되기를 바랐습니다. 그들은 긴밀한 협조 아래 혁명의 기운이 감도는 곳에서는 그 싹을 잘라버리는 한편, 어느 한 나라가 더 강성해지지 못하도록 서로에 대한 감시도 게을리 하지 않았습니다.

그러나 프랑스 혁명의 기운이 유럽을 덮치고 난 후 역사의 주역은 어느 한 사람이나 소수의 영웅에서 벗어나 있었습니다. 역사서에 기록되지 않은 수많은 사람들이 자신들의 운명을 스스로 개척해 나갔습니다. 문맹에서 벗어난 사람들에게 세상이 달리 보이듯 자유를 한 번 맛 본 사람들은 이를 억압하려는 빈 체제에 저항하기 시작했습니다. 여기엔 계몽주의의 풍토 속에 자의식이 높아진 중산층들과 부를 축적한 상공업자들이 주축을 이루었죠. 더군다나 자신들의 의지와 상관없이 피해를 당한 국가들은 소수의 유럽 열강들에 의한 결정을 그대로 따를 수가 없었습니다. 독일의 대학생들을 필두로 에스파냐, 이탈리아의 나폴리와 피에몬테 등에서 자유주의 운동이 전개되었습니다.

당연히 이러한 반동이 또 한 번의 프랑스 혁명으로 이어질 것을 두려워한 빈 체제의 국가들은 이들을 탄압했습니다. 이때 역설적이게도 빈 체제의 중심 국가들이 오히려 오스만튀르크로부터 독립하려는 그리스의 자유주의자들을 지원하게 되는 일이 벌어졌습니다. 그리고 그리스의 저항은 오히려 다른 국가들의 귀감이 되었죠. 또한 1830년 프랑스에서는 다시 한 번 혁명이 일어났습니다. 시민들의 봉기하여 국왕 샤를 10세를 폐위하고 루이 필리프를 새로운 입헌군주로 옹립하는 7월혁명이 일어났으며, 여기에 그치지 않고 1848년 2월혁명으로 인해 왕정이 폐지되고 공화정이 들어섰습니다.

같은 해 오스트리아에서 3월혁명이 일어나 메테르니히가 실각하고 빈 체제가 막을 내리면서 중부 유럽에는 독립운동의 바람이 불기 시작했습니다. 우선 독일의 연방국가 중 하나였던 프로이센은 수상 비스마르크의 '철혈정책'을 통해 강력한 군대로 북독일을 통일한 다음, 1870년에는 남독일까지 편입시키면서 명실상부한 독일 제국으로 발돋움했습니다.

빈 체제 아래에서 분열 상태를 겪었던 이탈리아 역시 통일을 향한 발걸음을 떼기 시작했습니다. 사르데냐 왕국의 수상 카보우르가 북부와 중부 이탈리아를 통일하는 동안 남부 이탈리아가 가리발디에 의해 통일되었죠. 그리고 1860년에 국민투표를 거쳐 남북 이탈리아가 사르데냐 왕국에 합병되기에 이릅니다. 이렇게 1861년 이탈리아 왕국이 들어선 후 1870년에는 반도 전체를 차지함으로써 이탈리아는 완전한 통일을 이룩했습니다. 이 두 국가는 훗날 세계대전을 일으킨 주인공이 되기에 이후 그들의 발전상에 주목할 필요가 있습니다.

이렇게 빈 체제가 약해진 틈을 타 자유주의자들의 정치적 요구가 더욱 힘을 얻을 수 있었고, 각국의 민족주의로 민족을 중심으로 한 독립국가의 탄생이 이어지면서 기존의 왕정복고를 꾀했던 빈 체제의 주요 국가들은 큰 타격을 입었습니다. 이 두 사상은 19세기 유럽 사회를 뒤흔든 가장 큰 힘이었습니다.

청 왕조
아시아와 유럽의 추는 왜 기울었을까?

중국에서 황제가 통치하는 정치체제로는 마지막인 청 왕조는 여진족이 세웠던 금 왕조로부터 출발했습니다. 누르하치가 만주 지역을 통일하고 그의 후계자인 홍타이지가 국호를 후금(後金)에서 청(淸)으로 바꾸면서 중국의 마지막 왕조가 시작된 것이죠. 명 왕조의 뒤를 이어 중국을 지배한 청 왕조는 같은 이민족 왕조였던 원 왕조와는 달리 한족을 중용하였을 뿐만 아니라 그들의 선진문화를 수용하였습니다. 그에 따라 강희제(康熙帝)로부터 옹정제(雍正帝)·건륭제(乾隆帝)까지 3대에 걸쳐 전성기를 누릴 수 있었습니다. 하지만 1796년 백련교도의 난과 1813년 천리의 난을 기점으로 서서히 쇠퇴의 길을 걷게 되었죠.

청 왕조가 상당한 문명 수준을 보여주는 증거 가운데 하나는 천하의 모든 책을 수집했다는 사실입니다. 강희제의 명령으로 중국 내에서뿐만 아니라 중국과 교류가 있던 세계 여러 나라의 책들을 모아 1772년부터 1782년에 걸쳐 7만 권에 해당하는 방대한 분량의 《사고전서(四庫全書)》를 출간하였죠. 그리고 이를 일곱 벌을 만들어 열하, 북경 원명원, 자금성, 심양의 네 곳에 보관하도록 했습니다. 더욱 놀라운 것은 보관에만 그치지 않고 일반 백성들이 이를 보게 했다는 점입니다.

당시 성리학의 병폐를 막고 새로운 질서를 찾기 위해 애쓰던 조선의 정조는 청의 문물에도 많은 관심을 가지고 있었습니다. 당연히 청으로 사절단이 파견될 때에 조선의 실학자들도 동행하였는데, 그들은 중국 연경의 '유리창 거리'를 방문하고 경악을 금치 못했습니다.

길 양 옆으로 끝도 없이 늘어진 상점마다 듣도 보도 못한 책들로 가득 차 있었기 때문이죠. 강가에서만 놀던 사람들이 바다를 보고 놀란 것이나 마찬가지였습니다. 중국에서 돌아온 그들은 뒤처진 조선의 문물을 보며 깊이 반성하고 새로운 시대를 준비하려 노력했습니다. 물론 기득권 세력에 막혀 실학자들의 시도가 꿈으로 끝나 버리긴 했지만요.

책에는 과거 사람들의 경험이 고스란히 녹아 있고 현재 사람들의 사고가 담겨 있습니다. 그리고 책은 당대의 의식 수준을 평가하는 척도이기도 합니다. 세계의 책을 수집한다는 일이 어디 쉬운 일인가요? 그리고 책을 수집하겠다는 그 발상 또한 아무나 할 수 있는 일은 아닙니다. 모든 정보가 쏙쏙 들어 있는 책을 읽고 더 나은 미래를 개척하겠다는 것이 바로 《사고전서》가 품고 있는 목적이자 의지라고 할 수 있죠. 이런 것만 보더라도 중국 왕조들이 가진 문명의 수준과 문명에 대한 자부심을 느낄 수 있습니다.

그런데 어쩌다 세계 최고의 문명국가 중 하나였던 중국의 위세가 저물어가는 해처럼 몰락해 버렸을까요? 대항해 시대와 혁명의 시대 그리고 뒤이은 제국주의 시대를 통해 유럽이 전 세계로 확장되고 있을 동안 화려했던 중국 문명은 유럽에 비해 상대적으로 뒤처지고 말았습니다. 유럽과 같은 시민혁명이나 산업혁명, 과학혁명은 없었다 하더라도 중국 문명의 수준이 유럽보다 뒤처지지는 않았는데도 말입니다. 무엇이 달랐을까요?

우선 너른 땅으로부터 얻어지는 풍족한 식량과 그동안 축적되어 온 풍부한 문명의 혜택을 고스란히 받고 있었던 중국으로서는 다른 대륙으로의 진출이나 식민지 개척에 큰 의의를 두지 않았을 수도 있습니다. 중국은 이미 주변국과 이민족들로부터 조공을 받는 등 제국과 다를 바 없는 국가 운영을 통해 부를 축적해 오고 있었기 때문입니다. 그런 점에서 유럽과 같은 동기부여가 없었다고 볼 수 있죠.

이미 살펴보았던 것처럼 왕국과 도시를 중심으로 발전했던 유럽은 왕국 간, 도시 간의 빈부 격차가 매우 컸습니다. 국가적으로는 다른 국가들에 뒤처지지 않게 부를 축적하고 새로운 문물을 받아들이는 일이 절실했고, 상인들에게는 상품을 판매하고 원자재를 들여올 수 있는 시장이 필요했죠. 중세에서 벗어난 유럽은 그들을 가로막고 있는 장벽인 이슬람을 피해 황금의 땅으로 진출하기 위해 동방과의 교류를 절실히 갈구했습니다. 이러한 필요와 절실함이 중국과 유럽이라는 두 세계의 차이를 만들어 낸 중요한 원인일 것입니다.

한편으로는 역사적 경험의 차이로 바라볼 수도 있습니다. 중국은 황하와 양쯔강 사이에 있는 광활한 영토를 삶의 공간 또는 자신들의 세계로 인식하고 있었습니다. 그들에게는 그곳이 세상의 중심이고 그 나머지는 주변부에 불과했습니다. 몽골을 제외한 중국의 왕조들은 유럽까지 진격하거나 아프리카나 아메리카로 진출해야 할 이유가 없었을 테죠. 명 왕조 때 있었던 정화의 원정도 식민지 개척이 아닌 자신들의 위세를 만방에 떨치기 위해서였을 뿐입니다.

이와 달리 고대 그리스로부터 헬레니즘 시대, 로마 시대 그리고 나폴레옹 시대에 이르기까지 유럽 제국의 역사는 삶의 공간이나 세계의 공간을 지속적으로 '확장'시켜 왔습니다. 그들은 모자라거나 부족한 것을 다른 민족과 땅으로부터 채워 왔던 것이죠. 지금도 형태만 다를 뿐 제국주의는 그대로 지속되고 있다고 해도 과언이 아닙니다. 자신보다 경제력이 약한 국가들을 상대로 막대한 이윤을 뽑아내는 것 역시 약탈과 침략에 다를 바 없기 때문이죠. 이러한 의식 또한 동서양의 무게 중심이 기울게 된 결정적 원인이 되었을 것입니다.

자신들의 공간을 확장해 왔던 서양 제국주의 세력이 마지막 남은 땅인 아시아로의 진출을 꾀하고 있을 때 유일하게 서양식 근대화에 성공한 아시아 국가가 있었습니다. 바로 일본입니다. 19세기 일본은 '메이지 유신'을 통한 정치개혁을 단행하여 내각제를 실시하고 의회를 개원하는 한편, 철도와 공장 등을 세워 산업화에도 박차를 가했습니다. 서양식 과학과 문화를 받아들이고 교육제도를 개편하는 등 일련의 개혁조치로 조기에 근대화를 이루었으며, 1894년의 청일전쟁과 1904년의 러일전쟁을 승리로 이끌면서 군사력 면에서도 유럽 열강들과 어깨를 나란히 했습니다.

그러나 이 같은 일본의 근대화로 인해 동아시아는 비극의 역사를 써내려가야만 했습니다. 20세기 초 중국과 한반도 그리고 동남아시아 전역을 식민지로 삼았던 일본은 제2차 세계대전에 참가하면서 침탈의 야욕을 드러냈습니다. 일제강점기의 한반도는 일본의 병참기지역할을 하면서 온갖 수탈과 억압을 당해야 했죠. 특히 일본군 위안부문제는 아직까지도 미해결 상태로 남아 있는데, 일본은 위안부의 역사를 끝까지 부정하며 피해자들에게 사과조차 거부하고 있습니다. 자신의 역사를 철저히 반성하고 후속 조치를 취한 독일과는 정반대의 태도를 보이고 있죠. 근대화가 결코 더 나은 인간 세상을 증명하거나 자랑스러운 역사를 보장해 주지는 않았습니다.

아편전쟁

청 왕조는 어떻게 몰락의 길을 걸었을까?

청 왕조가 무너진 과정을 살펴보면 굉장히 치밀하고 전략적인 침략이었음을 알 수 있습니다. 청 황실에 몇 차례에 걸쳐 사절단을 보내 개항을 요청했던 영국은 1840년 아편전쟁을 일으킨 후, 그 승리의 전리품으로 난징조약을 체결하여 강제로 문호를 개방하게 만들었습니다.

여기에는 경제적 요인도 작용했습니다. 영국이 아편전쟁을 일으키게 된 가장 큰 이유 중 하나는 무역 불균형에 있습니다. 청은 영국에 주로 차(茶)를 수출했고, 영국은 청에 모직물과 인도 면화를 수출했는데, 영국은 항상 적자를 면치 못했습니다. 인도를 점령하면서 차를 마시는 문화가 정착된 영국에서 차에 대한 수요가 급증하자 부족한 분량을 메우기 위해 중국산 차를 대량으로 수입해야 했기 때문이죠. 이에 영국은 청에 몰래 아편을 밀매했고, 그렇게 벌어들인 은(銀)으로 차에 대한 대금을 치렀습니다. 아편 밀수가 사회 문제로 떠오르자 청에서는 강력한 아편 금지 조치를 시행했는데, 영국은 마치 이를 기다리기나 한 듯이 보복 전쟁을 일으켰죠.

정말 치사한 방법이 아닐 수 없습니다. 대체 누가 영국을 신사의 나라라고 했을까요? 그들은 마치 자신들이 인류 문명의 선두주자이자 교양인인 것처럼 행세했지만, 다른 나라들을 깔보는 것은 물론 자국보다 국력이 약하다는 것이 확인되는 순간 여지없이 침략을 단행했습니다. 그렇게 영국은 전 세계를 대상으로 하는 식민지 전쟁을 통해 제1차 세계대전 이전까지 세계를 주름잡는 국가가 될 수 있었죠. 대다수 유럽 제국주의 국가들 역시 영국과 마찬가지로 야금야금 다른 지역들을 침탈하여 식민지를 만들어 왔습니다.

그렇지만 힘의 논리로 이루어지는 국제관계에서 패배한 자는 아무 말도 할 수 없었습니다. 역사상 가장 부도덕한 전쟁이라고까지 불리는 '아편전쟁'에서 승리한 영국은 99년간 홍콩을 할양받았으며, 청은 상하이를 포함한 5개 항구를 개항하는 조치를 취했습니다. 홍콩의 경우에는 1997년이 되어서야 중국으로 반환되었죠. 이러한 영국의 잔꾀를 포착한 서구 열강들이 이권을 노리고 벌떼같이 달려들면서 중국은 주변국이 아닌 서양 오랑캐들에 의해 유래 없는 혼란 속으로 빠져 들어갔습니다.

게다가 크리스트교를 접한 홍수전이 1851년 한족의 독립과 만민평등을 주장하는 태평천국운동을 일으키면서 청은 내부적으로도 크나큰 위협에 직면하였습니다. 위세를 잃고 종이호랑이가 되어버린 청은 1860년 열강의 힘을 빌려 태평천국운동을 진압할 수밖에 없었습니다. 새로운 세상을 만들어보려던 계획이 수포로 돌아간 홍수전은 자살을 선택했지만, 태평천국운동은 황제 중심의 낡은 정치체제에서 벗어나려 했고, 당시의 사회 경제적 현실을 비판했다는 점에서 짧은 기간이었음에도 근대적인 혁명이었다는 긍정적 평가를 받고 있습니다.

이후 중국인들은 자신들에게 닥친 현실적 상황을 직시하고 이를 타개하기 위한 방법을 시도했습니다. 서양문물 도입을 통해 부국강병을 이루기 위한 '양무운동'을 전개한 것이죠. 신식 무기로 군대를 재조직하고 산업화를 추진하며 신식교육을 실시하는 등의 근대화를 추진했지만 이조차 수포로 돌아갔고, 1894년에 일어난 청일전쟁에서의 패배, 그리고 1898년에 입헌군주제를 목표로 했던 무술개혁의 실패라는 연이은 악재가 터졌습니다. 게다가 청 왕조의 전복과 외세의 배격을 목표로 일어난 1898년의 '의화단 운동' 등 여러 사건을 거치면서 몰락의 길을 향해 달려갔습니다.

하지만 여기까지였습니다. 근본적인 개혁을 단행하여 한족을 중심으로 하는 공화국을 만들고자 했던 1911년의 '신해혁명'을 끝으로 청 왕조는 역사에서 사라지고 말았죠. 그 뒤 위안스카이가 중화민국의 대총통으로 취임하면서 근대 중국의 역사가 시작되었습니다.

제1차 세계대전
제국주의의 승자는 누구였을까?

|

지리상의 발견과 대항해 시대에 이어 유럽 국가들은 아메리카와 아프리카를 넘어 아시아 지역으로 식민지를 확대해 나갔고, 그들의

무력 앞에 많은 국가들이 하나둘씩 무릎을 꿇고 말았습니다. 식민지 국가와 불평등 조약을 체결한 유럽의 여러 나라들은 정치 간섭은 물론이고 자원채굴권, 철도부설권 등과 같은 많은 이권들을 챙겼습니다. 그들은 식민지의 발전에는 아무런 관심이 없었죠.

여기에 통일에 성공한 독일과 이탈리아 같은 후발 주자들이 제국주의에 뛰어들면서 유럽 열강들의 세력 다툼은 더욱 잦아졌습니다. 더 이상 차지할 수 있는 땅이 사라지자 지구상 모든 곳에서 번번이 부딪힐 수밖에 없었던 유럽 국가들 간의 충돌은 전쟁으로 확대되고 말았습니다. 제1차 세계대전은 이렇게 유럽 열강들이 세계를 지배하기 위한 주도권을 놓고 벌인 전쟁이었습니다.

19세기 말에 이르러 유럽 주요 국가들은 '동맹국'과 '연합국'으로 헤쳐 모였습니다. '삼국동맹'은 독일 · 오스트리아-헝가리 제국 · 이탈리아가 맺은 군사동맹입니다. 한편, 영국 · 프랑스 · 러시아 역시 불안정한 유럽 정세에 대비해 '삼국협상'이라는 군사동맹을 맺었죠. 이는 모두 자국의 식민지를 보호하기 위한 군사적 조치였습니다.

여러 나라들의 복잡한 이해관계가 얽혀 상충하는 가운데 오스트리아-헝가리 제국의 황위 계승자가 세르비아 청년에게 암살당하는 사건이 발생했습니다. 이는 범게르만주의와 범슬라브주의라는 민족주의 대립이 촉발시킨 사건으로, 오스트리아-헝가리 제국이 세르비아에 선전포고를 하면서 유럽은 크나큰 전쟁의 소용돌이 속으로 빠져들게 되었죠. 이것이 바로 1914년 발발했던 제1차 세계대전의 시작이었습니다.

밀고 밀리던 제1차 세계대전의 전환점이 된 해는 1917년이었습니다. 영국을 고립시키기 위해 무제한 잠수작전을 펼친 독일은 영국 해역의 모든 선박들을 대상으로 무차별 공격을 실시했습니다. 전쟁을 조기에 종결시키려는 의도로 감행한 작전이었지만, 오히려 자국 상선의 피해를 입은 미국이 참전하게 되는 결과를 가져와 전쟁의 판도에 큰 분수령이 되고 말았죠.

이런 와중에 볼셰비키 혁명으로 차르 체제가 무너진 러시아가 전쟁에서 손을 떼자 그 틈을 타 독일이 러시아와 평화조약을 맺으면서 전황을 유리하게 끌고 가는 듯 보였습니다. 독일은 러시아와 맞서고 있던 동부전선의 병력을 서부전선으로 이동시켜 총력전을 펼쳤습니다. 그렇지만 영국과 프랑스의 연합군은 독일을 끝까지 막아내며, 1918년 드디어 오랜 전쟁에 종지부를 찍을 수 있었습니다.

제1차 세계대전은 인류가 처음 접했던 세계적 규모의 전쟁이었습니다. 그런 만큼 이전까지의 전쟁과는 비교도 안 될 정도의 불행한 기록들을 남겼습니다. 3천만 명이 넘는 사상자를 내고 수천 억 달러의 경제적 손실을 가져왔으며, 유럽 전역이 돌이킬 수 없을 정도로 초토화되었죠. 패자인 동맹국은 물론 승자인 연합국도 엄청난 타격을 입을 수밖에 없었고, 동맹국은 연합국에게 자신들의 이권을 넘겨주고 배상금까지 지불해야 했기에 더욱 뼈아픈 패배를 안아야 했습니다.

제1차 세계대전 종결 후 승전국들은 전후 국제질서의 재확립을 위해 1919년 프랑스 파리에서 회의를 개최했습니다. '파리강화회의'라고 일컬어지는 이 회의는, 미국 대통령 윌슨이 1918년에 제창한 '14개조 원칙'을 채택하고 국제연맹의 창설에 합의하는 등 겉으로는 매우 평화로운 분위기로 진행되었지만, 실제로는 영국, 프랑스, 미국 등 3대 대국의 이권을 우선시한 회의였습니다. 또한 패전국에 대한 과중한 배상금과 다른 국가들에 대한 적절치 못한 조치로 인해 많은 불만을 일으켜 제2차 세계대전의 빌미를 제공하기도 했는데, 파리강화회의로 탄생한 이 국제질서를 '베르사유 체제'라 부릅니다. 뒤이어 열린 '워싱턴 회의' 역시 승전국들을 중심으로 한 열강들의 거래가 이루어지는 무대였죠. 제1차 세계대전 이후의 국제질서인 베르사유 체제와 워싱턴 회의는 많은 부작용을 낳았습니다.

　이에 반해 제1차 세계대전 이후 각국의 식민지들은 식민통치에 반대하는 운동을 펼치며 독립을 요구하기 시작했습니다. 이러한 독립의 사상적 바탕에는 역설적이게도 베르사유 체제가 채택했던 '민족자결주의'가 깔려 있었습니다. '민족자결주의'란 각 민족은 다른 민족의 간섭에서 벗어나 스스로 자신들의 운명을 결정할 권리가 있다는 주장으로서, 미국이 기존 제국주의 국가들로 하여금 과거와 같은 힘을 갖지 못하도록 꼼수를 부린 것이었죠. 미국 경쟁국들의 식민지들이 독립을 하면 그들도 예전 같은 힘을 갖지는 못할 테니까요. 그렇게 민족자결주의는 식민지 국가들의 반식민지 저항에 결정적인 이론적 토대를 제공함으로써 중유럽과 발칸반도에 속한 여러 민족들뿐 아니라 터키, 중국, 인도를 비롯한 많은 나라들의 독립투쟁에 큰 영향을 끼쳤습니다.

통신과 전기
기술의 발달은
어떤 사회적 변화를 가져왔을까?

19세기와 20세기는 인류의 삶에 많은 변화가 있었던 시기이기도 합니다. 진보한 기술에 의해 인간 문명은 그 어느 때보다 휘황찬란함을 누릴 수 있었습니다.

전기와 전신(電信) 그리고 무선통신 등의 기술이 발달해 원거리 통신이 가능해지자 지구 반대편 소식을 곧바로 접할 수 있게 되면서 세계는 물리적인 거리뿐만 아니라 심리적 거리도 가까워졌습니다. 1844년 모스의 '모스 부호'가 탄생하고, 1876년에 알렉산더 그레이엄 벨이 전신을 대체하는 통신수단인 전화를 개발하면서 의사소통에 있어 혁명적인 변화가 일어났습니다. 사람들은 이제 짧게는 며칠에서 길게는 한 달씩 걸리는 편지를 '기다리는 시간'이 필요 없게 되었죠. 고대인들의 '비둘기통신'은 어느새 '전기통신'으로 바뀌어 있었습니다.

무선통신 기술의 발명은 이를 더욱 가속화시켰습니다. 1870년에는 맥스웰이 전자기파를 발견하였고, 1887년 헤르츠는 눈에 보이지 않는 다양한 진동의 전자기파가 존재한다는 사실을 증명하였습니다. 몇 년 뒤 이탈리아의 발명가 굴리엘모 마르코니가 전파를 이용해 모스 부호를 장거리 전신 메시지로 보내는 데 성공하면서 이들의 연구 성과가 실제로 활용되기 시작했죠. 마르코니의 '무선전신'은 얼마 지나지 않아 육지에서 몇 천 킬로미터나 떨어진 곳의 무선장비를 갖춘 배와 연락을 주고받을 수 있을 정도로 발전하였습니다. 이와 관련된 사례로 1912년 영국의 호화 여객선 타이타닉이 침몰한 후 미국에서는 대형 여객선에 의무적으로 무선장비를 설치하는 법을 통과시키기도 했습니다.

전기 또한 통신의 발명에 버금갈 만큼 인류의 삶을 무한정으로 바꿔놓은 기술이었습니다. 전기가 인간의 손 안으로 들어온 것은 1800년에 볼타가 전기 에너지를 발생시키는 '볼타전지'를 발명하면서부터였습니다. 이는 인류가 처음으로 불을 사용한 것과 견줄 만한 일이었습니다. 뜨겁고 환한 불을 요리와 조명으로 활용하기 시작하면서 더 따뜻하게 지내고 더 안전하게 먹기 시작했던 인류에게 있어 또 다른 혁신의 시작이었죠. 이제는 불 대신에 전기를 이용하면서 따뜻하고 안전한 생활에 즐거움과 편리함을 덤으로 추가하게 되었습니다. 벼락이 칠 때나 구경하던 전기를 인간 마음대로 다룰 수 있게 된 것이죠. 상상해 보세요. 촛불로 어둠을 밝히던 사람들이 전구가 발산하는 빛을 처음으로 봤을 때 얼마나 놀라웠을까요? 이것이야말로 기술의 진보가 가져온 문명의 혜택이었습니다.

특히 가전제품의 등장과 더불어 전기는 인간 생활 곳곳에 스며들기 시작했는데, 제1차 세계대전 기간 동안 무기 공장에 전력을 공급하기 위해 큰 발전소들을 잇달아 건립했던 미국은 전쟁이 끝나자 남아도는 전력을 소진시켜야 하는 문제에 봉착했습니다. 물론 공장 또한 그대로 방치해 둘 수 없었죠. 이에 대한 대책으로 여러 회사들이 전기를 사용하는 가전제품들을 잇달아 출시했습니다. 세탁기와 냉장고, 진공청소기와 축음기, 라디오와 텔레비전 등이 속속 가정의 필수품으로 들어서기 시작한 것이죠. 에디슨과 같은 발명가들로 인해 인류가 받은 혜택은 이루 다 말할 수 없을 정도였습니다.

전쟁은 또한 사회구조의 변화에도 영향을 주었습니다. 전쟁터로 떠난 남자들을 대신해 산업 전반의 노동을 담당했던 여성들은 전쟁이 끝난 후에도 많은 역할들을 담당하며 사회적 지위를 한층 높일 수 있었습니다. 홍수처럼 쏟아지는 가전제품 덕택에 가사노동에서 해방된 것도 여성들의 적극적인 사회 진출의 계기가 되었죠. '커리어 우먼' 또는 '슈퍼 우먼'이라 부르는 오늘날의 새로운 여성상이 등장한 시기였습니다. 1990년대 이후 본격적으로 여성의 사회적 지위가 높아지기 시작한 대한민국과 비교하면 무려 70년이라는 시간의 격차를 느낄 수 있습니다.

통신기술과 가전제품은 생활에 있어 연쇄적인 변화를 일으켰습니다. 라디오와 텔레비전이 미디어로서 크게 각광받기 시작했던 것이죠. 사회에서 일어나는 전반적인 사건들은 물론이고 스포츠 중계에 이어 상업적인 쇼가 방송을 타면서 사람들은 열광했습니다. 매스미디어를 기반으로 하는 '대중문화'의 탄생은 저녁 늦은 시간이나 주말에 가족들이 모여 라디오 또는 텔레비전을 시청하는 일을 일상으로 만들었을 뿐만 아니라, 과거에 전쟁 영웅이나 누릴 수 있던 인기를 얻는 대중스타들을 탄생시켰습니다. 문화를 소비하고 향유하는 일은 이전에는 귀족들이나 누리는 사치스러운 것이었으나, 대중문화가 탄생함으로써 많은 사람들이 문화를 즐기는 주체로 올라설 수 있었던 것이죠.

대중문화는 또 인간의 예술적 염원과 사회적 욕망을 채워주는 수단으로도 기능하였습니다. 가장 오래된 대중문화 중 하나인 '사진'은 19세기 중반에 발명되어 예술가들의 호기심을 자극해 왔습니다. 특히 대상을 있는 그대로 담아내고자 하는 인간의 지적 유희가 투영된 도구였기 때문에 더욱 큰 반향을 불러일으켰죠. 인간에게 감각되는 대상의 '실체'가 무엇인지 파악하려 했던 예술가들에겐 정말 특별한 일이 아닐 수 없었습니다. 작은 에피소드를 하나 말하자면, 지금은 사진을 찍고 찍히는 것이 자연스러운 일이지만 카메라가 개발된 당시의 그런 행위는 매우 이색적이고 예의 없는 행동으로 받아들여졌다고 하죠.

사진에 이어 19세기 말에는 '활동사진'이 등장해 다시 한 번 사람들의 호기심을 자극했습니다. 1895년에는 뤼미에르 형제에 의해 대형 스크린 위에 최초로 영화가 시연되었습니다. 이후 기계가 개량되고 기법이 발달하면서 영화는 대중문화의 한 축을 담당하게 되었는데, 거기에 컴퓨터그래픽(CG) 기술과 2000년대부터 상용화된 3D 기술이 더해지면서 점점 더 매력적인 매체로 거듭나고 있습니다. 이제는 영화를 빼놓고는 대중문화를 논할 수 없는 위치에까지 이르렀죠.

제2차 세계대전
인간의 문명은 진정 진보했을까?

1929년 경제대공황이라는 폭풍이 전 세계를 강타했습니다. 경제공황이란 부실한 경제구조로 인해 경제활동이 마비되고 각 분야의 산업활동이 중지되는 현상을 말합니다. 제1차 세계대전 이후의 미국은 호황을 누리고 있었습니다. 그러나 수요를 앞지르는 과잉생산으로 실질적인 산업활동으로의 투자가 위축되고 있었고, 투자처를 찾지 못한 자본이 금융 분야로의 투자로 이어지고 있었습니다. 이렇게 경제에 거품이 끼자 기업의 경제가치가 실제 가치보다 높게 책정되었고, 과열된 증권시장의 거품이 터지면서 어느 순간 주가의 폭락으로 이어졌습니다. 결제대금이 딸리는 기업들의 줄도산이 이어졌고,

직장을 잃은 노동자들은 하루아침에 실업자로 전락했으며, 은행의 파산으로 투자자들의 돈은 휴지 조각으로 변했습니다. 더 이상 버틸 수 없었던 미국의 경제는 파탄에 이르고 말았죠.

　제1차 세계대전이 종결된 후 재건과 배상금 지급을 위해 미국의 달러가 막대하게 유입되었던 유럽의 경제도 직격탄을 맞으면서 그 여파가 전 세계로 확대되었는데, 이를 두고 '경제대공황'이라 부릅니다. 더욱이 제1차 세계대전으로 인한 상처가 아직 아물지 않은 상태에서 일어난 일이라 그 피해는 더욱 심각했습니다. 경제대공황에서 벗어나기 위해 각국은 자신들의 식민지를 경제 블록으로 묶어 블록 내의 관세를 낮추고 화폐 가치를 높이는 등 살아남기 위한 자구책을 마련했지만 세계 경제가 언제 회복될지는 미지수였습니다.

　이러한 경제 위기 속에 '파시즘'이 등장했습니다. 원래 '묶음'을 뜻하는 이탈리아어 '파쇼(fascio)'에서 나온 말인 파시즘은 라틴어인 '파스케스(fasces)'로부터 유래했습니다. 전통적으로 고대 로마는 하얀 자작나무 막대기를 붉은 가죽 띠로 묶은 뒤 그 사이에 옆으로 날이 선 청동 도끼를 끼운 파스케스를 로마 공화정의 상징으로 사용했습니다. 이것이 결속과 단결을 뜻하는 의미로 바뀌면서 이탈리아의 무솔리니가 주장한 '파시즘'이라는 이념으로 자리잡은 것이죠. 국가가 개인보다 우위를 차지하고 지도자에게 절대적 복종을 종용하는 것이 특징인 파시즘은 민족을 중심으로 국가를 이룬 당시 유럽 사회에서 유행처럼 번지기 시작했는데, 일반적으로 제2차 세계대전 당시 독일과 이탈리아 및 일본의 전체주의 국가들의 행보를 가리킵니다.

제1차 세계대전에서 동맹국이었다가 연합국으로 돌아선 이탈리아는 승전국이었음에도 아무런 이득을 얻지 못했고, 어려워진 경제 탓에 국민들의 불만은 높아만 갔습니다. 그 틈을 타 무솔리니가 이끄는 파시스트당이 정권을 장악하게 되었던 것입니다. 처음에는 아주 작은 조직에 불과했던 파시스트당은 1920년대에 점차 세력을 확대한 후, 테러와 폭력으로 반대 세력들을 제거하며 종국에는 로마의 중앙정부를 장악하고 정권을 탈취하였습니다. 1930년대에 경제위기가 닥치자 무솔리니는 이를 전쟁을 통해 해결하려 했고, 1934년 오래전부터 눈독을 들이고 있던 에티오피아를 침공하여 1936년 완전히 점령하기에 이르렀습니다.

독일의 경제 사정도 이탈리아와 비슷했습니다. 제1차 세계대전의 패전국으로서 배상금 문제로 골머리를 썩고 있던 독일은 경제대공황으로 인해 이중고를 겪어야만 했기 때문에 돌파구가 필요했습니다. 히틀러가 이끄는 나치당이 국민투표에서 승리를 거두고 1당 독재체제를 구축한 후 정복의 야욕을 꿈꾸었습니다. 이에 독일은 1938년 오스트리아를 침략해 합병했고, 1939년에는 폴란드마저 집어삼키며 서쪽으로 진군했죠. 어느새 영국과 프랑스, 동쪽으로는 당시 소비에트 연방(소련)에 이르는 양대 전선을 확립한 독일의 기세는 무서웠습니다.

독일과 이탈리아가 합세하여 유럽과 아프리카를 상대로 침략전쟁을 벌이는 가운데 동아시아에서 제국주의 국가로 떠오른 일본이 가세하면서 전쟁은 더욱 치열해졌습니다. 이에 위협을 느낀 미국·프랑스·영국·소련은 군사동맹을 맺어 반파시즘 연맹을 형성하였죠. 1941년에 일본이 미국의 진주만을 침략하면서 태평양전쟁이 발발하자 전쟁은 추축국(제2차 세계대전 당시 독일·이탈리아·일본을 중심으로 한 동맹국)과 연합국 사이의 전면전으로 치달으며 이들 나라들과 관련된 유럽, 북아프리카, 태평양, 동남아시아 등 전 세계로 확산되었습니다.

초기에는 추축국에 유리하게 전개되었던 전세가 1942년 미드웨이 해전, 소련의 반격, 북아프리카 상륙 그리고 1944년 노르망디 상륙작전 등을 거치면서 점차 연합국 쪽으로 기울었습니다. 1943년에는 이탈리아가 항복하고, 1945년에는 베를린을 침공당한 독일이 항복하면서 유럽에서의 전쟁은 종결되었습니다. 승리한 연합국은 1945년 '포츠담 선언'을 발표하고 전후 처리에 대해 논의하면서 일본에게 무조건 항복을 촉구했습니다. 하지만 일본이 끝까지 저항하자 연합국은 히로시마와 나가사키의 두 도시에 원자폭탄을 투하했고, 1945년 일본의 무조건 항복을 끝으로 무시무시한 세계대전은 막을 내리게 되었죠.

물질적으로도 그렇지만 정신적으로는 더욱 치명적인 전쟁은 인류에게 씻을 수 없는 상처를 안겼습니다. 탱크와 비행기 등 수많은 최신예 무기가 등장했던 제2차 세계대전은 사망자만 무려 4천 만 명에 이를 정도로 처참한 전쟁이었습니다. 그 대부분이 군인이 아닌 민간인이라는 점에서 더욱 안타까운 일이었습니다. 독일의 유대인 학살과 원자폭탄의 투하는 전쟁이 얼마나 잔인해질 수 있는가를 알려주었습니다. 이에 원자폭탄 개발에 앞장섰던 아이슈타인과 당시 세계적인 수학자이자 철학자로 이름을 떨쳤던 버트런드 러셀이 비핵화를 주창하고 반전 운동을 펼치는 등 수많은 지식인과 과학자들이 전쟁을 규탄하고 평화를 외치는 데 동참했습니다.

특히 전쟁을 계기로 인간 문명과 인간 본성에 대한 심각한 반성과 회의가 일었습니다. 철학에서는 야스퍼스, 하이데거, 사르트르와 같은 철학자들로 대표되는 실존주의가 등장하면서 인간의 존재 이유와 인간으로서 주체적 행위에 대한 깊은 성찰이 진행되었습니다. 인간이 정말 인간답게 살아가기 위해서는 어떻게 해야 하는지 진지한 고민이 필요한 시점이었죠. 실존주의자들은 인간이 왜 살아가고 어떻게 살아가야 하는가에 대한 인간으로서의 본질적인 의문들에 답하는 과정에서, 자유의지를 가진 인간으로서 자신의 행위에 대해 적극적으로 책임져야 한다고 주장했습니다. 현실참여를 뜻하는 '앙가주망(Engagement)'은 실존주의의 본질을 그대로 드러내는 개념이자 구호였죠.

카프카의 《변신》이나 까뮈의 《시지프스 신화》 및 《이방인》 등 실존주의 문학을 대표하는 작품들은 현대사회에 많은 시사점을 안겼습니다. 발달하는 인간의 문명과 그 속에서 소외되는 인간의 모습을 통해 인간의 문명이 과연 누구를 위한 것인가에 대한 진지한 문제제기를 하고 있습니다. 또 나치의 만행을 똑똑히 경험했던 독일인 헤르만 헤세는 《데미안》, 《싯다르타》, 《유리알 유희》와 같은 대작들을 발표하며 선과 악의 양면성을 지닌 인간의 본성에 대한 깊은 성찰과 인생을 바라보는 넓은 시각들을 제시했습니다. 한편, 피카소는 《게르니카》라는 작품에서 나치의 무차별 폭격으로 폐허가 된 스페인의 도시 게르니카를 형상화하여 전쟁의 참혹함과 인간의 폭력성을 고발했습니다.

미국에서는 전쟁의 소용돌이 속에서 회의감과 공허함으로 젊은 날을 보냈던 '잃어버린 세대'를 대표하는 작가들이 등장하였습니다. 뛰어난 작품을 발표하고도 은둔과 칩거로 대중들에게 모습을 드러내지 않았던 J. D. 셀린저의 《호밀밭의 파수꾼》이나, 방탕한 생활을 일삼았던 피츠제럴드의 《위대한 개츠비》와 같은 소설들은 시대를 비판하고 시류를 거부하는 내용으로 반항과 일탈을 갈망하는 젊은이들에게 한줄기 생명수와 같은 역할을 했습니다. 특히 제1차 세계대전에 직접 참전하고 스페인 내전을 취재하는 등 전쟁에 깊은 관심을 보인 헤밍웨이는 《무기여 잘 있거라》, 《누구를 위하여 종은 울리나》, 《노인과 바다》와 같은 소설들을 발표하며 전쟁의 참상과 인간에 대한 통찰력을 딱딱한 하드보일드 문체로 그려냈습니다.

이처럼 제1, 2차 세계대전은 계몽주의의 전통 아래 진보를 향해 무작정 달려온 인간 사회에 큰 경종을 울렸던 시간이었습니다. 또한 인류가 가꾸어 온 문명에 대한 회의와 반성을 통해 새로운 시대의 지표를 다시금 가다듬는 시간이기도 했습니다. 인류가 감당할 수 없을 정도의 가슴 아픈 일을 겪어야 했지만 문명의 진보가 결코 물질적 진보로만 달성되지 않는다는 것을 깨닫게 한 계기가 되었죠. 과학과 기술의 발달이 무엇을 가져올지는 결국 인간에게 달려 있습니다.

전쟁은 어떠한 이유로도 정당성을 가질 수 없습니다. 편을 가르고 내 편이 아니면 죽여도 된다는 사고방식은 너무나 폭력적이죠. 인류는 폭력의 문화가 결코 인간을 아름답게 하거나 인류를 더 나은 문명의 세계로 초대하지 못함을 알고 있습니다. 그럼에도 여전히 전쟁을 치르는 이유는 무엇일까요? 인간의 본성일까요? 아니면 자기 종족 보존을 위한 이기적 욕심일까요? 과연 인류에게 전쟁이 사라진 것을 기념할 수 있는 날이 올 수 있을까요?

포드주의
기술의 발달은 인간 문명의 축복일까?

기술의 발달은 사회적 양상도 바꾸어 놓았습니다. 바로 미국을 중심으로 발달한 '자동차' 이야기입니다. 오늘날까지도 그 명성을 이어가고 있는 포드 자동차를 설립한 '포드'의 활약을 빼놓을 수 없습니다. 인류가 바퀴를 발명하고 난 후 수천 년 만에 자동으로 굴러가는 수레가 탄생되었는데, '자동마차'라는 '개인용 운송수단'은 정말로 매력적인 발상이 아닐 수 없었습니다. 일부 귀족들과 부자들만이 소유할 수 있었던 이 '운송수단'을 모든 사람이 갖게 된다는 것은 상상도 하지 못한 일이었죠. 1901년 헨리 포드 자동차가 설립되고 경쟁자인 제너럴 모터스(GM)가 1920년대에 새로운 모델의 자동차를 만들어 내놓으면서 자동차는 신개념 운송수단이자 누구나 갖고 싶은 대중문화의 아이콘 역할을 해왔습니다.

무엇보다 포드의 자동차 생산방식은 대량생산과 대량소비를 가능하게 만드는 계기가 되었습니다. 흔히 '포드주의(Fordism)'라 부르는 대량생산방식은 '컨베이어 벨트'로 대변되는데, 생산공정을 잘게 나누어 노동자에게 한 가지 업무만을 할당하는 분업방식으로, 과거 가내수공업에서 제조의 전 과정을 도맡았던 '장인(Master)'의 방식과는 완전히 달랐죠.

이러한 포드주의 방식은 공정의 효율성을 높여준 반면 노동자들의 '소외'를 불러왔습니다. 여기에서 말하는 '소외'란 일반적으로 사용되는 감정의 소외가 아니라 생산에서의 소외입니다. 노동자가 상품 생산의 과정과 결과에서 비켜나게 되었다는 뜻이죠. 포드주의의 대량생산방식 이후 '투입된 노동 ⇒ 산출된 제품'에 해당하는 일련의 과정과 결과는 오직 공장 소유주나 공장의 경영을 맡은 관리직만이 알고 있거나 알 수 있는 부분이 되었기 때문입니다. 이제는 노동자가

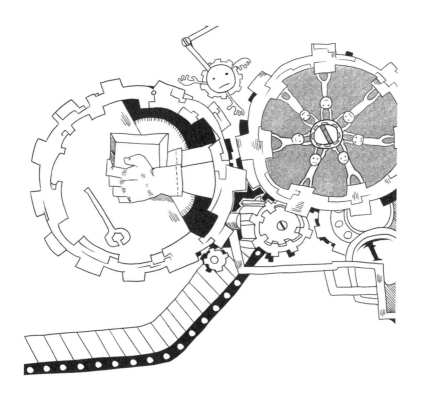

하나의 부품이나 소모품으로 전락되고 만 것입니다. 노동자들은 어떤 재료가 사용되고 어떻게 생산될지, 나아가 어떻게 판매될지 하는 것에는 관심을 가질 필요가 없었습니다. 오직 자기 위치에서 컨베이어 벨트에 실려 오는 제품에다 할당된 부품을 끼우는 역할만 해내면 되었으니까요.

톱니바퀴 사이에 끼어 함께 돌아가는 노동자가 인상적인 장면으로 꼽히는 〈모던 타임즈〉의 배우이자 감독이었던 찰리 채플린은 그저 '돈 버는 기계'로 전락한 노동자의 지위와 노동의 소외를 비판적으로 표현했습니다. 자본이나 토지와 같은 생산수단을 소유하지 못해 자본가에게 예속될 수밖에 없었던 노동자들이 선택할 수 있는 것이라고는 급여의 액수와 노동의 시간 정도였습니다. 그것도 자본가가 제시하는 한도 내에서였죠. 신분제가 사라진 자본주의 사회에서는 경제적 격차가 사회적 신분을 나타내는 기준이 되었습니다.

특히 대량생산과 대량소비 사회를 대변하는 포드주의는 추후 교육이나 문화에도 큰 영향력을 발휘했습니다. 일괄되고 규격화된 교육을 통해 보다 많은 사람들이 일정 수준의 교육을 받을 수 있었고, 문화를 즐길 수 있는 공간이 늘어나고 문화의 보급 또한 확대되어 보다 더 세련된 문화를 즐길 수도 있었습니다. 반면에 인간이 획일화되고 규격화된 사회에 서서히 길들여지면서 개성과 정체성을 상실해 간다는 비판이 제기되었죠. 또한 개개인이 사회에 불응하거나 저항하는 것을 미연에 방지하기 위해 대중을 통제하고 지배하며 감시하는 사회로 변모하고 있다는 문제의식도 나타났습니다. 내가 왜 사는가를 묻기보다는 자신이 이곳에 어떻게 적응할까가 더 중요한 문제로 떠오르게 된 것이죠.

미셸 푸코는 제러미 벤담의 《파놉티콘》을 거론하며 현대 사회로 오면서 이러한 특징이 더욱 강화되어 가고 있다고 보았습니다. 1930년에 발표된 올더스 헉슬리의 소설 《멋진 신세계》는 디스토피아적 세계를 묘사한 대표작으로, 작품 속에 드러나는 미래 사회의 어두운 모습은 오늘날에도 깊은 공감을 사기에 충분합니다.

　원인이 무엇이었든 과정이 어찌 되었든 현재 세계는 서양과 그 이외의 세계로 구분되어 있고, 무엇보다 태어나는 순간부터 세계 사람들 사이에 불평등이 시작된다는 사실에 주목해야 합니다. 이러한 타고난 불평등은 당연한 것이 아니라 역사 속에서 형성되어 온 것이죠. 그렇다면 앞으로 무엇을 바꾸어 나가야 할지도 명백해집니다. 물론 더 많은 이들이 행복할 권리를 찾는다는 것은 이처럼 오래도록 형성되어 온 사회구조와 인간 의식을 개혁해 나가는 일이기에 쉽지 않습니다. 그렇다고 바라보고만 있을 수는 없습니다. 착한 사마리아인이 될 것인가, 아니면 나쁜 사마리아인이 될 것인가의 갈림길에서 무엇을 선택해야 할까요?

11

세계,

무한한
욕망을 향한 다툼

21세기에 살고 있는 인류는 20세기의 역사에 기대어 있고, 20세기의 역사는 그 이전의 역사와 연결되어 있습니다. 어느 시대나 그러했지만 20세기에는 특히 매우 극적인 역사가 펼쳐졌습니다. 현재와 직접적으로 연결된 시간이기에 더욱 그렇게 느껴질 테죠.

그런데 극적이라는 것은 항상 양면을 포함하고 있는 것 같습니다. 두 차례의 세계대전, 뒤이은 냉전시대 그리고 경제전쟁까지 숱한 전쟁의 연속이었다는 점에서 매우 암울할 수밖에 없었지만, 과학의 놀라운 발전으로 보면 인류는 하늘을 날 수 있게 되었고 나아가 지구 밖으로의 여행도 실현했습니다. 또한 상상 속에서만 보아왔던 신기한 전자제품이 홍수처럼 쏟아지기도 했습니다.

20세기의 후반부는 크게 냉전의 시대와 자본주의의 시대로 구분해 볼 수 있습니다. 냉전의 시대가 이념의 시대라면 자본주의 시대는 말 그대로 자본의 시대라고 할 수 있습니다. 공산주의와 사회주의, 그리고 자본주의와 민주주의라는 양대 진영에 속한 국가들의 치열한 세력 다툼이 바로 냉전의 시대였다면, 냉전의 종식과 함께 찾아온 자본주의 시대는 모든 국가들이 경제적 우위에 서기 위해 노력하고 경쟁했던 시대였죠.

다음에서는 다사다난했던 20세기 후반의 역사를 들여다보고 미래를 준비하며 살아가는 21세기 인류의 모습을 그려보고자 합니다.

냉전시대
냉전은 무엇이고 어떻게 시작되었을까?

제1, 2차 세계대전을 거치면서 4~5백 년이나 지속되어 왔던 서구 열강의 지배체제에도 서서히 균열이 가기 시작했습니다. 동아시아의 중국을 비롯한 인도차이나반도의 여러 나라들, 오랜 영국 식민지였던 인도 그리고 아프리카와 라틴아메리카 등 오랜 식민지 상태에 놓여 있던 많은 나라들에서 제2차 세계대전이 끝나자마자 기다렸다는 듯 민족해방운동이 전개되었죠. 독립을 쟁취하고 국가를 세우면서 저마다 새로운 시대를 맞이하고자 하는 희망에 부풀어 있었습니다. 특히 1960년에는 아프리카의 열일곱 개 국가가 정치적 독립을 쟁취하면서 '아프리카의 해'로 지정되는 역사적 순간도 맞이했습니다.

그러나 이러한 신생 독립국가들이 완전한 자립을 이루고 국제사회에서 제 목소리를 내기까지는 꽤 오랜 시간이 필요했습니다. 정치·경제적 측면에서의 불안정도 문제였지만, 오랜 식민 통치로 인해 서구 열강들에 종속되어 있는 부분이 여전히 많았기 때문이죠.

이러한 상황에서 막강한 군사력을 가진 미국과 소련이 세계 질서를 주도하는 양대 국가로 등장했습니다. 동유럽의 많은 국가들이 사회주의를 채택했고, 이와 함께 소련은 자신들의 세력을 공고히 하기 위해 사회주의 전파에 심혈을 기울였습니다. 이를 우려했던 미국과 영국은 유럽에서 더 이상 사회주의가 확대되는 것을 막고 서유럽 지역에서 민주주의가 안정적으로 정착할 수 있도록 고심하고 있었습니다.

그때 그리스와 터키가 공산주의 폭동으로 정치적 혼란에 휩싸였는데, 영국이 전후 복구를 이유로 원조 중단을 선언하자 미국은 중대한 결정을 내렸습니다. 1947년 미국 대통령 트루먼이 '트루먼 독트린'을 통해 반소, 반공 노선을 천명하고 그리스와 터키에 즉각적인 원조 제공을 약속했던 것이죠. 여기에 그치지 않고 뒤이어 '마셜플랜(유럽부흥계획)'을 세워 서유럽 16개 국가들에게 120억 달러에 달하는 원조를 제공했고, 1949년에는 '북대서양 조약'을 체결하여 사회주의 국가들의 연합에 공동 대처하기로 약속했습니다. 이에 자극을 받은 소련과 동유럽 국가들도 1955년 '바르샤바 조약'을 맺어 북대서양 조약기구에 대응했습니다.

이렇게 시작된 사회주의·공산주의 진영과 민주주의·자본주의 진영의 힘겨루기는 1990년까지 40여 년에 걸쳐 계속되었는데, 이를 가리켜 '냉전시대'라 부릅니다. '냉전(Cold War)'이란 직접 무기를 들고 싸우는 '열전(Hot War)'이 아니라 이념이나 정치, 외교와 같은 다른 방식으로 세력 대결을 하는 전쟁을 의미합니다. 그럼에도 어느 한쪽이 무기를 만들면 다른 한 쪽이 이를 능가하는 무기를 개발하는 등 군비 증강은 그 어느 때보다도 치열했습니다.

우주 경쟁의 막이 오른 것도 이 시기였죠. 별을 탐사하겠다는 아름다운 목적에서가 아니라 누가 핵무기를 더 빠르고 멀리 실어 보낼 수 있는 로켓을 개발하느냐 하는 경쟁에서 촉발된 것으로, 최첨단 기술의 집합체 격인 우주를 향한 경쟁은 더욱 치열한 군비 경쟁을 촉발시켰습니다. 상황이 극단으로 치닫자 양대 진영은 군비 감축 논의를 통해 평화를 모색하기도 했습니다. 반면에 인공위성을 활용하거나 스파이를 심어 적국의 사정을 샅샅이 알아내기 위한 치열한 정보전이 펼쳐지기도 했습니다. 영화 〈007〉 시리즈는 이러한 냉전시대의 첩보전을 소재로 삼아 엄청난 성공을 거두었죠.

누가 승리를 거둘지 모르는 이 냉전체제는 팽팽한 긴장감 속에 지속되었으며, 세계 곳곳에서 군사 도발과 함께 국지전 형태의 전쟁이 발발하기도 했습니다. 1948년 독일의 동·서독으로의 분할, 한반도의 남·북 분단과 1950년의 한국전쟁, 1962년의 쿠바 미사일 위기 및 1955년부터 1975년까지 이어진 베트남전쟁은 이러한 냉전이 빚어낸 최대의 사건이자 비극이라고 할 수 있습니다.

또한 냉전의 시대에는 이념이 그 사회를 지배했기 때문에 언론의 자유도 심각한 침해를 받았죠. 민주주의 진영에서는 '레드 콤플렉스(Red complex)'라고 하여 붉은색을 상징으로 하는 사회주의 이념에 대해 극도로 예민한 반응을 보였고, 이로 인해 많은 사람들이 정치적 희생양이 되기도 했습니다. 사회주의 진영 역시 자기 이념에 대한 부정과 비판을 통제와 억압으로 대응했죠.

대한민국 역시 이념의 지배를 받은 사회였습니다. 7, 80년대에는 검열을 통해 언론을 통제하고 불온서적이나 금지곡을 지정하여 사상적 자유를 억압했습니다. 이러한 이념 논쟁은 지금도 현재진행형에 있습니다. 선거 등 정치적으로 중요한 시기에 단골손님으로 등장하는 '북풍'이 대표적인 예죠. 물론 그 강도와 색채는 달라졌지만 '이념' 문제로 인해 다른 사회 문제가 묻힌다면 이는 사람들의 눈과 귀를 가리는 꼴이 됩니다. 사회에 존재하는 다양한 현안들을 사안의 중요성에 따라 공정하게 다루는 일은 야당과 여당, 보수와 진보를 막론하고 정치와 언론의 중요한 역할이기 때문입니다.

한국전쟁과 베트남전쟁

무엇을 위한 전쟁이었을까?

제2차 세계대전에서 일본이 패망함으로써 해방을 맞은 한반도는 자주적인 국가를 건설하지 못했습니다. 일본군의 무장해제라는 명목 아래 북위 38도선을 경계로 북쪽엔 소련군이, 남쪽엔 미군이 주둔했고, 1945년 12월 미국·영국·소련 세 나라 외상이 '모스크바 3상회의'를 통해 한반도를 최소 5년간 신탁통치하기로 합의했습니다. 한반도 내에서는 신탁통치에 대한 찬반양론이 거세게 부딪혔죠. 이후 1946년 3월 '미소공동위원회'가 열렸으나 의견 차이로 결렬되었고, 이어 개최된 2차 회의마저 합의에 이르지 못하면서 유엔은 남북한 총선거를 결정하였습니다.

그렇지만 소련과 북한은 이를 거부한 채 유엔한국임시위원단이 38선 이북으로 넘어오는 것을 저지하였습니다. 상황이 악화되자 유엔에서는 남한만의 선거를 실시하기로 결정했는데, 이 결정이 분단의 시작이 될 것을 우려한 김구, 김규식 등의 인사들이 적극 반대하고 나섰습니다. 그들은 북한과의 접촉을 통해 분단을 막고자 했으나 실패하고 말았죠. 결국 1948년 5월 10일 남한만의 총선거가 실시되었고, 1948년 8월 15일에 대한민국 정부가 수립되었습니다. 1946년부터 단독정부 수립을 준비해 온 북한은 1948년 8월 최고인민회의 대의원 선거를 통해 조선민주주의인민공화국을 수립했죠. 이렇게 한반도는 분단의 길에 들어섰고, 1950년 6월 25일 전쟁으로 이어졌습니다.

소련과 중국의 지원으로 오래도록 전쟁 준비를 해왔던 북한은 소련제 탱크를 앞세워 물밀듯이 남쪽으로 내려왔습니다. 3일 만에 서울을 함락하고 그 기세를 몰아 3개월 만에 부산과 경상도 일부를 제외한 대한민국의 전 지역을 손에 넣었습니다. 대한민국이 북한에 함락되면 동아시아 지역에서 자국의 영향력을 상실할까 우려했던 미국은 파병을 결정했고, 1950년 9월 15일 인천상륙작전을 감행해 서울을 수복한 뒤 북으로 진격하여 압록강 근처에까지 이르렀습니다. 통일을 눈앞에 둔 듯했죠. 하지만 위협을 느낀 중공군의 참전으로 다시 38선 이남으로 후퇴할 수밖에 없었고, 전쟁은 3년에 걸친 장기전으로 치달았습니다. 휴전을 위한 회의를 진행하는 와중에도 한 평의 땅이라도 더 차지하기 위한 일전일퇴의 공방전이 거듭되었습니다. 마침내 1953년 7월 27일 유엔군과 북한 인민군 사이에 휴전협정이 이루어지면서 휴전은 오늘에까지 이어지고 있습니다.

한반도에서 통일정부가 수립되지 못한 것은 매우 안타까운 일이 아닐 수 없습니다. 일제강점기 당시 중국에 조선의 임시정부가 수립되었지만 실질적인 정부로서의 권위를 인정받지 못했습니다. 게다가 신탁통치를 통한 남북한의 군정이 시작되면서 우리 민족이 원하는 형태의 국가체제가 갖추어지기 힘들었죠. 형은 공산주의, 아우는 민주주의 쪽에 선 채 서로 적이 되어 싸울 수밖에 없었던 이념의 전쟁을 과연 누가 원했을까요? 강대국 사이에 벌어진 힘의 논리에 좌지우지될 수밖에 없었던 상황이 안타까울 따름입니다.

　이와 같이 한국전쟁은 양대 진영의 '대리전'이라는 불리는 '동족상잔의 비극'이었습니다. 지금까지도 계속되고 있는 휴전 상태는 이산

가족에게 큰 고통을 주고 있을 뿐만 아니라 군사적 긴장상태를 유발시킴으로써 막대한 국가적 손실을 초래하고 있습니다. 2013년 세계 군사력 순위로 볼 때 대한민국은 10위권에, 북한은 30위권 안에 들어 있는 군사대국입니다. 이 순위는 비대칭전력(재래식 무기가 아닌 대량살상, 기습공격 등이 가능한 핵무기·특수전 전력)을 제외한 순위이기 때문에 정확한 군사력을 보여주지는 않습니다. 그럼에도 남북한을 합친 국방비 지출은 어마어마합니다. 남한만 해도 2013년 국방예산이 30조 원을 넘었으니까요. 이를 다른 분야에 투자했다면 지금보다 훨씬 더 나은 국가 발전을 이룩할 수 있었겠죠.

베트남전쟁에도 이념이 개입되기는 마찬가지였습니다. 초기에는 내전이었으나 베트남이 공산화되는 것을 막고자 미국이 개입하면서 국제적인 양상을 띠게 되었죠. 하지만 국토의 많은 부분이 삼림에다 정글로 이루어진 베트남에서는 공습이 쉽지 않았을 뿐만 아니라 게릴라식 전투에 당하는 경우가 많았죠. 결국 수풀을 없애기 위해 고엽제와 같은 제초제를 무차별 살포했는데, 이로 인한 후유증은 지금까지도 나타나고 있습니다. 더욱이 베트남의 공산주의 군사조직인 베트콩과 민간인의 구분이 어려워 수많은 민간인 학살도 발생했습니다. 그럼에도 외세의 개입을 원치 않았던 베트남 민중들은 끈질기게 저항하고 투쟁했습니다. 미국은 막대한 인력과 물자를 투입하면서까지 승리를 거두려 했지만 자존심을 구길 수밖에 없었죠.

무자비한 베트남전쟁에서 명분도 실리도 잃은 채 인명 피해만 늘어가자 미국 정부는 국민들의 거센 반대에 부딪혔습니다. 밥 딜런, 폴 매카트니 같은 유명 가수들이 평화를 염원하는 노래를 발표하며 반전에 앞장섰고, 당시 자연주의 삶을 추구했던 히피 문화도 미국의 반전 여론 형성에 큰 영향을 끼쳤습니다. 영화 〈7월 4일생〉은 한 군인의 삶을 통해 이 같은 의미 없는 베트남전쟁의 참혹함을 실감나게 고발하여 큰 반향을 불러 일으켰죠. 결국 수월찮은 전세(戰勢)와 반전 여론에 못이긴 미국이 퇴각하고 베트남에 임시혁명정부가 세워지면서 1975년 오랜 전쟁은 매듭을 지었습니다. 근 20년이나 되는 기나긴 전쟁이 남긴 것은 미국의 패배와 베트남의 폐허였습니다.

대한민국 역시 이 전쟁에 참전했습니다. 참전 군인에게는 미국 달러로 급여가 지급되었기 때문에 생활고를 탈출하기 위한 젊은이들의 행렬이 줄을 이었습니다. 그러나 당시의 환율로 따진다면, 한국군에게는 큰 액수였을지 모르지만, 같이 참전했던 필리핀이나 태국의 군인들과 비교했을 때 미국은 한국군에게 훨씬 적은 급여를 지급했다는 사실에서 당시 미국의 대한민국에 대한 태도를 엿볼 수 있습니다. 이렇게 젊은이들이 목숨을 걸고 벌어들인 외화는 가난했던 나라를 부자로 만든 직접적 원인은 아니었지만 대한민국의 경제 성장에 큰 밑거름이 된 것만큼은 사실입니다.

반면, 당시 한국군은 베트남에서 많은 잘못을 저지르기도 했습니다. 그중에서도 죄 없는 민간인을 많이 학살했다는 사실, 또 베트남

여성들과의 사이에서 태어난 자녀들(라이따이한)에 대한 무책임한 태도 등으로 인해 그들에게 많은 상처를 안겼죠. 물론 민간인 학살의 경우 작전 중 어쩔 수 없었던 면도 더러 있긴 했겠지만 그것으로 잘못이 정당화될 수는 없습니다. 이는 한국 근대사에 있어 스스로 반성해야 할 부분입니다.

냉전의 시대가 남긴 유산은 아무리 뒤져봐도 긍정적인 측면들을 찾아보기가 어렵습니다. 이념의 대립으로 인해 정치적 발전이 저해되고 인권 유린이 자행되었기 때문이죠. 민주주의에서 가장 중요한 요소 중 하나인 언론의 자유 또한 침해당했습니다. 소모적인 군비 경쟁과 크고 작은 전쟁들 역시 승자와 패자 모두에게 쓰라린 상처만을 남겼습니다. 나와 생각이 다르다는 이유로, 내 편이 아니라는 이유로 상대에게 폭력을 가하는, 인류가 버리지 못한 야수의 모습을 재확인한 것이나 다름없었죠.

경제전쟁의 시대
냉전의 종식은 어떤 결과를 가져왔을까?

|

냉전은 결과적으로 자본주의 진영의 승리로 귀결되었습니다. 미국의 지원 속에 경제개발에 착수하면서 자본주의 진영에 속해 있던

국가들은 점차적으로 국력을 키워나갔습니다. 서유럽 국가들의 경우 두 차례의 세계대전으로 빼앗긴 세계 지도국으로서의 주도권을 되찾기 위해 노력하였습니다. 그 일환으로 1959년에 유럽경제공동체(EEC)를 설립하여 미국의 영향으로부터 벗어나 자주적 경제 발전을 위한 토대를 마련했죠. 일본은 한국전쟁과 베트남전쟁의 병참기지 역할을 하며 얻은 막대한 경제적 이익을 바탕으로 1970년대 들어 세계 2위의 경제대국으로 급부상하는 놀라운 성과를 일궈냈습니다.

제2차 세계대전 이후 독립한 대한민국은 '한강의 기적'이라는 말이 알려주듯 전쟁의 폐허 속에서 기적 같은 경제발전을 이루어냈습니다. 건국 후 30~40년이라는 짧은 시간 동안 급격한 산업화를 통해 경제대국으로 발돋움했죠. 유럽이 대항해 시대와 산업혁명을 거치며 3~4백 년에 걸쳐 이룩했던 발전의 과정을 압축한 일이었기 때문에 전 세계로부터 주목을 받았습니다. 말 그대로 기적 같은 일이었습니다. 하지만 급속한 발전 과정에서 오랜 독재와 부패한 정치로 인한 지도력 부재 및 대기업 위주의 산업구조와 불균등한 재분배 문제 등 해결해야 할 사회 문제들도 함께 떠안아야 했습니다.

승승장구했던 자본주의 국가들에 반해 국가 주도의 계획경제를 채택한 사회주의 국가들은 경제적 어려움을 겪으며 자본주의 국가들에 비해 경쟁력을 상실해 가고 있었습니다. 1960년대를 전후로 여러 사회주의 국가들에서 노동쟁의가 발생하면서 정치체제에 대한 변혁의 요구가 빗발쳤습니다. 그럴수록 사회주의 국가들에 대한 소련의 간섭과 통제는 더욱 심해졌죠. 특히 1968년 체코에서 민주자유화 운동이 일어나자 소련은 이를 즉각적으로 진압하기 위해 바르샤바 조약기구의 동맹군들을 포함한 수십만의 군대를 투입했습니다. '프라하의 봄'이라 부르는 이 사건 결과 체코에서의 개혁은 중단되었고, 민주자유화 운동에 참여했던 수많은 지식인들과 정치인들에 대한 숙청이 단행되었습니다. 이러한 소련의 행동은 사회주의 진영에서조차 비난과 지탄을 면치 못하면서 동유럽에서 변혁의 물결을 일게 하는 원인이 되었죠.

한편, 제3세계 국가들의 등장 역시 세계 질서 재편에 큰 영향을 주었습니다. 제3세계 국가들의 등장으로 세계가 다원화되기 시작했기 때문이죠. 제1세계는 미국과 서유럽을 중심으로 한 자본주의 국가들, 제2세계는 소련과 동유럽을 중심으로 한 공산주의 국가들 그리고 제3세계는 아프리카, 라틴아메리카, 아시아 지역을 중심으로 한 국가들을 의미합니다. 미국의 동맹국인 대한민국은 제1세계에 포함되어 있죠. 제3세계 국가들은 대부분 오랜 식민통치를 겪은 공통점이 있어 똑같은 역사를 되풀이하지 않기 위해 미국과 소련의 양대 진영에서 벗어나 독자적인 길을 모색했습니다. 그들은 주로 후진국들로 구성되어 있었지만 100여 국이 넘는 커다란 정치적 규모와 풍부한 천연자원이 매장되어 있는 경제적 이점으로 인해 오래 지나지 않아 국제사회에서의 위상을 크게 신장시킬 수 있었습니다.

이러한 국제 사회의 움직임 속에 1990년대 이후 세계의 정치 지형이 급격히 변화하는 사건이 발생했습니다. 특히 1989년부터 1991년 사이에 매우 의미 있는 역사적 광경을 목격할 수 있었습니다. 먼저 독일의 경우, 1989년에 냉전시대의 상징이었던 베를린 장벽이 무너지면서 1990년 분단 40년 만에 통일을 이룩했습니다. 이로써 독일 국민들은 제2차 세계대전으로 인한 패전국의 멍에에서 벗어나는 기쁨을 누리게 되었는데, 이를 시발점으로 사회주의 국가들의 개혁이 줄줄이 이어졌습니다.

그중에서도 냉전의 종주국이었던 소련의 해체는 전 세계에 충격을 던져주었습니다. 1990년 공산당 1당체제에서 다당제로 전환한 소련은 1991년에는 공식적으로 공산당 활동을 중지했습니다. 곧이어 소련의 서기장 고르바초프가 페레스트로이카(개방)를 선언한 후 소련은 해체되었고, 소련에 속해 있던 연방국가들 또한 독립을 선포하면서 11개국의 신생 독립국가가 생겨났죠. 이는 동유럽 국가들의 민주화에도 큰 영향을 주면서 오랜 냉전시대의 종말을 고했습니다.

1990년 냉전이 해체된 후 국제사회는 정치적 이해관계로부터 경제적 실리관계로 나아가기 시작했습니다. 그런데 새로운 문제가 발생했습니다. 사회주의 국가가 몰락하고 자본주의가 세계의 질서로 자리 잡자 대립과 견제가 사라지면서 자본주의가 가진 문제점이 그대로 노출되는 상황이 전개되고 말았죠. 무엇보다 경제 주도권을 잡기 위한 지나친 경쟁은 경쟁국에 대한 무차별적인 경제적 공세뿐만 아니라 자원전쟁을 불러일으키는 결과도 가져왔습니다.

대표적으로 1960년에 결성한 석유를 수출하는 국가들의 모임인 석유수출국기구(OPEC)는 석유 생산량을 조절해 국제 유가를 통제함으로써 국제 경제 질서에서 유리한 고지를 점령, 외교적 우위를 점하고 있습니다. 또한 자원의 안정적 수급과 자원 개발권을 얻기 위한 세계 각국의 로비도 치열하게 전개되고 있습니다. 최근에는 희귀자원인 희토류를 둘러싼 일본과 중국의 갈등도 있었죠. 여기에는 중국명 댜오위다오(일본명 센카쿠 열도)를 둘러싼 양국의 영토분쟁까지 거론되면서 매우 복잡한 양상으로 전개되고 있습니다.

한정되고 희귀한 자원들을 안정적으로 공급받기 위한 각국의 치열한 공방전이 펼쳐지면서 피해를 입는 국가들도 늘어났습니다. 가장 큰 피해를 입은 곳은 아프리카였습니다. 시에라리온의 경우 '블러드 다이아몬드(Blood Diamond)'라고 부르는 다이아몬드 광산을 둘러싼 내전으로 수백만 명의 사상자가 발생하는 비극이 일어났습니다. 시에라리온을 포함하여 다양한 광물이 매장되어 있는 콩고, 코트디부아르와 같은 나라들도 차례차례 자원전쟁의 소용돌이 속에 휘말렸습니다.

더군다나 자원전쟁이 부족 간 전쟁이나 종교 간 갈등으로까지 번지고 있어 심각한 국제 문제로 불거지고 있습니다. 가장 심각한 문제는 열 살밖에 되지 않은 소년병들이 강제로 내전에 투입되고, 대학살과 인종청소와 같은 인권유린이 자행된다는 점이죠. 국제기구와 국제사회의 개입이 이루어지고 있지만 해결을 위한 실마리를 찾기가 쉽지 않은 상황입니다. 선진국의 이익과 관련된 이해관계가 얽히고, 이권을 취하려는 자본가들의 개입으로 인해 혼란이 가중되고 있기 때문입니다.

신자유주의 경제
자본주의 경제 질서는 누구에게 유리할까?

|

본래 경제학에서의 '자유주의'란 정부가 시장의 경제활동에 개입하기보다는 시장의 자율에 맡기는 형태를 말합니다. 《국부론》을 쓴 스코틀랜드 출신의 철학자이자 경제학자인 애덤 스미스는 '보이지 않는 손'에 의해 시장질서가 유지된다고 주장하며 각자가 자기 이익을 극대화하려는 노력이 결국 국가 전체의 부를 증대시킨다고 보았습니다. 시장의 가격은 생산자와 소비자 간의 사고파는 과정에서 자연스레 결정되어야 하고 국가의 개입은 최소화되어야 한다는 것이죠. 이렇게 시장의 자유로운 경쟁을 통해 가격이 결정되고 산업이 활기를 띤다는 것이 자유주의 경제체제입니다.

자유주의 경제와 대립되는 경제체제로는 국가의 적극적인 개입을 옹호하는 보호무역주의 경제체제가 있습니다. 국가 내 기업이나 산업을 보호한다는 명목으로 관세를 부과하거나 복지를 위해 세금을 더 많이 부과하는 등 정부가 경제활동에 적극적으로 개입하는 것을 말합니다. 중상주의 시대, 영국의 자유주의 경제에 반대해 수출은 장려하고 수입은 억제하여 자국 상업의 발전을 꾀했던 당시 유럽 국가들의 행보가 이에 해당하죠. 특히 경쟁력이 처지는 후진국의 경우 자국의 산업을 보호하기 위해 채택하는 경제정책이기도 합니다. 대한민국의 경제발전 과정에서도 이러한 보호무역주의 경제정책이 도입되었죠.

사실 자유주의 경제나 보호주의 경제의 도입은 경제 사정과 국가의 정책에 따라 얼마든지 달라질 수 있습니다. 최근 대한민국이 미국·유럽연합(EU)·캐나다·호주·중국 등과 자유무역협정(FTA)을 체결하거나 협의하면서 시장을 확대하고 있는 것은 자유주의 경제 이론에 근거한 행보입니다. 농산물과 같이 경쟁력이 떨어지는 산업 분야 대신에 전자통신이나 자동차처럼 경쟁력 있는 산업들을 통해 경제 활성화를 도모하겠다는 전략이죠. 다만, 국가 전체의 부는 늘어난다 하더라도 경쟁력 없는 산업의 경우 자유경쟁에서 밀려날 수밖에 없기 때문에 한동안 논쟁에 휩싸이기도 했습니다. 산업 불균형과 사양 산업에 대한 적절한 대책이 나오지 않으면 자유무역협정으로 인한 문제는 앞으로도 계속될 것입니다.

이처럼 전 세계적으로 자유무역협정이 체결되는 상황 속에서 보호무역주의가 다시 고개를 들고 있습니다. 그 뒤엔 자국 기업과 산업을 보호하려는 의도가 깔려 있죠. 삼성과 애플 간의 특허소송을 예로 들어 보면, 각 나라에 따라 판결에 있어서 매우 다른 결과를 보이고 있습니다. 이러한 법원의 판결이 달라지는 이유는 각 나라의 정부가 가진 입장 차이 때문입니다. 특히 오랜 기간 만성적 적자에 시달리고 있는 미국에서 다른 나라의 기업과 산업에 대한 견제와 규제가 심해지고 있는데, 이를 가리켜 신자유주의와 대비되는 말로 신보호무역주의라고 부릅니다.

그렇다면 신자유주의란 무엇일까요? 20세기 초중반에는 자국의 산업을 보호하기 위해서 보호무역주의 경제정책을 시행하는 것이 통상적인 시각이었습니다. 실제로 1930년대 미국의 경제대공황 당시 경제 불황의 여파를 막기 위해 세계 여러 나라들이 보호무역주의를 채택했고, 미국 내에서는 케인스 이론에 근거한 루즈벨트 대통령의 뉴딜정책이 실시되었습니다. '뉴딜정책'은 미국에서 경제 불황이 시작되어 실업률이 치솟고 시장이 몰락하자 이를 구제하기 위해 정부 주도로 이루어진 대규모 토목사업을 가리킵니다. 정부가 일자리를 마련하여 노동자들에게 수입을 쥐어주고 그들이 구매력을 갖추면서 다시 시장의 활성화를 가져오게 만드는 일종의 경제 회생 정책이었는데, 이것이 '케인스 이론'의 주요 내용입니다.

그런데 1970년대 들어 세계 경제 상황이 급변하기 시작했습니다. 다국적 기업과 같은 거대 공룡 기업들이 등장하고, 경제 분야에 있어 국가 간 경계가 허물어지기 시작하였습니다. 또한 국제 유가의 급등이나 금융위기 등이 초래되면서 예측하기 힘든 경제 상황들도 펼쳐졌습니다. 즉, 시장의 규모가 세계로 확대되면서 정부의 규제나 강제로 조절할 수 없는 사태가 일어난 것이죠. 이로 인해 국가 주도의 경제활동이 가진 한계가 노출되었습니다. 더불어 무리한 복지정책과 공공부문의 확대 등 정부의 지나친 시장 개입이 강력한 비판을 받게 되었는데, 이렇게 다시 시장의 자유를 외치는 경제학자들의 이론을 신자유주의라고 일컫습니다.

무엇보다 신자유주의의 등장은 경제전쟁을 부추기고 기업에 더 유리한 시장 환경을 조성하기 위해 세계 각국의 시장을 개방하도록 촉구했는데, 후진국에 대한 선진국의 경제 공세는 자유 시장경제 질서 확립이라는 명목하에 규제를 축소하고 산업 분야의 구조조정을 실시하도록 만들었습니다. 교육, 의료, 복지 등 국가 주도의 공공서비스 부문 역시 무차별적으로 민영화가 되면서 외국 기업에게 그 자리를 내주는 일도 일어났습니다. '관세 및 무역에 관한 일반협정'에 의거한 우루과이 라운드 타결이나 세계무역기구의 설립 등은 모두 이러한 신자유주의의 연장선상에 있습니다.

신자유주의를 경제정책으로 도입한 대표적 국가로 영국과 미국이 있습니다. 영국에는 '철의 여인'이라 부르는 대처 수상이, 미국에는 '강력한 미국'을 주창했던 레이건 대통령이 있었습니다. 대처는 수상으로 재임하면서 방만한 경영을 일삼던 국영기업을 민영화하고 복지 예산을 줄여 정부의 규모를 축소했으며, 세금을 감면하고 노동자의 고용을 유연화(기업에서 노동자의 해고나 비정규직 채용을 쉽게 할 수 있도록 하는 형태)하여 시장을 기업의 경제활동에 유리하게 만들었습니다. 레이건 정부 또한 복지예산과 환경예산을 축소하고 기업의 세금을 감면해 주는 등의 정책을 펼치며 '작은 정부'를 표방했습니다. 미국에서 4대 보험이 보장되지 않는 직장을 다니는 사람들은 비싼 의료비를 고스란히 감당해야 하는 것도 이러한 정책의 결과였죠.

두 나라가 실시한 민영화 정책은 단기적으로는 국가의 부채를 해결하고 기업들의 활성화로 이어지는 듯했지만 장기적으로는 실패하고 말았습니다. 국가의 경제활동이 '이윤'만을 추구해서는 안 된다는 사실을 간과했기 때문이죠. 민영화의 실패로 인한 뒤처리는 결국 국민들이 내는 세금으로 메워야 했고, 줄어든 복지와 부족한 일자리는 서민들의 분노를 불러 일으켰습니다. 한 가지 일화를 소개해 보자면, 2013년 대처 수상의 장례식을 국장으로 치르겠다는 정부의 발표가 있고 난 후 영국에서는 엄청난 논란이 일었습니다. 모든 것을 민영화하고 복지예산을 축소시켜 영국 서민들의 삶을 어렵게 만든 그녀에 대한 날선 비판이 곳곳에서 제기되었죠. 어떤 이는 그녀의 장례식을 왜 국가의 세금으로 치르느냐며 장례식마저 민영화하라면서 불쾌한 심정을 직접적으로 표출하기도 했습니다.

1997년 대한민국을 강타했던 IMF 외환위기 역시 이러한 세계 경제의 흐름과 맞물려 있었습니다. 부채가 많았던 대한민국은 더 이상 빚을 갚을 달러가 없자 '국제통화기금(IMF)'으로부터 돈을 빌리는 조건으로 시장을 개방하면서 구조조정을 당해야 했죠. 그 과정에서 많은 기업들이 도산을 했을 뿐만 아니라 수많은 사람들이 강제 퇴직을 당했으며, 대한민국 사회는 그 기금을 갚기 위해 '금모으기 운동'을 펼치는 등 뼈를 깎는 고통을 감내해야만 했습니다.

이후 대한민국의 산업은 세계 경제의 흐름에 더욱 민감하게 반응할 수밖에 없었고, 불안한 경제 상황에 대처해야 했기에 삶은 더욱 각박해질 수밖에 없었죠. 한국의 노동시장은 기업에 유리하게 재편되었고, 대부분의 직장인들이 고용불안에 시달리게 되는 등 노동자에게 불리한 상황이 전개되었습니다. 자영업과 창업 등이 빈번해진 것, '88만원 세대'라든가 '계약직'과 같은 말들이 사회적 화두로 떠오른 것도 이러한 역사적 배경과 맞물려 있습니다. 최근 미래의 선호 직업으로 '공무원'이 떠오른 것은 우연이 아닙니다. 꿈이 없다, 패기가 없다고 탓하기엔 현실이 너무나 팍팍하게 다가올 뿐입니다.

21세기와 그 이후

인간은 얼마나 더 자유롭고 평등해질 수 있을까?

20세기 말은 다가올 새로운 세기에 대한 희망과 기대보다는 절망과 두려움이 컸습니다. 전 세계적으로 종말론이 대두되면서 사회 문제가 되었습니다. 실제로는 아무 일도 일어나지 않았지만, 죽음 앞에서 그 무엇도 선택할 수 없는 인간의 나약함과, 과학이 지배하는 세상에서도 여전한 종교적 믿음이 가지는 영향력을 확인할 수 있었습니다.

또한 'Y2K'라는 밀레니엄 버그로 인한 대혼란이 야기될 것이라는 우려도 있었습니다. 당시의 컴퓨터 시스템에는 연도를 두 자리 숫자로 표기하고 있었는데, 만일 2000년을 00년으로 인식하게 되면 이진법으로 운영되는 컴퓨터와 관련된 업무에서 큰 재난이 발생하게 된다는 얘기였죠. 금융권의 이자 계산이나 개인 기록들처럼 숫자가 기록되는 것 모두가 그 대상이었습니다. 그렇지만 오랜 기간에 걸친 준비와 대비로 이러한 고비를 잘 넘기고 인류는 새로운 세기를 맞이할 수 있었습니다.

21세기는 인류에게 새로운 경험과 도전을 안겨주고 있습니다. 20세기의 달 탐사를 넘어 화성이나 다른 행성에 대한 탐사가 이루어지고 있고, 1977년 태양계를 탐험하기 위해 쏘아올린 미국의 보이저 1호가 2013년 태양계를 벗어나 다른 외계로 떠나기도 했습니다. 인간이 살 수 있는 또 다른 지구를 발견할 수 있다면 정말 획기적인 사건이 될 테죠. 또한 우주선의 상용화가 이루어져 원하는 이들을 상대로 우주여행을 떠나는 기획도 현실화되고 있습니다. 물론 수억 원을 호가하는 가격 때문에 서민들이 탑승하기는 어렵지만 머지않은 미래에 우주를 관통해 다른 국가로 여행이나 출장을 떠나는 일이 상용화될지도 모릅니다.

전자통신기술 분야에서 일어나는 변혁도 놀랍습니다. 1981년 IBM에서 퍼스널컴퓨터(PC)를 내놓은 이후 모든 집에 컴퓨터가 필수품으로 자리 잡았고, 그 컴퓨터와 컴퓨터를 연결하는 인터넷이라는 가상의 연결망을 통해 전에 없던 방식으로 소통하고, 소비하고, 생활하기 시작했습니다. 애플을 창업한 스티브 잡스는 거대 기업 IBM에 도전해 매킨토시(MAC) 컴퓨터를 개발한 데 이어 아이팟, 아이폰, 아이패드와 같은 신개념 통신도구를 개발하여 전 인류의 삶을 다시 한번 혁명 속으로 몰아넣었습니다. 표현과 소통과 도구의 사용 등 모든 생활의 측면에 놀라운 변화를 제시했죠.

컴퓨터의 등장과 휴대용 전자제품의 등장이 혁명적인 이유는 기술의 혁신을 넘어서는 의미를 담고 있기 때문입니다. 텔레비전과 라디오를 통해 보거나 들어야 했던 수동적인 미디어의 청취를 넘어, 누구나 미디어라는 도구를 소유함으로써 직접 콘텐츠를 생산할 수 있고, 이를 불특정 다수와 공유할 수 있는 시대가 열린 것이죠. 정보를 생산하고 활용했던 사람들이 소수에 불과했던 과거와 달리 이제는 소셜 미디어와 개인 미디어의 등장으로 많은 사람들에게 그 가능성과 기회가 주어지고 있습니다. 기술이 사람과 사회를 더 민주적으로 만들어준 획기적인 사건으로 역사에 기록될 것입니다.

그러나 과학의 발전은 윤리적인 면에서 커다란 문제를 안겨주기도 했습니다. 정보 분야에서는 해커들의 개인정보 침해와 정보 도용으로 인한 범죄가 늘어나 사회 문제가 되고 있습니다. 대한민국에서도 여러 기업이 확보하고 있는 개인정보 유출로 사회적 파장이 일었습니다. 국민의 주민등록번호는 '공공재'라는 말이 떠돌 정도였죠. 현대 경제에서 금융을 통한 거래가 대부분인 상황임을 감안한다면 이러한 정보 유출은 매우 불안한 요소로 남을 수밖에 없습니다.

또한 개인에 대한 통제가 더욱 강해지고 있어 조지 오웰의 소설 《1984》에 등장하는 '빅브라더'가 현실이 될 것이라는 우려도 제기되고 있습니다. 한 예로, 2013년 미국의 비밀도청 감시프로그램이 스노든이라는 사람에 의해 폭로되면서 엄청난 파문이 일었습니다. 그는 미국으로 돌아가지 못한 채 외국에서 도피 생활을 하고 있습니다. 스노든의 행동에 대해서도 의견이 분분합니다. 국가의 안보를 위해 정보를 통제할 것인가, 아니면 개인의 권리를 위해 감시를 최소화할 것인가의 문제는 앞으로도 중요한 화두가 될 것입니다.

의학에서는 뇌 연구가 활발해지면서 뇌와 관련된 인간의 비밀을 파헤치기 위해 애쓰고 있습니다. 알츠하이머나 뇌신경 질환과 같은 난치병 치료에 대한 가능성을 발견하는 한편, 뇌를 활용한 산업 분야에도 다양한 정보를 제공하고 있습니다. 또한 인간 유전자에 대한 연구와 줄기세포 연구의 획기적인 성과로 인간을 이해하는 방식에 변화가 일었고, 난치병과 불치병 치료에도 한줄기 희망의 빛을 발견했습니다. 반면, 동물이나 인간 복제와 같은 심각한 윤리 문제가 화두로 떠오르고 있습니다.

게다가 인간과 유사한 로봇의 개발이 이루어지면서 공상과학영화에나 등장할 법한 일들이 현실화되어 가고 있습니다. 이는 인간의 노동을 대체하고 장애를 극복하는 데 도움을 줄 수 있다는 점에서는 큰 기대를 갖게 하지만, 그에 못지않게 인간이 기계의 지배를 당할지 모른다는 암울한 미래를 전망하는 사람들도 있습니다. 한걸음 더 나아가 재료만 다를 뿐 인간과 똑같이 말하고 생각하는 로봇이 등장한다면 그것을 인간으로 인정해야 할지 말아야 할지 고민해야 하는 윤리적 문제도 생각해 보아야 할 과제입니다.

인류는 또한 과거와는 다른 인권 문제에도 직면해 있습니다. 최근 가장 논란이 되고 있는 성소수자(동성애자, 트랜스젠더 등 성적지향과 성정체성에 있어 다수가 아닌 소수인 자) 문제를 빼놓을 수 없습니다. 유럽의 일부 나라와 미국의 50개 주 중 30개가 넘는 주에서는 성소수자 문제를 합법화함으로써 그들끼리의 결혼까지 가능해졌지만 대다수의 국가에서는 이를 금지하고 있습니다. 어떤 이들은 그것을 하나의 병적인 현상에 불과하며 개인이 자기의 정체성을 스스로 인정하지 못하는 데서 오는 환상이라고 주장합니다. 하지만 성소수자들은 자연스러운 성 정체성 중 하나일 뿐이며 그것 역시 성다수자처럼 동일하게 인정받아야 할 권리라고 주장하고 있죠. 최근 프란치스코 교황이 직접 동성애를 언급하여 주목을 받기도 했습니다.

하지만 무엇보다도 중요한 것은 인간의 생존과 직결되어 있는 환경 문제입니다. 세계 곳곳에서 이상기후 현상이 발생하며 환경과 관련된 문제가 피부에 와 닿기 시작했습니다. 오랜 가뭄, 폭설 그리고 해일과 같은 자연재해가 수시로 일어나면서 이에 대한 대비책을 세우기 위한 국제회의가 열리고 국제조직도 만들어졌습니다. 멸종하거나 멸종 위기에 처한 동식물의 숫자가 늘어나는 것도 문제입니다. 환경이 파괴될수록 인간의 안전과 평화도 위협받을 수밖에 없으니까요.

그렇지만 개발을 원하는 강대국의 비협조적인 태도와 산업의 발전을 통해 미래를 보장받으려는 개발도상국들 간 갈등으로 말미암아 환경보호를 위한 합의점을 찾기가 어려운 게 현실입니다. 인류 전체가 관심을 갖고 동참해야 하는 문제이기 때문에 헤쳐나가야 할 난관들이 너무나 많습니다. 이런 상황에서 그린피스와 같은 민간조직들의 적극적인 참여와 개입이 가뭄의 단비와 같은 역할을 하고 있는 게 그나마 다행이죠.

이처럼 인류가 해결해야 할 여러 문제들이 산적한 가운데 국제정세는 여전히 불안하기만 합니다. 얼마 전부터 아프리카 반군 세력을 중심으로 하는 해적들이 상선을 납치하여 돈을 요구하는 등의 국지적인 도발이 이어지고 있는 가운데, 세계의 경찰을 자처하며 초강대국으로 군림하는 미국 중심의 국제질서에 대한 반발과 도전이 국제사회의 갈등으로 대두되면서 평화가 위협받고 있습니다. 2001년 9월 11일 뉴욕에서 '9.11 테러'가 터지자 미국은 테러와의 전쟁을 선포하고 테러범으로 지목된 탈레반 세력을 축출한다는 명목하에 아프가니스탄을 침공했습니다. 2003년에는 이라크를 침공해 당시 이라크 대통령이었던 후세인을 몰아냈고요. 미국은 명목상으로는 이라크를 독재에서 해방시키고 탈레반의 수장 빈 라덴을 사살하는 전과를 올렸을지 모르지만 정작 해당 국가 국민들의 시선은 곱지 않습니다. 오히려 이슬람 세계를 동요시키고 미국 중심의 세계 질서 재편에 대한 반감을 사기도 했죠.

　미국뿐 아니라 주도권을 장악하려는 강대국들의 패권주의는 첨예한 대립구도를 형성하고 있습니다. 19~20세기 강대국에 눌려 잠들어 있던 중국은 최근 들어 G2라 불리며 미국에 버금가는 세력으로 급부상하는 등 경제·군사적으로 미국과 대등한 위치에 근접해 있습니다. 유럽 또한 1994년 기존의 유럽공동체(EC)에서 유럽연합(EU)으로 체제를 전환한 후 정치·경제적으로 하나 된 '유럽'을 지향하면서 미국을 넘어서기 위한 시도를 게을리 하지 않고 있습니다. 물론 제3세계로 분류되어 왔던 아프리카, 아시아 그리고 라틴아메리카에 속한 국가들도 경제 분야뿐만 아니라 정치적으로도 국제적 위상을 높이기 위해 부단한 노력을 경주하고 있고요. 대한민국 역시 이러한 세계의 움직임 속에서 살아남기 위해 지금 이 순간에도 다양한 외교적·국제적 노력을 기울이고 있습니다.

　세계는 무한경쟁 시대 속에서 서로 경쟁하고 협력하면서 새로운 역사를 써 나아가고 있습니다. 인간이 여러 국가와 민족으로 나누어져 있는 이상 경쟁을 피할 수 없고 전쟁은 계속될지도 모릅니다. 무엇보다도 평화를 위해 지켜져야 할 원칙 하나는 특정 국가나 개인을 위해 여타의 국가나 개인이 희생되어서는 안 된다는 점이죠. 과거에

비해 현재가, 현재에 비해 미래가 인간에게 좀 더 자유롭고 평등한 세상이 되어야 합니다. 우리에겐 과거의 인류가 자유와 평등을 위해 치렀던 대가를 기억하고 다음 세대를 위해 더 멋진 세상을 마련해 주어야 할 의무와 책임이 있습니다.

문명의 역사 속에서 인류가 어떤 물음을 던지고 어떤 대답을 하며 어떻게 살아왔는지를 확인하며 우리는 먼 미래를 내다볼 줄 알아야 합니다. 인간 문명의 진보는 새로운 문물을 창조해내는 것보다 얼마나 더 인간적인 사회를 이룩하느냐에 달려 있습니다. 그리고 이 '인간적인 사회'에는 '인간' 뿐만 아니라 지구상에서 함께 살아가는 모든 생명들이 포함되어 있다는 점에서 과거와는 다른 관점에서의 접근이 필요합니다. 인간이라는 존재에 대한 실존적 물음과 실현의 방법에 대한 끝없는 탐구가 더 나은 세상을 만들어 줄 동력이 될 것입니다.

다음 세계사의 주역은 누구일까요? 다음 세대의 인류는 어떤 도구를 이용하고 어떤 삶의 가치를 실현하고 있을까요? 정말 자유롭고 평화로운 세상은 가능할까요? 얼마나 더 많은 사람이 더 좋은 삶을 누릴 수 있을까요?

이제 또 다른 미래를 기대해 볼 시간입니다.

꼬리말

나는 **왜**
이곳에 태어났을까?

세계사 책을 기획할 당시 재미나고 친근하게 다가갈 수 있는 책이 탄생하기를 바랐습니다. 세계사를 배우는 중고등 학생들과 세계사에 관심은 많지만 선뜻 다가가기 어려운 성인들을 위한 길라잡이 같은 책이면 좋겠다는 마음이었죠. 그런 의도에서 통사를 중심으로 세계사를 훑으면서 중요한 사건들을 파악하고, 그 역사적 맥락을 이해하는 데에 우선순위를 두었습니다. 그리고 이를 바탕으로 현대 사회 속에서 살아가는 우리의 모습이 어떠한지를 전체적으로 짚어보는 것이 이 책의 최종 목적지였습니다.

긴 시간에 걸친 집필과정에서 그동안 보지 못했던 사실들을 깨달을 수 있었습니다. 그중 하나는 인류의 문명이 지속적으로 발전해 왔다는 사실입니다. 과거를 기준으로 했을 때 인간의 문명은 상당한 변화를 겪었을 뿐만 아니라 인간이 활용하는 도구라든지 지식의 확장을 기준으로 봤을 때도 놀라운 발전이 있었습니다. 일상생활만 보더라도 원시림 속의 인류로서는 절대 경험할 수 없는 훌륭하고 신기한 도구들이 많아졌으며, 우주 탐험 능력까지 갖추게 되면서 세계에 대한 인류의 지식은 물론 삶의 터전이 확대될 수 있다는 가능성까지도 엿보이고 있습니다. 이만하면 인류 문명이 진보했다는 사실은 부정할 수 없죠.

하지만 문명의 진보와 함께 전쟁은 더욱 잔인해졌고 살상무기는 상상을 초월할 정도로 발전해 갔습니다. 또한 과거에는 없었거나 미처 발견하지 못했던 질병들이 나타나고 잔혹한 범죄들도 발생하고 있습니다. 환경도 마찬가지입니다. 수많은 생명체들이 사라진 것은 물론 남은 터전마저 개발이라는 미명하에 닥치는 대로 파괴하고 있습니다. 인류의 이기심은 극대화되어 같은 종족인 인간뿐 아니라 자연 자체를 이용수단으로 여기는 잘못된 생각들이 지배적 가치로 자리 잡고 있습니다. 그럼에도 이러한 문제들에 대해 인류가 내놓을 수 있는 마땅한 대책은 딱히 없는 지경입니다.

더욱이 문명으로부터 얻을 수 있는 편리함과 안락함의 혜택마저도 소수의 사람이나 일부의 집단에게 편중되어 있습니다. 어느 한쪽에서는 끼니를 때우기조차 어려워 굶어 죽기 일쑤인 반면, 다른 한쪽에서는 음식이 남아돌아 버리고 있고, 지구 반대편에서는 입에 풀칠할 몇 푼이라도 벌겠다며 위험한 일을 마다하지 않는데, 그 옆에서는 가진 것에 만족하지 못하고 더 많이 벌기 위해 밤낮을 가리지 않은 채 노동자들을 착취합니다. 또 너무 가난해서 아무것도 할 수 없고 시도조차 할 수 없는 사람들이 수두룩한 반면, 차고 넘치는 돈과 권력으로 무엇이든 할 수 있고 어떤 것이든 가질 수 있는 사람들이 있습니다.

힘을 가진 사람들과 그들의 능력이 누리는 문명의 혜택이 커질수록, 그것이 정당화되고 당연시될수록 다수의 사람들이 겪어야 하는 고통은 점점 늘어가기 마련입니다. 그것은 상대적 빈곤이기도 하지만 어떤 측면에서는 절대적 빈곤이기도 합니다. 극단적인 가정일 수 있지만, 문명의 혜택이 전 세계 사람들에게 완전히 똑같이 주어진다면 서로 다투거나 경쟁할 일은 없을 것입니다. 하지만 실제로 그것이 매우 헛된 희망일 수 있다는 사실이 공산주의 국가의 몰락으로 증명된 일은, 인간이 부와 권력에 대한 욕망을 버리지 않는 한 인간 사회에 정의가 자리 잡을 수 없다는 사실도 깨닫게 해주었습니다.

그럼에도 주저하거나 포기할 수는 없습니다. 반만년의 시간에 비해 그 성취가 너무나 미약해 보일 수 있지만 '인간의 권리'가 지속적으로 확대되어 왔다는 점에서 희망의 끈을 놓을 수 없습니다. 법률에 의해, 종교와 철학을 통해, 그리고 '인권'의 개념을 바탕으로 인류는 모든 사람이 '인간이라는 이유'만으로도 인간이 누릴 수 있는 기본권을 가진다는 데에 의식적 합의를 이끌어냈습니다. 누구에게나 어느 시대에나 통용될 수 있는 보편적 인권의 확립이야말로 인류가 스스로 자부할 만한 가치입니다.

과거에 평민들에게 정치에 참여할 권리를 스스로 인정한 지배층은 아무도 없었고 평민들 역시 그것을 당연한 권리로 생각지 않았습니다. 그러나 신분제가 철폐되고 평민들에게도 인간으로서의 권리가 주어지면서 민주주의 사회라면 어디에서나 이러한 기본적 사고가 일반적인 가치로 인정되고 있습니다. 이제 인류는 '누구나' 안락함과 편리함 그리고 즐거움을 누릴 수 있어야 하고, '누릴 수 있는' 사회를 만들어 나가야 합니다. 인간 스스로 모든 이들에게 살아갈 권리를 주고, 그 권리가 지켜질 수 있도록 함께 노력하는 사회가 이상적인 사회이기 때문입니다.

인류가 여기까지 오는 데에는 엄청난 희생과 헌신이 뒤따라야 했습니다. 하지만 지금 이 시각에도 기본권이 말살당하고 침해당하는 일들이 세계 곳곳에서 벌어지고 있습니다. 그동안의 역사적 성취가 한 순간에 무너지는 광경을 목격하는 일은 너무나 안타깝습니다. '나'와 '너'의 편을 가르는 순간 사회는 반목과 갈등으로 얼룩질 수밖에 없습니다. 특정 민족만, 특정 국가만 생존하면 그만이라는 생각은 이제 역사 속에 묻어야 할 때입니다. 뻔한 말이지만 보다 더 많은 사람들이 보다 더 행복하고 평화로운 세상이 될 수 있도록 노력해야 합니다. 인류의 보편적 가치를 보전하고 실현하는 일은 더 이상 소수의 행동가들이나 사상가들의 몫이 아닌, 모든 이들의 동참을 전제하고 있습니다.

대한민국 역시 예외일 수는 없습니다. 조선의 몰락, 일제강점기 그리고 국가의 건설이라는 세 가지 큰 역사적 사건 속에서 태어난 대한민국은 또 다른 전환기를 맞고 있습니다. 숱한 고비 속에서도 높은 경제성장을 이루며 국제사회에서의 입지를 다져온 대한민국은 이제 좀 더 주도적이고 중추적인 역할을 담당해야만 합니다. 이를 감당하기 위해서는 인간을 이해하고 세계를 바라보는 안목을 길러야 하죠. 인류의 일원으로서 무엇을 하고 어떻게 살지를 탐구해야 할 때입니다.

인간은 역사적 상황과 사회적 한계를 안고 태어납니다. 그 상황과 한계에 적응하기 위해 노력하고 자신을 바꾸기도 합니다. 반면에 사회를 변모시켜 그 상황과 한계를 자신이 원하는 대로 만들 수도 있습니다. 선택은 각자의 손에 달려 있지만, 무엇이 되었든 함께 살아가는 사람들을 이해하고 자기 자신에 대해서 아는 것은 중요합니다. 더나은 삶을 위해 끊임없이 질문을 던지고, 무엇이 진짜이고 가짜인지를 가려낼 줄 아는 지혜도 길러야 하죠. 이를 위해 인문학이 필요한 것입니다.

또 역사 공부가 뒷받침되어야 합니다. 나는 누구일까요? 왜 이곳에 태어났을까요? 역사는 이 본질적 물음과 맞닿아 있고, 이 본질적 물음들이 우리에게 삶의 길을 제시해 줄 것이라 믿습니다. 한 인간으로서 이 시간에, 이 장소에 살아가는 것은 자신의 선택이 아니었지만 그 이후는 달라질 수 있습니다. '내'가 살아가는 이 시대를 그저 수동적으로 받아들일 것이 아니라, '내'가 살아가야 할 시대를 그리고 이를 실제로 구현하기 위해 노력해야 합니다. 이 책이 그런 삶의 고민에 자그마한 도움이 되기를 간절히 바라봅니다.

2014년 늦은 가을, 역사의 한 시점에 서서

김대근

참고 도서

교과서
교과서는 세계사에 대한 기본적인 자료와 핵심을 잘 정리했고 객관적 관점을 취하고 있기 때문에 가장 좋은 책이 될 수 있어요. 게다가 역사부도나 지리부도의 경우 다양한 시각 자료를 제공하여 세계사 이해에 큰 도움이 돼요.

통사로 보는 세계사
다음에 소개하는 책들은 통사 중심의 책들로 세계사의 흐름을 잡기에 참 좋아요. 세계사의 흐름은 연도가 아닌 사건들의 인과에 달려 있다는 사실도 잊지 마세요.

《단숨에 읽는 세계사》 역사연구모임, 베이직북스
《문명이야기》(전10권) 윌 듀런트, 민음사
《새로운 서양 문명의 역사》(전2권) 로버트 스테이시, 주디스 코핀 공저, 소나무
《세계사 사전》 황보종우, 청아출판사
《세계사의 결정적 순간들》 폴 임, 홍익출판사
《세계역사 이야기》(전2권) 수잔 와이즈 바우어, 꼬마이실
《아시아역사》 아서 코터렐, 지와사랑
《아틀라스 중국사》 이준갑 외, 사계절
《아틀라스 세계사》 지오프리 파커, 사계절
《인류 이야기》(전3권) 헨드릭 빌렘 반 룬, 아이필드
《통세계사》(전2권) 김상훈, 다산에듀
《케임브리지 이슬람》 패트리샤 크로운 외, 시공사
《케임브리지 중국사》 패트리샤 버클리 에브리, 시공사
《하룻밤에 읽는 세계사》 미야자키 마사카츠, 랜덤하우스
《히스토리카》(전10권) J. M. 로버츠, 이끌리오

주제로 보는 세계사

다음에 소개하는 책들은 세계사를 좀 더 심도 있게 파헤친 역사책이거나, 역사책은 아니지만 세계사를 이해하는 데 도움이 되는 책들이에요.

《과학기술로 본 세계사 강의》 제임스 E. 매클렐란 3세, 해럴드 도른 공저, 모티브북

《과학-사람이 알아야 할 모든 것》 존 그리빈, 들녘

《교양-사람이 알아야 할 모든 것》 디트리히 슈바니츠, 들녘

《기술과 문명》 루이스 멈퍼드, 책세상

《대항해 시대》 주경철, 서울대학교출판부

《동아시아의 전쟁과 평화》(전2권) 이삼성, 한길사

《동양철학에세이》 김교빈 외, 동녘

《동양철학스케치》(전2권) 김선희, 풀빛

《라루스 서양미술사》(전7권) 자닉 뒤랑, 생각의나무

정수일, 실크로드 사전, 창비

《러셀의 서양철학사》 버틀란드 러셀, 을유문화사

《물의 세계사》 스티븐 솔로몬, 민음사

《미국 패권의 역사》 브루스 커밍스, 서해문집

《밤의 문화사》 로저 에커치, 돌베개

《불교철학사》 데이비드 J. 칼루파하나, 시공사

《비잔티움》 주디스 헤린, 글항아리

《사진과 그림으로 보는 미국사》 앨런 와인스타인, 시공사

《서양음악사》 민은기, 음악세계

《신화, 그림으로 읽기》 이주헌, 학고재

《아프리카 대륙의 일대기》 존 리더, 휴머니스트

《역사를 보는 눈》 호리고메 요조, 개마고원

《역사의 미술관》 이주헌, 문학동네

《위대한 바다》 데이비드 아불라피아, 책과 함께

《왜 서양이 지배하는가》 이언 모리스, 글항아리

《유대인 이야기》 홍익희, 행성:B잎새

《음악의 세계사》 김정환, 문학동네

《이슬람주의와 이슬람교》비삼 티비, 지와사랑

《이희수 교수의 이슬람》이희수, 청아출판사

《인류의 대항해》브라이언 페이건, 미지북스

《조관희 교수의 중국사 강의》조관희, 궁리

《중국철학사》펑유란, 까치글방

《증오의 세기》니얼 퍼거슨, 민음사

《지도로 보는 세계사》미야자키 마사카츠, 이다미디어

《처음 읽는 서양철학사》안광복, 웅진지식하우스

《철학의 책》윌 버킹엄, 지식갤러리

《청소년을 위한 서양음악사》이동활, 두리미디어

《청소년을 위한 역사란 무엇인가》최경석, 살림FRIENDS

《현대 아프리카의 역사》리처드 J. 리드, 삼천리

나는 왜 이런 세상에 살고 있을까?

세계사, 내일을 탐𥤋하다

초판1쇄 인쇄 2014년 11월 20일
초판1쇄 발행 2014년 11월 28일

펴낸이 정광진
지은이 김대근
일러스트 신종훈

펴낸곳 (주)봄풀출판
인쇄 예림
제책 바다

신고번호 제406-2010-000089호
신고년월일 2009년 1월 6일

주소 413-756 경기도 파주시 교하읍 문발로 115 세종출판벤처타운 312호
전화 031-955-5071
팩스 031-955-5073
이메일 spring_grass@nate.com

ISBN 978-89-93677-58-4 03900

이 도서의 국립중앙도서관 출판예정도서목록(CIP)은 서지정보유통지원시스템 홈페이지(http://seoji.nl.go.kr)와 국가자료공동
목록시스템(http://www.nl.go.kr/kolisnet)에서 이용하실 수 있습니다.(CIP제어번호: CIP2014032896)